最新図解

よくわかる発達心理学

北陸大学教授
林洋一 監修

ナツメ社

発達心理学ってなに?

お姉ちゃんが来たわよー
パタパタ
赤ちゃん
姉ちゃん久しぶり~
わぁ…
おじさんですよー
ふえっ
ふえっ
うえーん
バトンタッチ
わ~ん
オレもあんな時期があったの?
人一倍泣いて、ミルクを飲んでよく動いていたわ
その後、人見知りがひどくて幼稚園に通うようになってもつづいたわ
ようちえん
帰っちゃイヤ!!
ずっとわたしにべったりだったのよ
そうなの!?
ガラガラ
子どもは人と触れ合うことでさまざまなことを学びます!
誰!?

小学校に入ったら、お友だちと遊ぶようになって、けんかもしてたわね
なつかしい〜
そう そう
中学生になってすぐの頃に、好きな女の子ができたよね
そんなこと、よく覚えてるな
コホン
急に身だしなみに気をつけ始めたんだもの
その頃からかしら、
フン!
わたしたちには反抗的な態度をとってたわよね
急に大人ぶっちゃってね
この子も、そうやって大きくなるのかしら
好きな子ができたり、友人と関係を築いたり
こころもからだも発達していきます!
で、誰…!?

そういえば、お父さんは？
お義母《かあ》さんの介護に行ったわ
最近膝が痛くて、あまり動けないらしいのよ
軽度の認知症らしいし
お父さん、もうすぐ定年なんだよね
このあとどうするのかな？
?
まだ働いてくれないと困るでしょ
あなたが大学を卒業するまでは働くって
ほっ
でも、そのあとはどうするのかしらね
わたしも、ボケない程度に何かやりたいわ
やっと子育てから卒業できるし
わたしたちの行動、感情にはそれぞれ意味があります
本書でひも解いていきましょう！
GO!!
監修の林先生だったのね

胎児期
新生児期
乳児期

丈夫な心身に育つために、どんどん成長する

1歳半頃までのこの時期は、脳もからだも目に見えて大きくなります。こころも少しずつ発達し、愛着もこの時期に形成されます。

触ってものごとを認識する

手を口に入れるなどして自分の姿を発見したり、ベッドの柵など、あるものすべてを触って確認する。

泣くことが最初の感情表現

ことばを発するまでは、泣くことが情報伝達手段で、満足すると泣き止む。こころの発達とともに、泣き方も変わる。

ことばの始まりは音遊び

ことばにならない音、「アー」や「ウー」などの喃語《なんご》、音の反復などから始まり、少しずつことばを話すようになる。

幼児期

行動範囲が広がり、からだはますます大きくなる

歩くことで行動範囲が広がる

全身の筋肉が使えるようになり、興味を持ったものに近づいて、行動範囲や世界が広がる。

感情をことばで表せる

「痛い」「悲しい」「おなかがすいた」などの表現から、その原因まで表せるようになる。

自分を認識する

鏡で自分の姿を認識できるようになり、自分の名前が自分のものだと理解できるようになる。

遊びを通じて発達する

友だちと楽しさを共有したり、ごっこ遊びで何かのフリを演じたりできるようになる。

脳が発達し、からだもどんどん大きくなります。ことばを覚えて性格もはっきりしてきます。同世代の子どもと遊ぶようになり、その子らしさが見えてきます。

児童期

小学生になり、考え方も知的にも大人に近づく

小学校に通い始めると、世界がぐっと広がり、学ぶことも多くなります。考え方、感情なども豊かになっていきます。

友だちができ、一緒に遊ぶようになる

隣近所の友だちが多かったのが、何となく好き、かわいいなど感情を動かされて友だちになることが増える。

学校に通い、さまざまなことを学ぶ

学校の習慣や規則に従うこと、先生や友だちとの関係、勉強など、学校中心の生活にかわる。

〈 現在持っている不安や悩み 〉

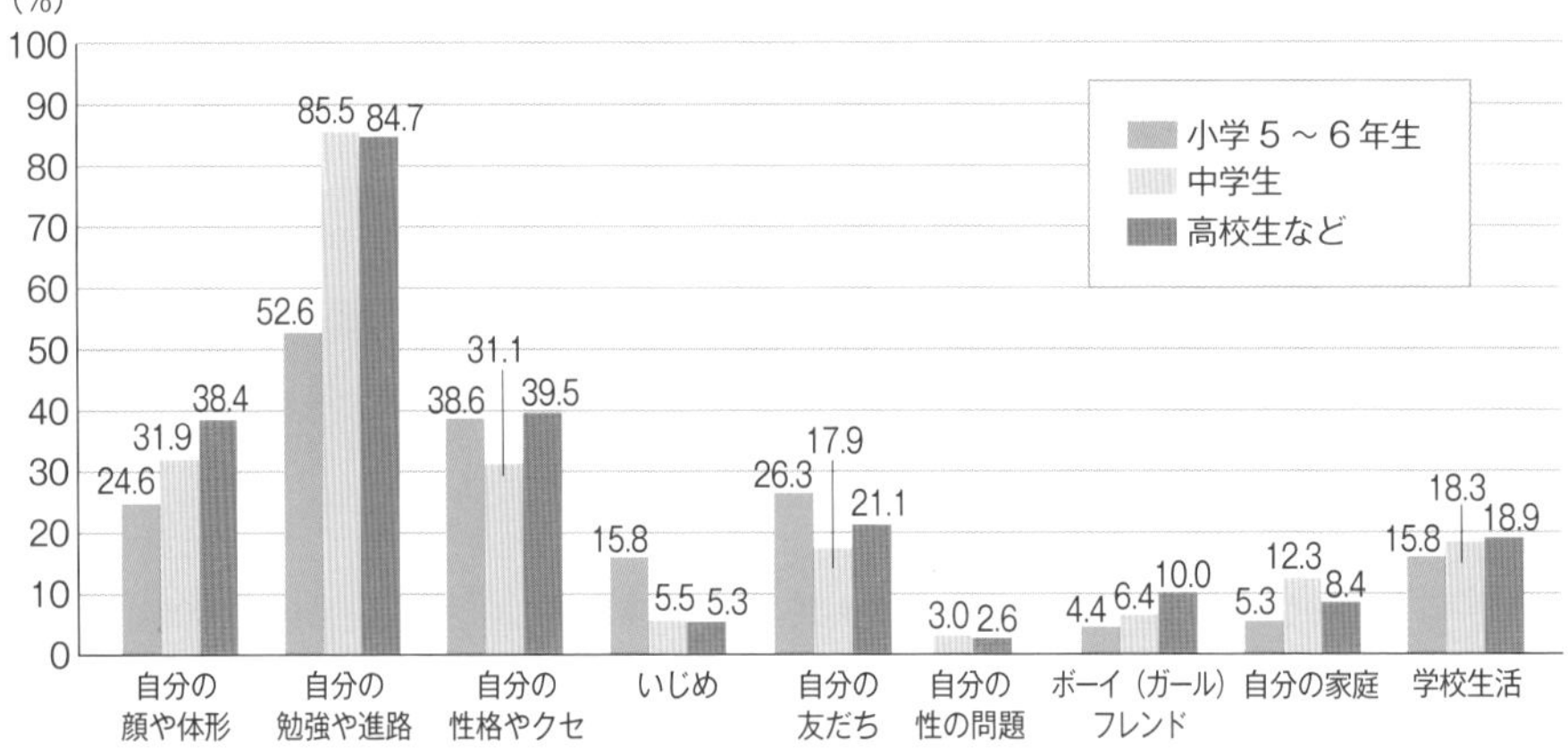

（厚生労働省「平成26年度　全国家庭児童調査結果」を元に作成）

青年期

悩みが複雑になり、自覚が必要になる

親子関係、学校生活、友人との関係などで**こころが不安定**になりやすい

中・高校生になると、深く思い悩んでしまい、こころが不安定になることもある。

現実から目をそむけ、**ひきこもったり、ゲームなどに依存**したりする

受験の失敗、友だちとのトラブル、不登校、いじめなどが原因でひきこもり、ゲームなどに依存し過ぎてしまうことも。

からだが成長し、**恋愛**に興味を持ち始める

第２次性徴と前後して恋愛に興味が出てくる。これまでになかった自分の中のさまざまな感情も学ぶことになる。

小学校高学年以降になると、悩みや不安といった感情も強く現れます。自分自身のことだけでなく、友人とのこと、家族とのことなど、大人と同じような悩みを持つようになります。

成人期

人生を左右する出来事が次々と出てくる

仕事に対する価値観が年齢とともに変わる

20代では自分に合った仕事を探し、合っているか検証し、30代以降で仕事での地位を固め始める。

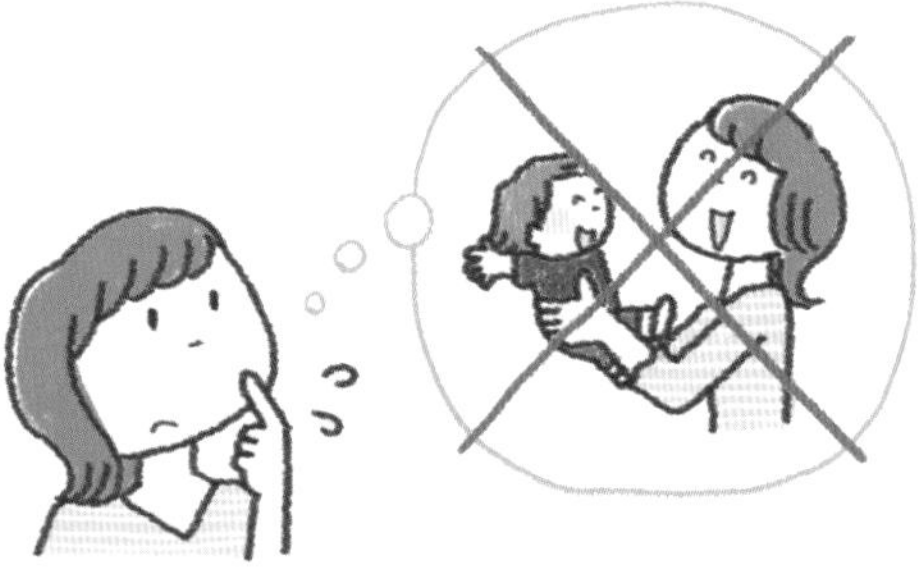

結婚する？しない？

これまで結婚は成人期の重要な課題だったが、現在は多様化が進み、しない人も多くいる。つまり、自由なのである。

親の介護・自分の老後に不安を感じる

親の介護をしながら、平均寿命が延びたこともあり、定年後の自分自身の老後について考えるようになる。孤独や認知症など不安も多い。

体力は衰えますが、知能はそれほど衰えません。健康に留意するようになり、親の介護や自分の老後、死のことまで考える時間が増えます。

〈平均寿命の推移〉

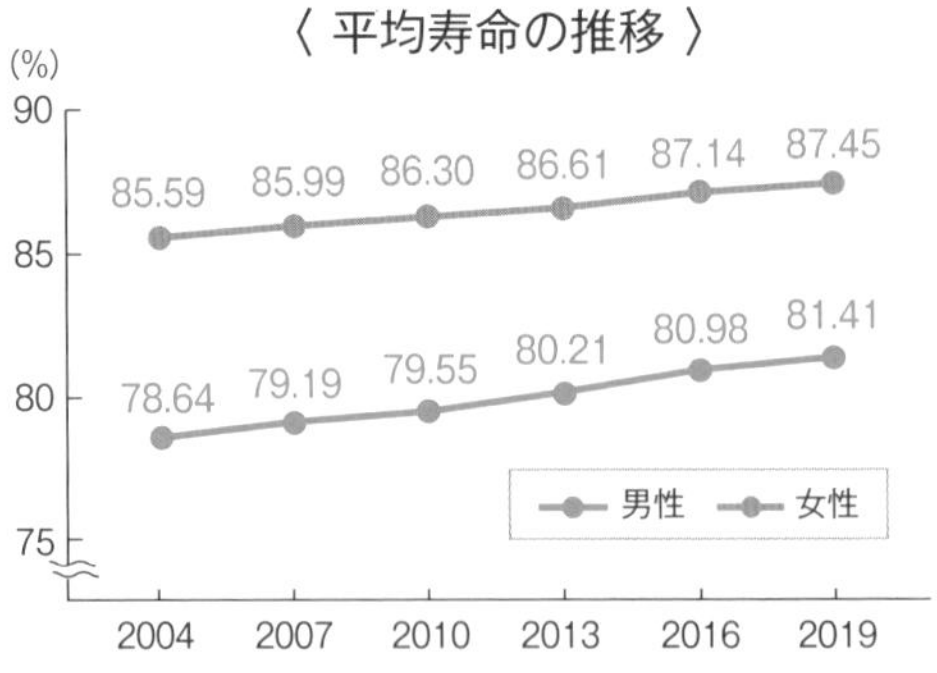

（2010年以外は厚生労働省「簡易生命表」、2010年は厚生労働省「完全生命表」を元に作成）

はじめに

発達心理学は、「受精から死に至るまでの心身の発達」を研究する心理学の一分野です。発達ということばのイメージから、子どもが大人になるまでの時期を考えがちですが、成人期・老年期にも発達的な変化があるのです。

発達心理学の研究の中心はもちろん「人間の発達」ですが、他の動物との比較や、進化論的な視点からの分析が行われることもあります。心理学の中でも、一般の方々がもっとも関心を持ち、かつその知見を日常生活に生かせる分野と言っても過言ではないでしょう。

2010年に刊行されました『史上最強図解　よくわかる発達心理学』は、幸い、好評をいただき、部分的なアップデートを重ねながら20刷を数えました。このたび、社会情勢の変化と「発達心理学自体の発達」に合わせて大幅なリニューアルを行ったのが本書です。

本書は、初めて発達心理学を学ぶ方、これから親になる方、子育て中の方を主な読者として想定しています。また、子どもの保育や教育に関わっている方、さらには仕事や子育てを終えて新たな人生をスタートさせようという方にも役立つように内容を構成いたしました。

幅広い読者の方にお読みいただき、発達心理学の知見をご自分の日常生活に生かしていただければ幸いです。

林　洋一

第2章 コミュニケーションの基礎ができる ～乳児期～

第3章 感覚からイメージの世界へ ～幼児期Ⅰ～

発達ルポ

序章

発達って何だろう

定義

発達心理学における発達とは

「発達」というと、成長、発育など右肩上がりに進んでいくイメージを持つ人が多いのではないだろうか。しかし、発達心理学で扱う発達には、さまざまなものが含まれている。

発達は、こころとからだの変化

わたしたち人間は、生まれてから死ぬまで、心身ともに〝変化しつづける生き物〟であるといっても過言ではありません。

例えば、からだの大きさを見てみましょう。生まれたばかりの赤ちゃんは、身長が50cm前後、体重は3000g前後くらい。自分の今の身長や体重と比べて、全く違うことは明らかです。

数字で表せない変化もあります。寝ているだけの赤ちゃんが、数か月後には寝返りをしたり、ハイハイをしたりするなどは、動きの質的な変化です。

からだ以外にも変化は現れます。子どもは1つの単語からことばを覚え、次第に複雑な文章も扱えるようになります。さらに筋道を立ててものごとを考えたり、抽象的な考え方ができたりするようになるなど、大人になるまでに大きく変化していきます。

こうした変化をすべて「発達」としてとらえ、人間のこころとからだ、行動などの変

大人になるまでにどんな変化があるか

コミュニケーション
●会話ができるようになる
●相手を思いやることができるようになる　など
記憶
●覚えられることが増える
●覚え方を工夫することができるようになる　など
からだ
●身長が伸びたり体重が増えたりする
●歩いたり走ったりできるようになる　など

そのほか、ものの見方やとらえ方が変わったり、感情表現が豊かになったりと、変化（＝発達）はさまざまなところに現れる。

化を研究するのが**発達心理学**です。

発達するのは子どもだけではない

一般に「発達」というと、からだが大きくなったり、できなかったことができるようになったりするなど、坂を上っていくようなプラスのイメージを持つ人が多いでしょう。

実際、従来の発達心理学は、こうした上り坂の発達過程にある子どもから青年期を対象とする研究、すなわち「児童心理学」や「青年心理学」が中心でした。

しかし、発達とは上り坂の変化だけではありません。これまでできていたことができなくなったり、以前より時間がかかるようになるなど、坂を下るような変化もあるのです。

また精神的な面でも、人生を振り返る気持ちや死に対する気持ちなど、老年期になって初めて現れてくる変化もあります。そういった意味で、人間は大人になってからも変化、つまり発達しているのです。

このような考え方に基づいて、現在では青年期以降のこころやからだの変化も対象として扱い、受精から死ぬまでの全生涯を対象とする「**生涯発達**心理学」が提唱されています。

発達心理学という学問そのものも、変化しているといえるでしょう。

キーワード

生涯発達
人間は生涯変化し続けるものとして、受精から死ぬまでの一生における、こころと行動の変化を研究対象とする考え方。社会の高齢化を背景に、新しい能力の獲得だけでなく、能力の衰退も含めて「発達」としてとらえている。

発達心理学の分類

- 発達心理学
  - 乳幼児心理学
  - 児童心理学
  - 青年心理学
  - 成人心理学
  - 老年心理学

新たな分野 臨床発達心理学

発達心理学を臨床の現場で応用しようというのが「臨床発達心理学」です。発達の過程で生じる問題を発達心理学の観点から分析し、解決を目指します。主にカウンセリングや心理療法などが行われています。対象となる問題は、神経症などの精神医学的なものから、知能や性格の問題、犯罪や非行、いじめなど多岐にわたります。専門家として認定されている「臨床発達心理士」のほか、公認心理師、臨床心理士、精神科医、小児科医、保健師、教師などさまざまな人が関わって支援していきます。

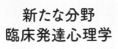

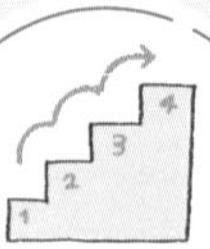

発達段階
と課題

赤ちゃんから一気に大人にはならない

わたしたちは、赤ちゃんから子どもへ、子どもから大人へと順を追って発達していく。
それぞれの段階には、達成すべき課題がある。

発達はステップごとに進むもの

わたしたちは一足飛びに今の自分になったわけではありません。誰でも赤ちゃんや子どもの時期があり、それを経て現在につながっています。つまり、階段を1段1段上るように発達してきたのです。

こうした発達の段階は時間的経過を軸にして、いくつかに分けられています。段階の分け方や年齢の考え方などは研究者によってさまざまですが、段階ごとに特有の大きな変化が現れるように設定されています。

段階ごとに期待されるものがある

アメリカの教育学者ハヴィガーストは、健全な発達のためには、それぞれの**発達段階**に達成するべき「発達課題」があると提唱しています。

例えば、乳幼児期では歩くことや固形物を食べること、児童期では個人としての独立などが課題として挙げられています。その段階における課題を達成できていないと、次の段階での発達に影響を及ぼすことがあります。実際、青年期で個人の独立が達成されないまま成人し、依存的なところが強く残ってしまうケースも少なくありません。

ただし、発達のスピードや順序には個人差があります。また、ほかの動物と違って、人間の発達には柔軟性があるのが大きな特徴です。ある課題が達成できなくても、その後の環境や経験などで改善できる可能性は十分にあります。発達課題は、目安として考えるのがよいでしょう。

キーワード

発達段階
発達をいくつかのまとまりごとに区分したもの。最初に発達段階を提唱したのは、ハヴィガーストだといわれる（→P19下図）。発達の過程を測る基準には、ものごとの認知や感情、運動能力など、さまざまなものが設定されており、それによって、発達段階の分け方も多数ある。発達心理学では社会的慣習によって分ける「新生児期、乳児期、幼児期、児童期、青年期、成人期（壮年期）、中年期、老年期」という分類が一般的に用いられる（→P19上図）。

年齢・時期による発達の段階

発達段階は、社会慣習にのっとったものが一般的。そのため、
青年期までは、就学制度と関わりが深い。

胎児期
受精から出生までの期間。胎生期ともいわれる。

→ **新生児期**
出生から4週間の時期をさすのが一般的。

→ **乳児期**
生後1か月から1歳、もしくは1歳半までの時期。

→ **幼児期**
1歳、もしくは1歳半から5歳までの時期。

→ **児童期**
6歳から11、12歳まで。小学生に該当する。

→ **青年期**
12、13歳から22、23歳まで。中・高・大学生に相当する。

→ **初期成人期**
23、24歳から40代前半まで。

→ **中年期**
40代から50代までの時期。

→ **老年期**
60代以上の人を対象とする（65歳以上をさすことが多い）。

ハヴィガーストが提唱した発達段階と課題

ハヴィガーストは、生まれてから死ぬまでを6段階に区切り、それぞれの段階で達成することが求められている課題を提唱した。

老年期
- 肉体的な力の衰退に適応する
- 退職（引退）と収入の減少に適応する
- 配偶者の死に適応する　など

中年期
- 大人として市民的・社会的責任を果たす
- 一定の経済的生活水準を確立し、それを維持する
- 生理的な変化を受け入れて適応する
- 年老いた両親に適応する　など

壮年期
- 配偶者を選択する
- 配偶者との生活を学習する
- 子どもを育てる　など

青年期
- 第2次性徴によるからだの変化を受け入れる
- 男性、女性としての社会的役割を達成する
- 情緒的な独立を果たすとともに、経済的な独立の目安を立てる　など

児童期
- 日常的な遊びに必要な身体的技能の学習
- 遊び仲間とうまくつき合うことができるようになる
- 読み・書き・計算の基礎的な能力が発達する
- 個人的独立を果たす　など

乳幼児期
- 歩くことができるようになる
- 固形物を食べられるようになる
- 話すことを学習する
- 排泄《はいせつ》習慣を身につける（トイレットトレーニング）　など

発達の法則

発達には一定の順序と法則がある

発達は無秩序に進むものではない。段階を追って進んでいくほか、ある一定の法則を持っているのだ。

発達の基本的な法則を知ろう

生まれたばかりの赤ちゃんはほとんど寝たきりですが、やがてお座りやハイハイをしたり、立って歩くようになります。こうした運動の発達は無秩序に進むのではなく、次のような5つの法則があります。

1つめの法則は、**頭部から足部へ**と発達することです。赤ちゃんは生後1か月くらいで頭をまっすぐに保てるようになり、3～4か月頃には首がしっかりしてきます。その後、腰や足が発達して、立ったり歩いたりできるようになります。2つめの法則は、**中心から末端へ**と進むこと。胴体から肩、腕、手、指先へと順に発達していきます。

そして3つめは**一般から特殊へ**という法則です。生後2か月頃の赤ちゃんにものを差し出すと、両手両足をバタバタさせますが、手でつかむことはできません。しかし6か月頃になると、片手でものをしっかりつかめるようになります。行動が次第に**分化**して、特殊な反応が現れてくるのです。

発達のしかたには個人差がある

4つめは**発達は連続的**という法則です。発達は一つひとつ段階的に連続して進むもので、それを示したのが**発達段階**です（→P19図）。

最後の法則が**発達には個人差がある**ことです。発達の順序やスピードには、遺伝的な素質や環境、経験などが深く関わっています。育児書通りではなく、その子どもに合ったスピードで発達していくと考えたほうがよいでしょう。

キーワード

分化
単純なものが、より複雑な別のものへ分かれること。例えば、「細胞の分化」とは、一つひとつの細胞の形や機能が変化して、特有の役割を持つこと。

粗大運動《そだいうんどう》
からだ全体のバランスを必要とする大きな運動。座る、立つ、歩くなど。粗大運動に異常が現れる場合は、脳障害が疑われることもある。

微細運動《びさいうんどう》
手指を使う細かい運動。ものをつかむ、紙をめくるなど。軽度の脳障害では微細運動に異常が現れることがある。

全身の運動はどのように発達するのか

からだの動きは、大きく「粗大運動《そだいうんどう》」と「微細運動《びさいうんどう》」の2つに分けられる。
ここでは全身を使った粗大運動の発達を見ていこう。

1か月頃
丸まった胎児の姿勢から、頭をまっすぐに保てるようになる。

2か月頃
肩を持ち上げられるようになる。

4か月頃
首がすわる。腰を支えられると、座ることができる。

6か月頃
寝返りをうつことができるようになる。

8か月頃
ハイハイができるようになる。

9か月頃
家具などにつかまって、立つことができるようになる。

12か月頃
2～3歩、歩くことができるようになる。

15か月頃
1人で立ったり、歩いたりできるようになる。

18か月頃
転ばずに歩けるようになる。走り始める。

2歳頃
階段の上り下りができるようになる。

4歳頃
ケンケン（片足跳び）ができるようになる。

5歳頃
両足でスキップができるようになる。

歩くまでの過程は赤ちゃんそれぞれ

赤ちゃんの中には、ハイハイをほとんどせず、おしりと足を上手に使って前進するスタイル（シャフリングともいう）から、つかまり立ちやつたい歩きをする子もいます。

発達の過程が1段階飛ぶことに不安を覚えるかもしれませんが、歩くまでのステップは赤ちゃんによって差があります。これも、人間の持つ柔軟性の表れと考えられるでしょう。

また、ハイハイの形も赤ちゃんによってさまざま。ほふく前進のように進む子もいれば、両ひじを床につけておなかをずりながら進む子もいます。

遺伝と環境

発達への影響が大きいのはどっち？

発達を促進するものとして、持って生まれた遺伝と、後天的な環境が考えられる。果たしてどちらの影響をより強く受けるのだろうか。

体格は環境よりも遺伝の影響が大きい

背の高い子どもを見かけると、「お父さんやお母さんも背が高いのだろうな」と思います。「背が高いのは遺伝だ」というのが一般的な考え方だからです。実際のところはどうなのでしょうか。

双子を対象にして、**遺伝的要因**と**環境的要因**の関係を調べた研究があります。その研究によると、身長や体重などの体格は、遺伝の影響が強く現れます。しかし、筋力や運動能力などは環境の影響が強いといいます（→P23図）。

ただいずれにしても、からだは、遺伝、環境のどちらか一方ではなく、両方が関わって発達していくものです。

例えば右利きの場合、左手の握力は遺伝の影響が強いのですが、右手の握力は環境の影響が強いのです。これはふだんよく使う右手は、左手よりも環境の影響を受けているためと考えられます。

逆に、環境的な要因がからだの発達を妨《さまた》げることもあります。ひどい家庭的環境から、からだの発達が止まってしまった子どもは、環境がよくなったら、急激に身体が発達したというケースが報告されています。

遺伝と環境は互いに影響し合う

では人格の形成には、遺伝と環境はどのように関わっているのでしょう。

古くから発達心理学では「遺伝か環境か」が問題となっていましたが、やがて「遺伝も環境も関わる」という考え方に変わってきました。さらに近年では、発達は「遺伝的

キーワード

遺伝的要因
両親の遺伝子の情報によって子どもへと受け継がれるもので、なかなか変わりにくいとされる。体格や容姿だけでなく、アレルギーなどの体質や気質（→P44）などがある。

環境的要因
子どもを取り囲む環境に含まれるすべてのもの。とくに両親との関係、家族としての雰囲気、経済的な状態などといった家庭的要因が重要とされる。また、地域や幼稚園、学校などでの人間関係、テレビや雑誌の影響、文化や社会環境などといった社会的要因も含まれる。

親子はどこまで似るのだろう

体格や筋力、運動能力について遺伝的要因と環境的要因はどのように関わっているのだろうか。

環境的要因
の影響が強い

握力（右手）
（遺 26% 環 74%）
背筋力
（遺 25% 環 75%）
立ち幅跳び
（遺 11% 環 89%）
垂直跳び
（遺 27% 環 73%）

遺 = 遺伝的要因
環 = 環境的要因

遺伝的要因
の影響が強い

身長
（遺 75% 環 25%）
体重
（遺 63% 環 37%）
握力（左手）
（遺 57% 環 43%）
ボール投げ
（遺 54% 環 46%）
50m 走
（遺 79% 環 21%）
バーピーテスト
（遺 68% 環 32%）

（水野、1956 年より）

要因と環境的要因の相互作用」によるという考え方が中心になっています。子どもは親をはじめとする環境から影響を受けるだけではなく、子ども自身も環境に影響を与えます。遺伝的要因と環境的要因が、互いに影響を与えあって発達していくのです。

バーピーテスト
敏捷性《びんしょうせい》を調べるためのテスト。直立した状態から腕立てふせの姿勢になり、再び直立するという動作を10秒間に何回できるかを測る。環境的要因よりも遺伝的要因の影響を強く受ける傾向にある。

家庭の経済力は子どもの発達に影響する？

2014 年に行われたある研究では、年収が高い世帯の子どもほど学力が高いという結果が出ています。年収が高い世帯では、塾など教育にかけるお金の余裕があることが一因と考えられます。スポーツでも、教室に入ったり、個人レッスンを受けたりと、経済力が必要になる面もあります。

しかし、経済力がすべてではありません。前述の研究では、子どもの学力には「幼い頃の絵本の読み聞かせ」や「博物館や美術館に連れて行く」「毎日朝食を食べさせる」など、親の子どもへの接し方が影響することも示されています。

社会化

ヒトはどうやって人間になる？

人間と動物の違いの1つは、人間は複雑で高度に発達した社会の中で生きる、社会的な生き物であるということだ。社会性はどのように獲得されるのだろうか。

人間らしさは身につけていくもの

わたしたち人間は、何らかの形で他人や社会との関わりを持って生きる社会的な生き物です。家庭や地域、学校、職場などさまざまなレベルの集団に所属し、それぞれが役割を担《にな》っています。

人間社会の中で、また、それぞれの集団の構成員として生きていくには、ことばをはじめ、共通の価値観や知識、生活様式などを身につける必要があります。その過程を「**社会化**」と呼びます。

子どもは「人間はこういうもの」というイメージを持たずに生まれてきます。まっさらの状態からさまざまなことを学習し、〝人間らしく〟発達していくのです。

子どもが社会化していくには、周りの手助けが欠かせません。周りの人間、例えば両親や先生、遊び仲間などは重要な〝社会化の担い手〟とされています。とくに乳幼児期においては、両親がもっとも重要な担い手となります。親から教えられたり、親の姿を見たりして子どもの社会化は進みます。

幼少期の環境が人間らしさを生むカギ

では適切な担い手がいない場合は、どうなるのでしょうか。その答えは**野生児**の例から探ることができます。

幼少期にほかの人間と全く接触せずに育った野生児は、発見当初、2本足で歩くこともできず、ことばも持たず、感覚や感情、知的な面での発達も遅れていたといいます。

その後、人間らしさを取り

キーワード

社会化

社会化には次の3つのプロセスがある。すべてが同じように進むのではなく、一人ひとり進み方は異なる。

①直接的社会化……規範や行動などを教え込まれ、強化される。いわゆる「しつけ」や「教育」によるもの。

②間接的社会化……所属する集団の中で成功や失敗などといった経験を積み重ねて、暗黙のルールや価値観を自然と身につけていく。

③正統的周辺参加……地域の祭りなどに参加して何らかの役割を担うことで、地域の人々との関わり方を学ぶ。

人間らしさは人間社会の中で生まれる

幼少期に人間的な社会から隔離

↓

野生児の特徴

- 音声言語を持たない
- 歩行に異常がある
- 感覚や感受性に異常がある
- 羞恥《しゅうち》心がなく、衣服を着ない
- 食習慣に異常がある
- 自閉的な傾向
- 感情が乏しい　など

↓

人間らしさを取り戻すための教育をほどこす

↓

同年齢の水準までは達しないものの、社会性や感覚は発達することがある。しかし、音声言語の学習は果たされないことが多い。

戻すための教育が熱心に行われましたが、一般的なレベルには到達せず、ことばを獲得することもできなかったと報告されています。つまり、人間らしさを身につけるのは幼少期であり、その時期に適切な担い手がいることが、〝ヒトが人間になれるかどうか〟を握るカギだといえるでしょう。

野生児
幼少期に森に遺棄《いき》されたり、遭難したりなど、何らかの理由で人間社会から隔離され、1人で、あるいは動物とともに生活していた子どものこと。有名なのは、フランスで発見された「アヴェロンの野生児」。このほか野生児にまつわる研究はいくつかあるが、真偽のほどは不明なものが多い。

隔離・放置された子も野生児!?

純粋な野生児とは異なるものの、故意または偶然を問わず、人間社会から隔離されたり放置されたりして育った子どもも、野生児と似たような特徴を持つという。

人間的な関わりや絆を持てないことで、野生児化しているためだと考えられている。しかし、環境の改善や教育などによって、発達するものも多い。

“ターザン”は可能か

類人猿に育てられた野生児が成長して人間と出会い、ことばを獲得して恋に落ちる——。ディズニー映画でも有名なターザンのストーリーです。しかし現実的には、幼少期に人間と接触せずに育ったターザンが“人間らしく”なるのは不可能だと考えられるでしょう。あくまでもロマンチックなつくり話なのです。

学習

経験によって行動が変化する

「学習」というと、国語や算数など、学校で学ぶものをイメージするのではないだろうか。心理学における学習は、経験を通して身につける変化を意味している。

「学習」は勉強することではない

わたしたちの行動のほとんどは、**学習**がもとになっています。学習というと、読み書きや計算などの〝勉強〟を思い浮かべるかもしれませんが、そうではありません。

例えば、手を洗うときに無意識に服のそでをまくるのは、以前にぬらしてしまったことがあるからです。また、犬にかまれたりして怖い思いをした人は、犬に近寄らないようにします。電車に乗り遅れそうなときに走るのは、走ったら間に合った経験があるからでしょう。このように経験によって、それまでの行動が変化したり、別の行動が起こったりします。心理学ではこれを学習といいます。

自分自身の経験だけでなく、他人の行動を見ることでも学習します。これを「**観察学習**」といい、子どもは親の姿を見て、それをまねることで学習していきます。野生児（→P24）が四つんばいで歩くなど動物のような行動をとったのも、学習の結果です。

学習を起こす2つの条件づけ

学習のメカニズムを科学的に解明したのが、ロシアの生理学者**パブロフ**です。

彼は犬にベルの音を聞かせてから、エサをやるという実験を繰り返しました。すると、以前はエサをやらないと出なかった唾液《だえき》が、ベルが鳴っただけで出るようになりました。「ベルが鳴るとエサがもらえる」ということを犬が学習したのです。パブロフはこの反応を「条件反射」と名づけま

キーワード

学習
心理学では「経験による行動やその可能性の変化」をさす。望ましい行動だけでなく、望ましくないマイナスの行動も学習する。人間の行動や感情、人格の形成は、環境からの学習によってもたらされると考えられている。

パブロフ
ロシアの生理学者。消化活動を支配する神経メカニズムの解明により、1904年ノーベル賞を受賞した。その後、「パブロフの犬」と呼ばれる実験によって、条件反射を発見した。

した。

　それによって起こる学習を、現在では「**古典的条件づけ**」と呼びます。また、自発的な行動を伴う学習もあります。アメリカの心理学者**スキナー**の実験で証明されたものです。

　レバーに触れるとエサが出る仕掛けをした箱に、ネズミを入れます。偶然レバーを下げたときに、エサが出ることに気づいたネズミは、おなかが空くと自分からレバーを下げるようになります。

　ある行動をしたときによい結果が得られたことで、その後の行動が変化したのです。道具を用いているので、「道具的条件づけ」または「**オペラント**（operant＝自発的行動）**条件づけ**」と呼ばれています。

スキナー
アメリカの心理学者。行動分析学の基礎を築く。レバーを下げるとエサが出る「スキナー箱」（→左下図）を用いて自発的な行動による学習を証明し、「オペラント条件づけ」と名づけた。

古典的条件づけ

生得的反応
生まれながらに持っているからだの反応
エサを見ると、唾液《だえき》が出る
エサを与えると同時にベルを鳴らすことを繰り返す
エサを見なくても、ベルの音を聞くだけで唾液が出る
FOOD
条件反応
ある条件（ベルの音）とある事象（唾液の分泌）が学習されたことで起きる反射

オペラント条件づけ

エサの入った装置
レバーを下げるとエサが出る
エサの受け皿

実験　上図のようなに箱（スキナー箱）にネズミを入れ、箱の中で自由に動けるようにする。

結果　偶然レバーに触れることでエサを得られることがわかると、ネズミは何度もレバーを下げてエサを得ようと繰り返した。レバーを下げてもエサが出ないと、レバーに触れなくなる。

コラム 01

「一児豪華主義」の子育て

「子どもとはこういうものだ」という子どもに対する概念を「児童観」といい、発達心理学では非常に重要なものです。児童観は時代や地域、文化のほか、個人の生育歴や経験によっても異なります。

現代の日本では、核家族化や少子化を背景に「子どもは育つものではなく、親が育てるもの」という児童観が主流で、親の責任が重視される風潮があるようです。「一児豪華主義」といって、1人の子どもを育てるのに多くのエネルギーやお金を注ぐというケースも少なくありません。メディアでも「こうしてスターを育てた」「天才の育て方」などがよく取り上げられています。しかし、子どもによって育ち方は違うもの。「子どもを大切にしたい」という親の気持ちはもちろん悪いものではありませんが、周囲に流されたり、親の気持ちを過剰に押しつけたりしないよう気をつけたほうがよいでしょう。

育て方に正解はない。子どもを思う気持ちは大切だが「こうあるべき!」と思い込まないこと。

第1章

誕生時からある不思議な能力

～胎児期・新生児期～

からだ

赤ちゃんの頭が大きいのは人間だけ

頭が大きく腕や脚の短い、いわゆる「幼児体形」をしている赤ちゃんは、実は人間だけなのだ。

アンバランスな赤ちゃんのからだ

人間の大人と赤ちゃんを比べてみると、大きさはもちろん、プロポーションも全く違います。赤ちゃんは頭がとても大きく、自分で支えることができません。また腕や脚、胴体も短いです。しかし人間以外の動物、例えば馬は親馬がそのまま小さくなった姿をしています。チンパンジーは、馬に比べると**頭身比**《とうしんひ》（頭の比率）は大きいものの、人間の赤ちゃんのように頭を支えられないということはありません。

人間は、ほかの動物に比べて脳が非常に大きく、4～5歳になるまでに、急激に成長します。それに備えて、赤ちゃんの頭は大きくなっているのです。

人間は未熟な状態で生まれる

生まれて間もない人間の赤ちゃんは、頭を支えられないだけでなく、1人で動くこともできません。

ところが、馬や牛の赤ちゃんは生後間もなく立ち上がり、おっぱいを吸いに母親のところまで歩いていくことができます。運動能力に関しては、人間の赤ちゃんは未熟な状態で生まれてくるといえます。

こうした特徴を、スイスの動物学者ポルトマンは、離巣《りそう》性《せい》の特徴と就巣性《しゅうそうせい》の特徴を両方備えた「二次的就巣性」と呼びました（→P31下図）。人間の脳が巨大化したため、十分に発達してから生まれることは母体に負担をかけます。そのため、運動能力が未発達なまま生まれてくるのだとされています（**生理的早産**《せいりてきそうざん》）。

キーワード

頭身比《とうしんひ》
からだ全体に占める頭の割合。人間の大人は約7頭身だが、赤ちゃんは約4頭身で、成長とともに変化していく。

生理的早産《せいりてきそうざん》
ポルトマンが提唱。人間は二次的就巣性《しゅうそうせい》の特徴を持つ（→P31下図）。人間が運動能力の発達した状態で生まれるには、もう1年胎内で育てられなければならない。だが、脳が発達して頭が大きくなっていること、直立2足歩行のために骨盤が狭くなっているなどから、長く胎内で育てられずに早産が通常化しているという考え方だ。

年齢によるからだのバランスの違い

ほかの動物と違い、人間のからだのバランスは成長とともに変化していく。

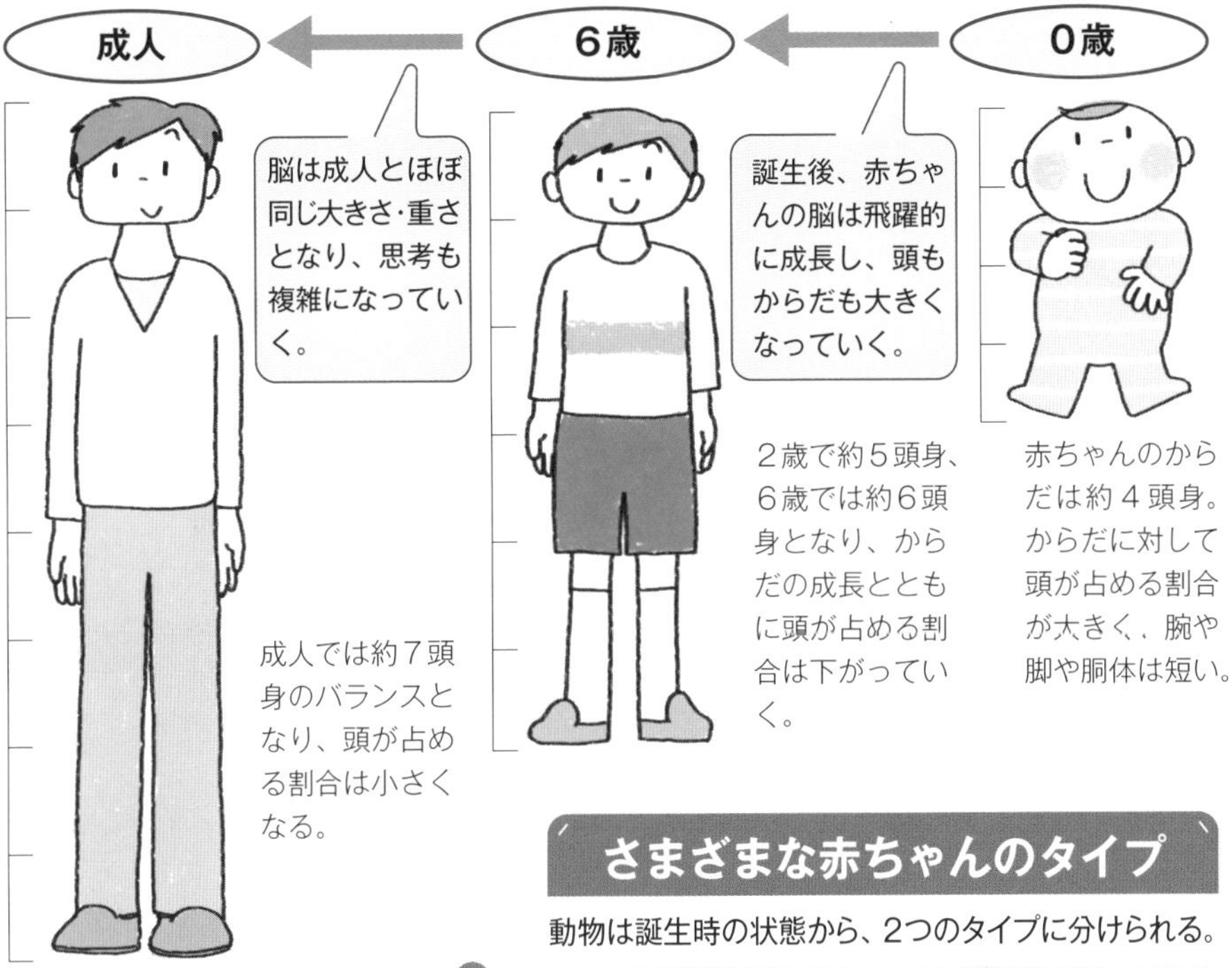

脳は成人とほぼ同じ大きさ・重さとなり、思考も複雑になっていく。

誕生後、赤ちゃんの脳は飛躍的に成長し、頭もからだも大きくなっていく。

成人では約7頭身のバランスとなり、頭が占める割合は小さくなる。

2歳で約5頭身、6歳では約6頭身となり、からだの成長とともに頭が占める割合は下がっていく。

赤ちゃんのからだは約4頭身。からだに対して頭が占める割合が大きく、腕や脚や胴体は短い。

さまざまな赤ちゃんのタイプ

動物は誕生時の状態から、2つのタイプに分けられる。

離巣性《りそうせい》
- 感覚能力や運動能力が成熟している
- 一度に生まれる数が少ない

例）ニワトリ、馬など

就巣性《しゅうそうせい》
- 感覚能力や運動能力が未熟
- 一度に生まれる数が多い

例）ツバメ、犬など

＼ 人間は両方の特徴を持つ ／

- 感覚能力は成熟している
- 一度に生まれる数が少ない

↓

離巣性の特徴

- 腕や脚が短く、運動能力が未熟

↓

就巣性の特徴

↓

二次的就巣性

赤ちゃんの丸みは戦略！？

　赤ちゃんのからだのもう1つの特徴は、丸みを帯びていること。これは人間に限らず、動物の赤ちゃんにも共通していえることです。

　ぷくぷくと丸みを帯びた顔やからだつきは、誰もがかわいいと感じるものです。弱い立場である赤ちゃんが、親にかわいがってもらうための戦略ではないかとの説もあります。

脳の発達

胎内で脳の基本が完成している

人間のからだの中で、最初につくられる器官が脳だ。母親の胎内で脳は急激に発達していく。

脳は胎内で最初につくられる

脳は呼吸など生命維持の働きから、思考や創造、記憶などの複雑な働きまで、あらゆる活動を支配している重要な器官です。こころの発達と密接に関わる脳は、どのように発達していくのでしょうか。

実は脳の大部分は、おなかの中にいるときにできあがっています。胎内で出合った卵子と精子が受精すると、分裂を繰り返し、その一部が脳や神経を形づくります。妊娠11週頃には、脳の原型ができあがります。その後、妊娠25週くらいまで脳は急速に大きくなり、妊娠30週頃になると、表面にしわが刻まれ始めます。妊娠36週頃には、外見上は大人の脳とほとんど変わらない状態にまで発達します。

このように、脳をはじめとするさまざまな器官は、おなかの中でつくられます。そのため妊娠中（とくに妊娠初期）に、ある種の薬物を服用すると、胎児の脳に異常を招く危険性があります。

また、妊娠中の喫煙や過度の飲酒も、胎児の成長や出産後の発達に悪影響を及ぼすことがわかっています。

誕生後はネットワークが発達

誕生時の脳の重さは約400gですが、生後6か月頃にはその2倍近くまで重さが増します。脳を構成するのは**神経細胞**と**グリア細胞**です。神経細胞は約140億個ありますが、赤ちゃんも大人もその数はほとんど変わりません。脳の重さが増えるのは、神経細胞間の結びつき（ネットワー

キーワード

グリア細胞
神経細胞とともに、脳を構成する小型の細胞群で、大脳には約400億個ある。神経細胞を髄鞘化《ずいしょうか》させるほか、神経細胞への栄養供給や、傷ついた細胞の除去などをする。

髄鞘化《ずいしょうか》
神経細胞の軸索《じくさく》に、グリア細胞が自身の細胞膜を巻きつけて「髄鞘」を形成すること。髄鞘は一種の絶縁体のため、神経細胞に伝わる情報（電気信号）を確実に伝えることができ、情報伝達が速くなる。神経細胞によって髄鞘化しないものもあるが、すべての髄鞘化が終わるのは10歳前後。

ク）ができるからです。それによって、大人と同じような高度な知的活動ができるようになります。ネットワークができるには、神経細胞の樹状《じゅじょう》突起《とっき》の成長と軸索《じくさく》の**髄鞘化**《ずいしょうか》が必要です（↓下図）。それらで神経細胞間の連結が強まり、情報伝達が速くなります。

　ネットワークの構築は、生後1～2年の間に急速に進みます。ただ、その進み方は脳の部位で異なり、単純な機能をつかさどる部位から複雑な機能をつかさどる部位へと進みます（↓P75下図）。最後に成長するのがことばをつかさどる部位（言語野《げんごや》）で、脳全体が完成するにはおよそ20年かかります。

胎内での脳の発達

妊娠期間	脳の発達
2～3週頃	神経板《しんけいばん》という組織がつくられ、大きく成長していく。
11週頃	神経板が管状の神経管へ変化。大脳（思考・感覚・運動をつかさどる）や小脳（知覚情報の統合・運動の制御などをつかさどる）、脊髄《せきずい》（脳とからだの各器官をつなぐ）など、脳の基本構造のおおよそがつくられる。
20週頃	大脳が発達していく。それに伴い感覚器官も発達していく。
30週頃	大脳が前頭葉《ぜんとうよう》、頭頂葉《とうちょうよう》、側頭葉《そくとうよう》へ分化する。脳のしわがこの頃から生まれ、増えていく。
36週頃	脳の基本構造が完成。神経細胞の分裂は、おなかの中でほぼ終了する。

神経細胞のしくみ

神経細胞は、核のある細胞体と、そこから伸びた樹状突起《じゅじょうとっき》、軸索《じくさく》でできている。

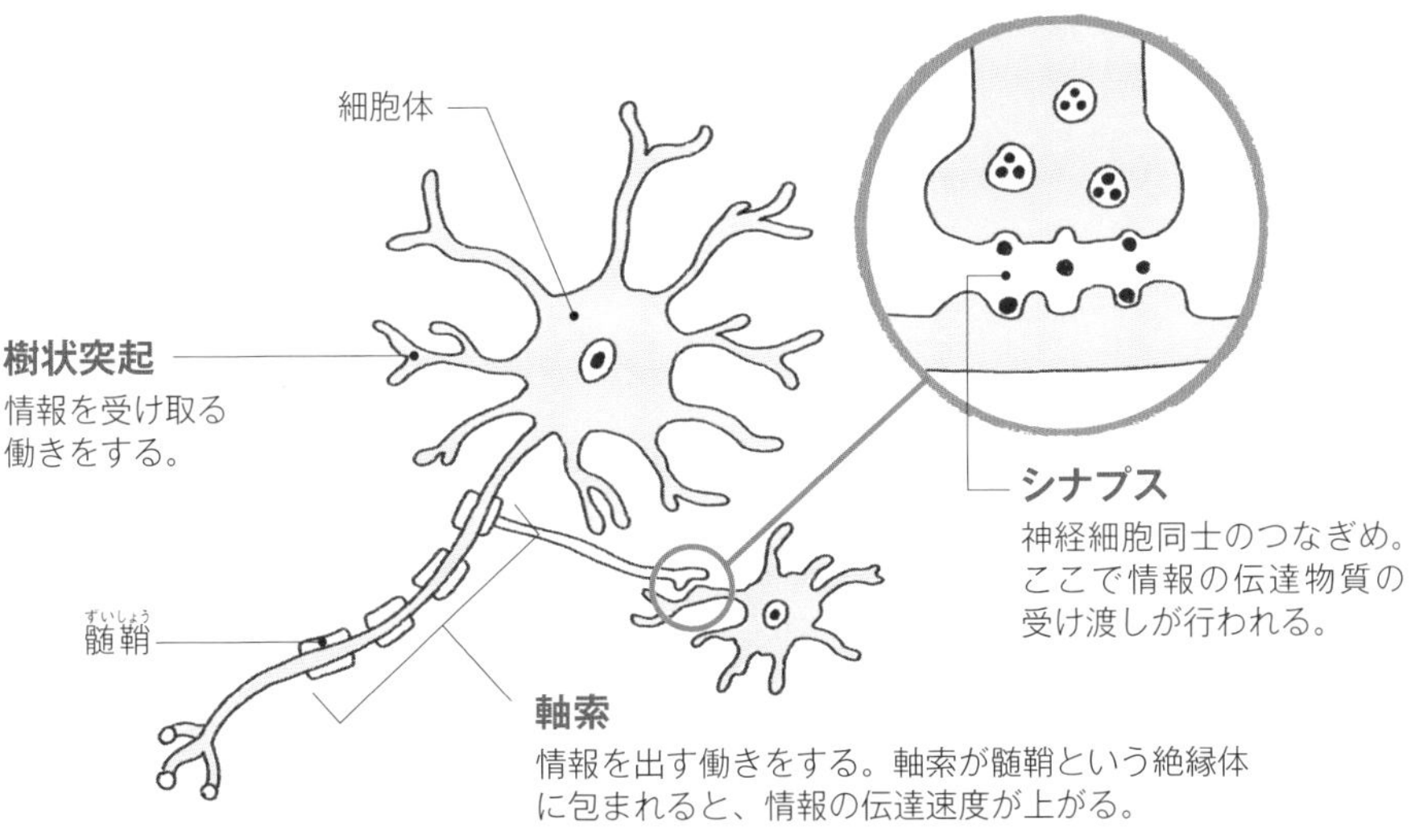
細胞体
樹状突起
情報を受け取る働きをする。
髄鞘《ずいしょう》
軸索
情報を出す働きをする。軸索が髄鞘という絶縁体に包まれると、情報の伝達速度が上がる。
シナプス
神経細胞同士のつなぎめ。ここで情報の伝達物質の受け渡しが行われる。

原始反射

生後3～4か月頃までしかない特別な力

自分の意思とは関係なく、からだに起こる反応の1つが反射だ。反射の中には、赤ちゃんの時期にしかみられないものがある。

おなかの外で生きるために必要な力

生まれたばかりの赤ちゃんの手のひらを指で触れると、ぎゅっと握りしめてきます。また、赤ちゃんの口の中に指を入れると、吸いついてきます。その力の意外な強さにびっくりしてしまいますが、これらは赤ちゃんが自発的に行っているものではありません。ある刺激によって自然に起こる、生理的な「反射」の1つです。例えば口の中に食べ物を入れると唾液《だえき》が出るのも、同じ反射という反応です。赤ちゃんだけが持つ反射を「**原始反射**」と呼びます。

原始反射はなぜ起こるのでしょうか。一説によると、胎内から出て外の世界で生きていくために不可欠な行動が、反射によって起こるといいます。手を握る動作は危険や恐怖から身を守るためであり、指に吸いつくのはおっぱいを吸うためだとされています。

原始反射は、4～6か月頃には消えてしまいます。脳細胞のネットワークが発達することで、赤ちゃん自身の意思による**随意運動**《ずいいうんどう》へと変化していくのです。

生まれる準備は胎内で始まっている

一般に、おなかの中の赤ちゃんの動き、つまり「胎動《たいどう》」を感じるのは、大体4、5か月頃です。成長につれて、ポコポコッと泡がはじけたような小さなものから、母親のおなかがボコッと動くような大きなものまで、感じ方はさまざまです。

赤ちゃんはおなかの中で、ぐるぐる回転したり、手足を

原始反射が現れない・続く場合

原始反射が現れるべき時期（生後すぐから３～４か月頃）に全くみられない、または反応が弱い場合は、神経系の異常の可能性があります。また、原始反射が消失せずに長く続く場合も何らかの異常が疑われます。いずれの場合も専門医へ相談を。

原始反射にはどんなものがあるか

モロー反射
上体を少し起こした状態で、頭の支えを急に外すと、両手を広げた直後に何かにしがみつこうとする。

把握反射《はあくはんしゃ》
手のひらに触れると、握りしめようとする。足の指の付け根辺りに触れると、手と同じような反射が起こる。

吸啜反射《きゅうてつはんしゃ》
指などで赤ちゃんの口に触れると、吸いつく。母乳を吸うために必要な反射。

緊張性頸反射《きんちょうせいけいはんしゃ》
仰向けの状態になっている赤ちゃんの顔を、左右どちらかに傾けると、傾けた側の手足を伸ばし、逆の手足を曲げる。

自動歩行
赤ちゃんの両脇から手を入れてからだを垂直に支える。前に傾けて足を床につけると歩くようなしぐさをする。

赤ちゃんは胎内でも活発に動く

胎内で動いている赤ちゃん。赤ちゃんの動きを「胎動《たいどう》」として感じる母親も多い。

全身をビクッとさせる
指をしゃぶる
母親のおなかをける
羊水《ようすい》を飲んで肺を膨らませる（呼吸の練習）
おなかの中で回転する
おしっこをする（排泄《はいせつ》の練習）
手足を曲げ伸ばしする
まばたきをする

曲げ伸ばししたり、足でけったりするなど、活発に動いています。また、脳や臓器だけではなく、生理機能も発達しています。外の世界に適応できるように、準備が始まっている証拠だといえます。

キーワード

随意運動《ずいいうんどう》
自分の欲求や環境に応じて行う運動。脊髄《せきずい》が支配する反射とは異なり、自分の意思でコントロールができる。脳が発達してきている証拠。

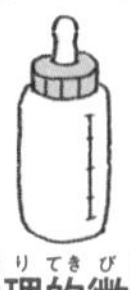

生理的微笑《せいりてきびしょう》

笑うのは楽しいからではない？

見ているだけで幸せな気分になれる、赤ちゃんの笑顔。しかし、生まれたばかりの赤ちゃんは「笑う」ということを知らずに笑っている。

笑顔は生まれつき身についてはいない

笑顔は人間の重要なコミュニケーション手段の1つです。微笑《ほほえ》むことで、相手に対する好意や、嬉しさ、楽しさを表現したりします。

わたしたちは普通、ほかの人に笑顔を向けられると、笑顔を返します。

しかし、生まれたばかりの赤ちゃんは、笑顔を返すことはありません。笑顔は生まれつき身についているものではないからです。

ただ、赤ちゃんは眠っているときなどに、フッとほおを緩ませて、笑っているような表情を見せることがあります。これは内的に快適な状態のときに起こる反射的なもので、「**生理的微笑**《せいりてきびしょう》」と呼ばれます。

発達とともに微笑みが変化する

赤ちゃんの生理的微笑は、嬉しさや楽しさを表現するものではありませんが、見ているほうは誰でも嬉しくなってしまいます。生理的微笑を見て、親はもちろんのこと、周囲の人は思わず微笑みを返したり、「ご機嫌だね」「かわいいね」などと話しかけたりします。それを繰り返しているうちに、赤ちゃんは人の顔を見て笑ったり、声を聞いて笑ったり、微笑み返したりするようになります。

つまり、生理的微笑から、コミュニケーションとしての笑顔へと変化していくのです（**社会的微笑**《しゃかいてきびしょう》）。このような笑顔は、生後3か月頃からみられます。その後、特定の人にだけ笑うようになるなど、さらに変化していきます。

赤ちゃんは大人の顔が好き？

赤ちゃんに、実際の大人の顔、布製の人形の顔、紙に描かれた大人と子どもの顔を見せたところ、持続して反応したのは実際の大人の顔でした。また、真顔よりも笑顔の場合に反応が続いたそうです。大人の笑顔が好きなのかもしれませんね。

微笑《ほほえ》みはどのように発達していくのか

発達とともに、周囲の働きかけに応じるように微笑みを見せるようになっていく。

生後間もない頃

周囲の働きかけなど、特定の刺激を受けなくても微笑む。睡眠中などにみられることが多く、内的な環境の快適さによって起こる微笑み。

生後２か月頃

生理的微笑《せいりてきびしょう》が減少し、何かを聞いたり、見たり触れたりと、外からの刺激に反応して微笑む。

生後３か月頃

親など親しい人に対して微笑む（社会的微笑《しゃかいてきびしょう》の始まり）。また、見知らぬ人に対しても、微笑みかけられると微笑み返すようになる。

生後５か月頃

親など親しい人に対してたくさん微笑みかけるものの、そうでない人にはあまり微笑まないなど、相手によって微笑みに違いが現れる。

生後７～８か月頃

親などには微笑むものの、見知らぬ人に対しては顔をこわばらせたり、そっぽを向いたりする。人見知りが始まるのもこの頃。

キーワード

社会的微笑《しゃかいてきびしょう》
笑いかけられたり話しかけられたりすることに微笑《ほほえ》み返すなど、他者と関わるために自発的に行う微笑みのこと。生後3か月頃からみられる。

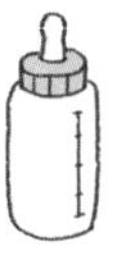

視覚

見えるのは目の前30cmの距離

つぶらな瞳でじっと見つめる赤ちゃん。その目にはどのような景色が映っているのだろうか。

赤ちゃんの目はかなりの近視

犬やネコの赤ちゃんは生後しばらくの間、目は閉じたままで外界を見ることはできないといいます。人間の赤ちゃんの場合、生後4週間以下の新生児でも、0・02～0・03程度の視力があることがわかっています。

大人に比べてかなりの近視といえる状態ですが、これは赤ちゃんの脳の発達が未熟で、目から得た情報を的確に処理することができないためです。

ピントを調節する能力もないため、自分の目の前の20～30cmほどの距離にピントが固定されています。これは、親に抱かれたときに、ちょうど顔が見える距離です。20～30cm以上離れているものはぼんやりとしか見えません。また、立体視ができないため、赤ちゃんが見ているのは平面的な世界です。脳が発達するにしたがって、次第にものや空間を立体的に**認知**できるようになります。

ものの見え方の変化

生後０～１か月頃

視野が狭く、ものは平面的に見える。目の前のものをじっと見ることはあるが、動きを追うことはできない。

↓

生後２か月頃

人や自分の手の動きを目で追えるようになる。

↓

生後３～４か月頃

ものを立体的に見ることができるようになるが、陰影の重なりなどは認識できない。

↓

生後６か月頃

ものが動かなくても、ものの形がわかる。陰影の重なりなどを認識できるようになる。

キーワード

視覚
目を通じて外界の様子をとらえる感覚。胎内は真っ暗でものを見る必要がないため、人間の五感のうち、視覚の発達はもっとも遅い。誕生後に外界の刺激を受けて発達していく。

認知
心理学では広義の「知ること」を意味する。見たり、聞いたり、感じたりして、周囲の情報を選択して自分の中に取り入れ、理解して判断・適応するという人間の情報処理の過程をさす。一連の過程における、記憶や思考などは認知に含まれる。

好きなものほどじっと見つめる

新生児は視力は弱いものの、色や形を区別することができます。また好きなものや興味のあるものほど、じっと見つめる傾向があり、これを「選《せん》好注視《こうちゅうし》」といいます。

この傾向を利用して（**選好注視法**）、アメリカの心理学者ファンツは、赤ちゃんがどのような図形を好むのかを調べました。実験によると、赤ちゃんは単純なものより複雑なものを好み、とくに人の顔の図を見つめる時間がもっとも長かったといいます（↓左図）。

赤ちゃんでも、すでに好みや興味があり、しかもそれが〝人間〟に向かっていることは、非常に興味深いことだといえるでしょう。

別の実験では、新生児は図形の方向性を区別できることが確かめられており、さらに、生後4か月くらいになると、図形の左右対称性もわかるようになります。

選《せん》好《こう》注《ちゅう》視《し》法《ほう》
赤ちゃんが好きなものや興味のあるものを注視する傾向を利用して、視力を調べる方法。縞模様《しまもよう》の紙と灰色の紙を見せて、縞模様の幅を徐々に狭くしていき、注視の違いから、視力を測定する。また、赤ちゃんの目の前で縞模様を貼りつけた円柱ドラムを回転させて、特定の眼球運動（視《し》運動性眼振《うんどうせいがんしん》）が現れるかどうかによって、視力を測定する方法もある。

赤ちゃんが好きな図形は？

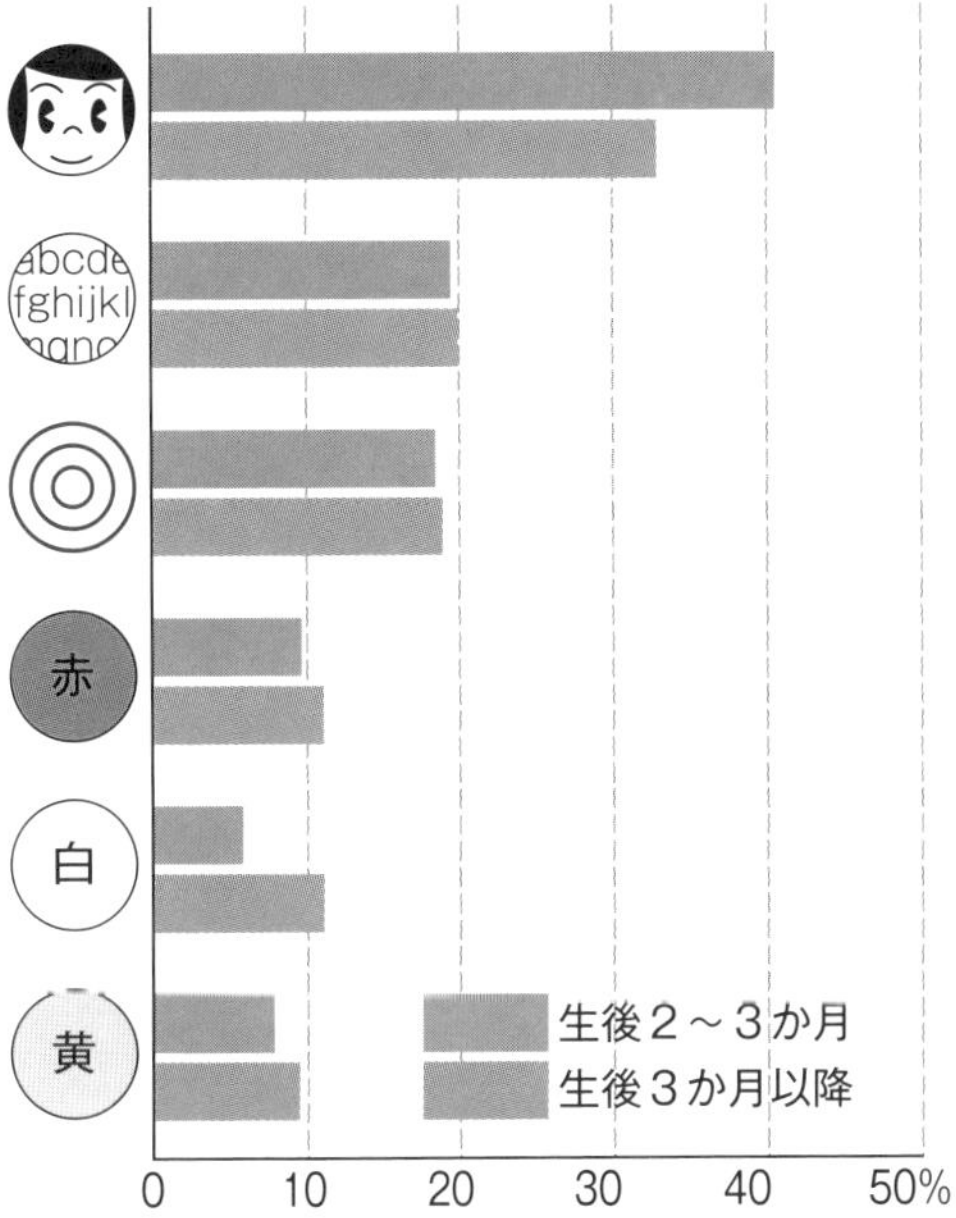

（ファンツ、1961年より）

赤ちゃんは動くものが好き

本文で述べたように、赤ちゃんは人の顔が好きという傾向があります。しかし、好きなものでも慣れてくると、注視時間は徐々に短くなっていきます。

また、人の顔も、目や鼻などのパーツが整っている静止画よりも、動きのあるものを好むことがわかってきています。

つまりは赤ちゃんが好む「人間らしさ」とは、顔のパーツの位置ではなく、「動いているかどうか」がポイントになるようです。

聴覚

男性よりも女性の声のほうが好き？

母親の胎内でも音を聞いて育つ赤ちゃん。生まれたばかりでも、音に対する好みがあるという。

胎内にいるときから音を聞いている

赤ちゃんの視覚は生まれてから徐々に発達しますが、聴覚はどうでしょうか。

脳の聴覚をつかさどる部位は、妊娠約30週でほぼ完成しており、比較的早い段階から音を聞く能力があると考えられます。おなかの中では、母親の心臓の音や胃腸が動く音、血液の流れる音などが、絶えず聞こえているはずです。妊娠36週頃に大きな音をたてると、胎児は心拍数が上がったり、からだを活発に動かしたりするといいます。

生後間もない赤ちゃんがぐずっているときに、子守唄とメトロノームの音、心音を聞かせる実験では、心音を聞かせたときが一番落ち着いたと報告されています。おなかの中で長い間、親しんでいた音だからかもしれません。

高くてゆっくりとした声が聞きやすい

赤ちゃんは、音に対してさまざまな反応を示します（↓下図）。こうした反応から赤

音を聞くとどんな反応をするか

赤ちゃんは音を聞いているとき、からだでさまざまな反応をしている。

顔を向ける
音のするほうに顔を傾ける。2方向から音を聞かせると、好きな音のほうを向く傾向がある。

その他
まばたきの回数に変化が現れたり、興奮の高まりとともに心拍数が上がったりする。

吸う反応が増える
おしゃぶりなどをくわえさせていると、音を熱心に聞いているときほどたくさん吸いつく傾向がある。

ちゃんの好きな音を探ってみると、一番好きなのは人の声だといいます。とくに、男性の低い声よりも、音域の高い女性の声を好みます。

話し方にも好みがあり、テンポがゆっくりで抑揚《よくよう》のある話し方に強く反応します。赤ちゃんに話しかけるときは、ふだん早口の人でも、ゆっくりで抑揚を強めた**赤ちゃんことば**で話しかけることが多いのは、知らず知らずのうちに、赤ちゃんの好きな話し方になっているからなのです。

母親の声を聞き分けている

赤ちゃんは、男性より女性、同じ女性でも母親の声を好みます。生後1日の赤ちゃんでも、お母さんの声に強く反応します。胎内は羊水《ようすい》で満たされているため、外界とは音の聞こえ方が異なります。水中にもぐっているときに、外から聞こえる音に近いでしょう。

ただ、母親の声はからだの内側から響くため、赤ちゃんには聞こえやすく、声そのものというより、話すスピードやリズムなどを覚えていると考えられます。

一方、父親の声は、生後すぐは無理ですが、次第に聞き分けられるようになります。

キーワード

赤ちゃんことば

「マンマ」「ワンワン」「ブーブー」など、ことばを言い換えたり、擬態語で表現したりした乳幼児向けのことば。各国で使われているが、とくに日本語では多く使われている。

胎内で聞いた音を覚えている？

実験

①16人の女性に、妊娠末期5～6週の間、同じ話を1日2回音読してもらう。
②女性たちの赤ちゃんが生後3日めのときに、おしゃぶりをくわえさせ、スピーカーからストーリーを流して聞かせる。

結果

胎内で聞いていたストーリーを聞いているときに、おしゃぶりをよく吸った赤ちゃんが16人中13人いた。胎内での音のリズムを記憶していると考えられる。

（マウラ、1992年より）

日本人の赤ちゃんも「L」と「R」を聞き分ける

日本人の赤ちゃんも、生後6～8か月頃までは英語のLとRを聞き分けられます。その後、聞き分けが難しくなるのは、母語である日本語の習得のために必要な能力を取捨選択した結果だと考えられます。

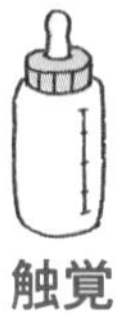

触覚

たくさん触れることで世界を知る

赤ちゃんにとって、自分の周りは未知のものばかり。ものごとを認識するためにまず使うのが触覚だ。

五感の中でもとくに発達が早い

わたしたちは見たり、聞いたり、触ったり、においをかいだり、味わったりして、さまざまな情報を得ています。このような五感のうち、とくに発達が早いのが触覚です。

おなかの中にいるときから発達が進んでおり、受胎後7週頃には、口の周りに皮膚の感覚（触覚）が現れるといわれています。

おなかの中で赤ちゃんは指しゃぶりをしたり、舌を出すしぐさなどをします。それらが刺激となって脳の発達を促《うなが》していくのです。そして誕生後は、温度感覚や痛覚が急速に発達します。

自分のからだも触れて確認する

母親の胎内から出てきた赤ちゃんにとって、外の世界は未知のものばかり。自分がどんなものかもわからないし、からだを動かすこともできません。生後3か月頃になって自分でからだを動かせるようになると、赤ちゃんは積極的に自分のからだを触るようになります。

手を口に入れたり、両手を組んだり、両手で足を持ったり、足を口に入れたりもします。こうして自分自身の姿を発見していくのです。

頭を動かせるようになると、後ろを振り返ったり、ベッドの柵や壁に頭を打ちつけるしぐさもみられます。赤ちゃんが何でもなめたり触ったりするのを気にして、手や足にカバーをかぶせる人もいますが、赤ちゃんの自由にさせてあげるほうがよいでしょう。

キーワード

近感覚・遠感覚
近感覚とは、刺激を受ける場とそれを受け止める感覚器が近いもので、触覚や嗅覚、味覚をさす。遠感覚とは、遠く離れた場所の刺激を受け止めるもので、視覚や聴覚のことをいう。

協応《きょうおう》
複数の器官や機能が、互いに作用し合いながら働くこと。感覚の協応とは、触覚と視覚、視覚と聴覚など、別々の感覚器で受け取った情報をまとめて理解し、判断することをさす。

複数の感覚の情報をまとめられるように

触覚や味覚などの**近感覚**は早い段階から発達しますが、視覚や聴覚などの**遠感覚**は、大体生後5か月頃から発達します。

これらの感覚で得た情報は、単独で認知に結びつくのではありません。成長するにつれて、複数の情報をまとめて認知するようになります。

例えば、自分が暗闇でなめていたおしゃぶりが、明るいところで見たときにどれかわかるのは、触覚と視覚を**協応**《きょうおう》して判断していることを示しています。

赤ちゃんにおもちゃを1つ与えると、じっと見つめたり、なめたり、振ったり、投げたりします。ことばを使えるようになる2歳くらいまでは、赤ちゃんはこうして感覚や運動によって、外の世界を知っていくのです。

抱かれていることがわかる

赤ちゃんがわかること

- 母親のぬくもり
- 触れられている感触
- 母親のにおい
- 自分が母親に触れている感触

赤ちゃんが五感で母親を感じているように、母親も赤ちゃんのぬくもりやにおいなどを感じている。

触れたものが見てわかる

実験 ①赤ちゃんを２グループに分け、暗闇で突起のないおしゃぶり、または突起のあるおしゃぶりをくわえさせる（→下図）。
②明るいところで両方のおしゃぶりを赤ちゃんに見せる。

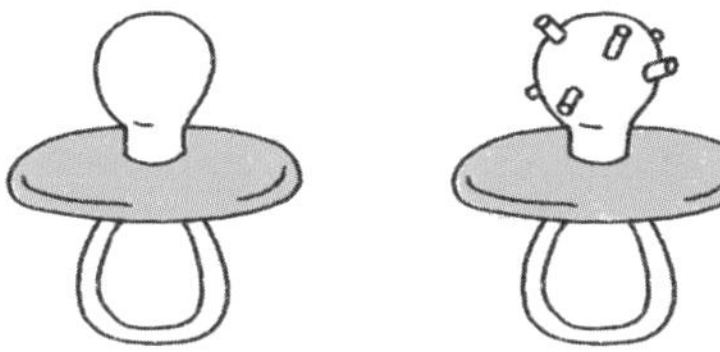

結果 ほとんどの赤ちゃんが自分のくわえていたほうのおしゃぶりを注視した。口の中での感触をもとに、目で見て判断していると考えられる。

（メルツォフ、1979年より）

味覚や嗅覚はどのくらい発達している？

味覚も早くから発達しており、新生児でも味の区別がつくことがわかっています。赤ちゃんは辛いものや苦いものより、甘いものが好きなようです。

嗅覚については諸説ありますが、生後１～３日ほどでも、刺激臭や腐敗臭には顔をしかめたり、泣いたりするなどの反応がみられたという報告もあります。

気質

赤ちゃんには生まれつきの個性がある

「赤ちゃん」と一口にいっても、刺激に対する反応などはそれぞれ違う。生まれつきの個性を「気質」という。

気質は変化しにくいもの

親同士で話をしていると、月齢が同じでも、いろいろな子どもがいるのに気づくでしょう。周りの状況にかまわずよく眠る子もいれば、ちょっとした音ですぐに起きてしまう子もいます。動きが活発で寝返りやハイハイが早い子もいれば、動くのに慎重な子も。

人間は皆、個性を持っています。それは生後間もない赤ちゃんでも同じで、こうした生まれつきの特性を「**気質**」と呼んでいます。

アメリカの精神科医**トマス**は、乳児110人を対象に気質の研究を行いました。

その研究によると、気質を決定づける要因として、身体運動の活発さ、睡眠や排泄《はいせつ》などの周期性、環境への順応性など9つの側面を挙げています（→P45上図）。

さらに、9つの側面の組み合わせから、子どもの気質を「扱いにくい子どもたち」「エンジンがかかりにくい子どもたち」「扱いやすい子どもたち」の3つに分けています。

気質は一定期間持続し、乳幼児期はほぼ安定していて変化がないものだといいます。

人格は気質の上につくられる

「あの人は明るい性格だ」などとよくいいます。これは、生まれ持った気質がそのまま表れているのでしょうか。

気質自体は変わりにくいものですが、大人になっても、それがそのまま表れるケースが少ないのは、親をはじめとする周囲の人間や生活環境、社会環境などと関わり合いなが

キーワード

気質
一人ひとりが遺伝的に持っている特性で、ある程度の期間持続する。トマスによる3つのタイプ以外にも、いくつかの分類がある。アメリカの小児科医ブラゼルトンによれば、気質には人種差があるという。

トマス
アメリカの精神科医。子どもの直接的観察、両親との面接、保育士や教師からの報告、心理テストなどをもとに、気質の分類を行った。トマスらの分類は後の気質の研究にも大きな影響を与えている。

気質にはどんなものがある？

トマスは、気質を測る基準として９つの側面を提唱。
各基準について５段階で評価をし、それらから子どもを３つのタイプに分類した。

９つの側面

❶活動水準
身体運動の活発さの度合い。

❷接近／回避
新しい刺激に対して積極的に接近しようとするか、または避けようとするか。

❸周期性
睡眠や排泄《はいせつ》など、身体機能の規則正しさ。

❹順応性
環境の変化に対する慣れやすさ。

❺反応の強さ
泣く・笑うなど反応の現れ方の度合い。

❻反応の閾値《いきち》
聴覚や視覚など感覚刺激に対する敏感さ。

❼気分（機嫌）の質
快・不快の感情を表す度合い。

❽気の散りやすさ
外的な刺激を受けたときの気の散りやすさ。

❾注意の幅と持続性
特定の行動に携わる時間の長さ、集中のしかた。

各側面に対する反応を組み合わせて、３つのタイプに分類

1 扱いにくい子どもたち

回避＋新たな刺激を避けようとする＋環境の変化にゆっくりと慣れる＋不機嫌であることが多い＋泣く·笑うなど反応の度合いが強い。

2 エンジンがかかりにくい子どもたち

新しい刺激を初めは避けるがやがて接近＋環境の変化に対してゆっくりと順応していく。

3 扱いやすい子どもたち

新しい刺激に対して積極的＋身体機能が規則正しい＋新しい環境に素早く順応する＋機嫌がよい＋泣く·笑うなどの反応が激しくない。

ら成長するからです。

つまり、表に現れてくる性格（**人格**）は後天的なもので、気質をもとにつくられます。

梅干にたとえると、気質は梅干の種、その周囲を取り囲む果肉が性格だといえます。

人格
さまざまな定義があるが、心理学では、その人を特徴づける感情や意思、思考、行動の一貫した傾向をさす。性格と同義で使われることもあるが、人格のほうが広い意味を持つ。英語ではパーソナリティー。

人格は気質をベースにつくられる

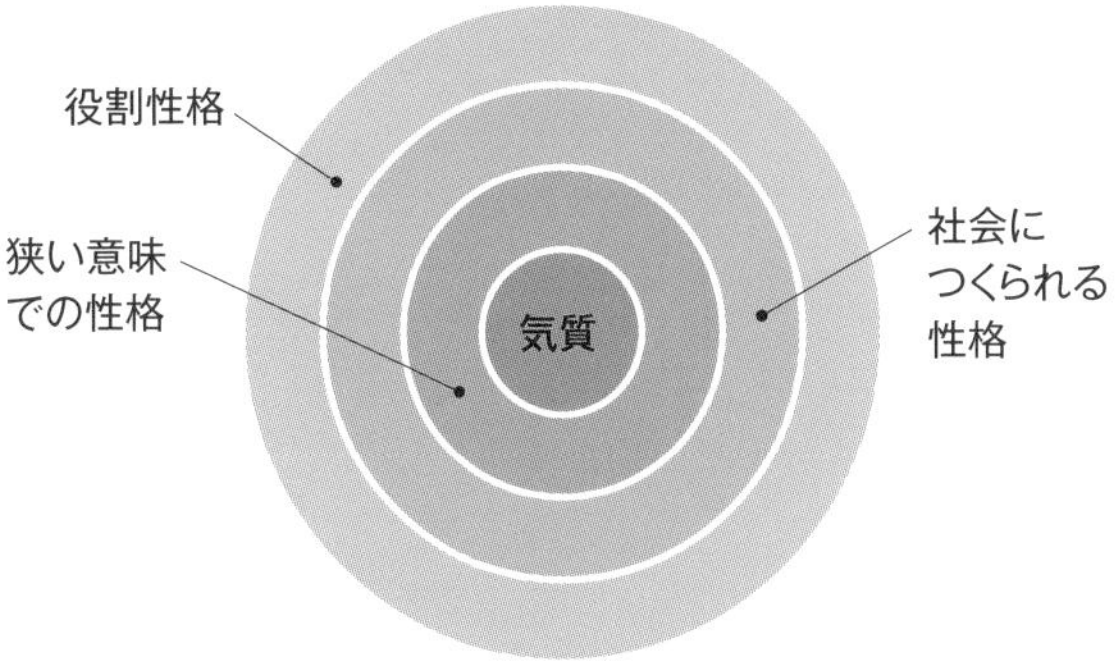

気質を中心に、性格がつくられていく。４つのうち、気質がもっとも変化しにくく、円の外側に向かうほど変化しやすいとされる。

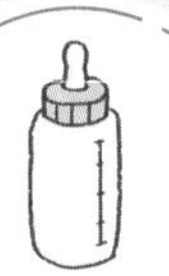

気質の影響

周囲の接し方で性格はどう変わる？

赤ちゃんの持つ気質は、周囲の赤ちゃんへの接し方に影響を与える。そして、周囲の接し方は赤ちゃんの性格に影響を与える。

親子の気質は互いに影響する

子どもの**気質**は複数のタイプがありますが、それによって親の接し方も変わります。

例えば、扱いやすい気質の子どもでは、親も安定した気持ちで子どもに接することができ、良好な親子関係を築きやすいようです。一方、扱いにくい子どもでは、育児のストレスが大きくて子どもに愛情を感じにくく、それが子どもの性格形成に悪影響を及ぼすこともあります。

親子関係や子どもの性格形成には、親自身の気質や接し方も深く関わります。同じ扱いにくい子どもでも、「何をしても泣いて困った子だ」ではなく、「敏感な子だから気をつけよう」と考えて注意深く接することで、親子関係や性格形成への影響は異なります。

日本の心理学者・詫摩《たくま》武俊《たけとし》らの研究によると、親の**養育態度**によって、子どもの性格に違いが出るといいます（→P47図）。親の養育態度だけで子どもの性格が決まるわけではありませんが、その重要性は覚えておきましょう。

親ゆずりの性格はつくられるもの

性格は後天的なものですが、「お父さんに似て頑固だから」ということもあります。

親子は同じ家庭で生活しており、習慣や経験が似通っているためです。また、子どもが親を見て学ぶという側面もあります。母親が「大声で早口、常に急いでいる、競争心や達成欲求が強い」という特性があると、子どもも同じ特性が身につくと報告されています。

キーワード

養育態度
子どもに接するときの態度。受容的か、拒否的か、支配的か、自立を促《うなが》すかによって、子どもの性格に一定の傾向がみられる。母親はもちろん、父親の養育態度も作用する。

自律
ほかから支配されるのではなく、自分の意思で自身の規範に従って行動すること。例えば「トイレは使用後に流す」ということも初めは親に言われることで行うが、成長するとともに自律を獲得し、自分自身の意思でできるようになっていく。

親の養育態度と子どもの性格の関係

養育態度による子どもの性格のタイプ。典型的なものであり、
必ずしも当てはまるとは限らない。

親　愛情を持ち、子どもに理解を示す

子どもの話をよく聞き、遊びなどに対してもよく相手になる。

↓

子

・情緒が安定
・思慮深い
・親切
・やさしい
など

親　子どもに対して拒否的。ときには敵対する

子どもの話や行動の相手をせず、ときにははねつけたりもする。

↓

子

・反社会的
・冷淡
・神経質
・情緒不安定
など

親　子どもの活動を心理的に制限する

子どもが自分の言いつけ通りに行動するよう責めたてる。

↓

子

・依存的
・消極的
・自発性が乏しい
・温和
など

親　子どもが自律できるよう促《うなが》す

子ども自身の考えや行動を尊重し、サポートする。

↓

子

・友好的
・自己主張をする
・独立心が強い
など

気質に期待するものは文化で異なる？

日米の母子の養育態度を比較した研究によると、アメリカの母親は子どもと距離を置くものの、子どもの姿勢をよく変え、常に話しかけていたといいます。一方、日本の母親は子どもを抱いてなだめることが多く、話しかけは少ない傾向でした。

アメリカの母親は子どもが話したり、活動することを期待して接するのに対し、日本の母親は子どもが穏やかな状態でいることを期待して接するのではないかと考えられます。日本では、「謙遜《けんそん》」や「控えめ」が美徳とされる価値観が影響しているのかもしれません。

コラム 02

胎教の効果はある？

赤ちゃんはおなかの中にいるときから、さまざまな能力が発達しています。中でも触覚や聴力はかなり発達しており、お母さんやお父さんの声も聞こえています。こうしたことから、「胎教」を行う人も多いようです。

●お母さんがリラックスしていることが一番大事

しかし、胎教の効果があるのかどうか、科学的にははっきりしていません。胎教を行うことで、お母さんの気持ちが安定するのであれば、それはとてもよいことだと考えられます。ですが、赤ちゃんに何かを教えようとして神経質になってしまうのはよくありません。お母さんがイライラしていると、血管が収縮して赤ちゃんに十分な酸素や栄養が行き届かないことも。

妊娠中は何よりも、お母さんがリラックスしていることが大切です。好きな音楽を聞いたり、絵本を読んだり、おなかをやさしくマッサージするなど、赤ちゃんといっしょに自分が楽しめることを見つけてみましょう。

お母さんがリラックスした状態でいることが赤ちゃんにもよい影響を与えるかも。

第2章

コミュニケーションの基礎ができる

~乳児期~

全身の発達

1歳までに体重は3倍になる

生まれてから1年の間は、生涯の中でも発達の伸びが大きいとき。丈夫な心身に育つために重要な時期でもある。

乳児期は発達がめざましい

赤ちゃんが生まれてから1か月までを「**新生児期**」、それ以降から1歳までを「**乳児期**」といいます。

乳児期はからだの成長のスピードがとても速い時期で「**急成長期**」と呼ばれています。例えば体重の変化を見てみましょう（→P51図）。生まれたときは3kg前後だったのが、生後3か月になると約2倍、1歳になると約3倍にもなります。大人では考えられないほどのスピードで増えているのです。

また、からだの姿勢や動きも急激に発達していきます。

まず3か月頃には、首の筋力がついて、自分で自分の頭を支えられるようになります。そして生後5～6か月では寝返りが、生後8～9か月では1人でお座りができるようになり、ハイハイやつかまり立ちなど、いろいろな動きができるようになってきます。親としては「あれができるようになった、これもできた」など嬉しく楽しい時期でしょう。

脳の発達も進むので栄養面に配慮を

乳児期に発達するのはからだだけではありません。脳も大きく発達します。

誕生時の脳の重さは約400gですが、1歳半になると男児では約1kg、女児は約800gまで増えます。これは脳の**神経細胞**の樹状突起《じゅじょうとっき》が成長し、**髄鞘化**《ずいしょうか》が進むためです（→P33下図）。その結果、神経細胞のネットワークが発達し、高度な知的活動ができるようになります。

キーワード

急成長期
スイスの動物学者ポルトマンの研究によると、発達の過程では、急速に発達する急成長期と、ゆっくり発達する時期、発達が定着する時期がある。通常、動物は成熟までの急成長期は1回だが、人間は0～2歳と12～18歳の2回ある。

可塑性《かそせい》
一般には何らかの力が加わって変形し、それが持続することを意味するが、脳の可塑性とは、脳の持つ柔軟性をさす。例えば、脳の一部が障害を受けた場合、ほかの部位で機能を代替したり、環境条件に合わせて構造や性質を部分

誕生時から1歳までのからだの変化

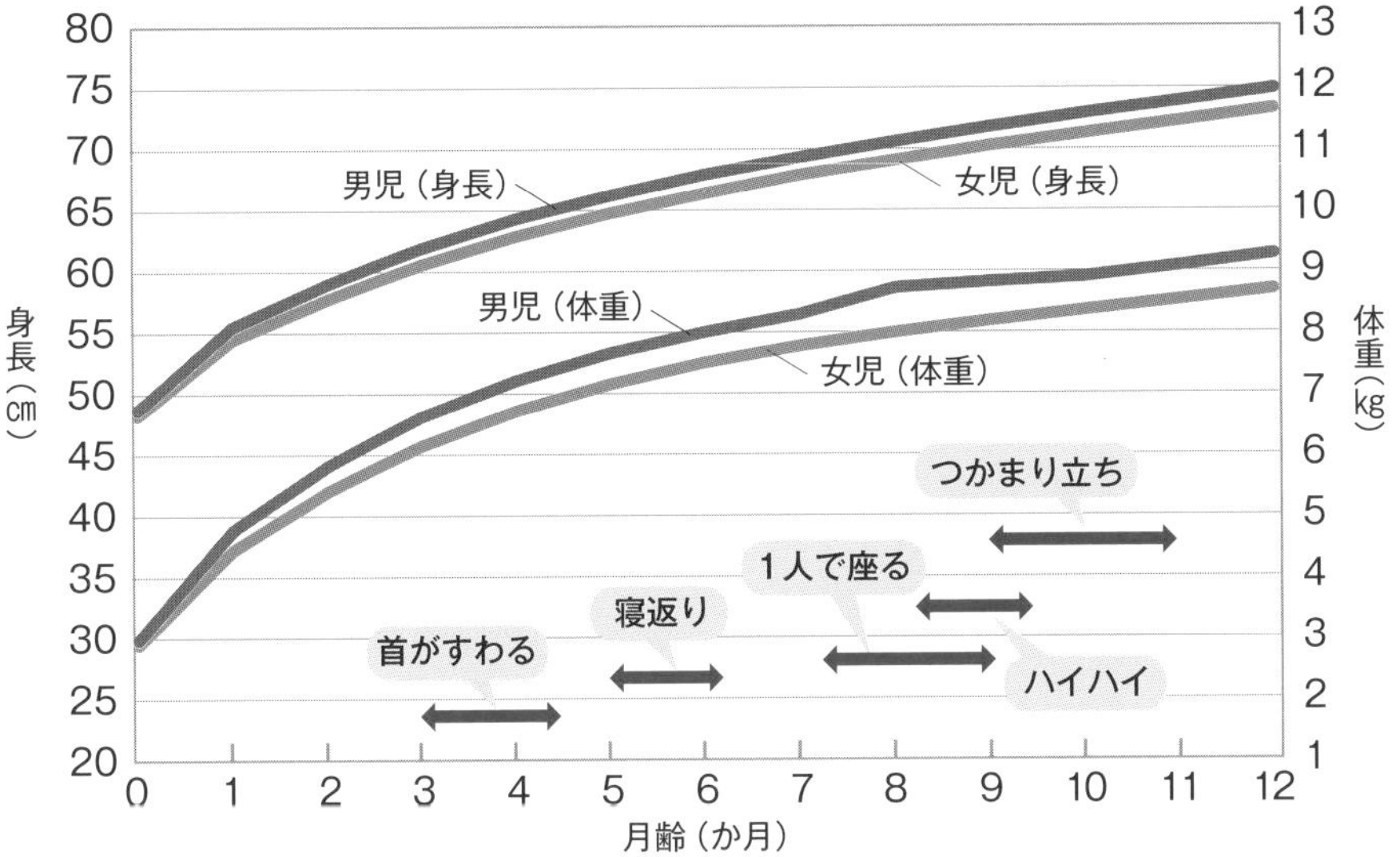

グラフは男女とも平均値によるもの。身長や体重の変化は個人差も大きい。からだの動きの変化は、現れやすい時期を示している。
（厚生労働省　平成22年「乳幼児身体発育調査」より）

この時期に栄養が十分に与えられないと、からだはもちろん、脳の発達を妨《さまた》げる危険性があります。また、環境も大切です。脳は環境からさまざまな刺激を受けて発達するため、環境の違いは発達に大きく影響します。

赤ちゃんの脳は大人よりも柔軟

人間のあらゆる活動を支配する脳は、部位によってつかさどる機能が決まっています（脳の機能局在）。

事故や病気などで脳の一部がダメージを受けると、その部位のつかさどる機能が障害されます。例えば脳卒中で言語をつかさどる部位が障害されると、失語《しつご》（ことばを話せなくなる）などの後遺症が現れます。

ところが1歳前くらいの赤ちゃんの場合、言語をつかさどる部位が障害されても、失語などの後遺症は現れません。赤ちゃんの脳は分業が進んでおらず、可塑性《かそせい》が高いので、ほかの部位でその機能を担《にな》うことができるためです。

左脳にあることばをつかさどる場所が損傷しても、右脳がその働きを担ってくれる。

的に変化させることができる。

手の発達

手の動きで発達の段階がわかる

生後間もない赤ちゃんは、ぎゅっと手を握りしめていることが多いが、成長とともに、手や指の細かい動きができるようになっていく。

手や指の動きは ゆっくりと発達する

わたしたちはふだん、食事をしたり、ものを書いたり、荷物を持ったりなど、非常に頻《ひん》繁《ぱん》に手を使います。こうした手指の動きは、乳児期に大きく発達します。

生まれたばかりの赤ちゃんの小さな手は、自然に握った状態になっています。その後、**原始反射**（→P34）が消えていくとともに、自分の意思による運動が増え、興味を持ったものに手を伸ばしたり、つかもうとしたりします。これが生後4～6か月頃です。

ものをつかむ動作も変化していきます。初めは手のひら全体でものをつかみますが（手《しゅ》掌《しょう》把《は》握《あく》）、次第に指の機能が発達し、親指とひとさし指で小さなものもつまめるようになります（→P53下表）。

赤ちゃんはこうして1年ほどかけて、ゆっくりと手の動きを獲得していきます。

目にしたものを 取るのも発達の印

生後2か月頃の赤ちゃんの目の前でガラガラを振ってみると、最初のうちは動きを目で追っているだけですが、しばらくすると、ガラガラに手を伸ばすようになります。

最初は視覚だけが働いていたのが、やがて手の動きと互いに作用しながら働くようになるのです（**協応**《きょうおう》→P42）。

さらに生後5か月頃になると、ガラガラを手でつかめるようになります。

このように目の前のものを取ることを「**リーチング**」といい、発達を示す重要な印と考えられています。

キーワード

リーチング

目の前にあるものを、手を伸ばして取ること。「目で見る」「手を伸ばす」「ものをつかむ」という3つの動きをコントロールすることが必要になる。生後5か月頃からできるようになる。また、「ほしいものを取る」という目的と、「手を伸ばして取る」という手段が合致して、意図《いと》的な行動ができるようになったことを示し、発達過程を見る上で重要な印と考えられている。

気をつけたい 赤ちゃんの事故

赤ちゃんの手の動きが活発になってきたら、注意したいのは家庭内での事故です。

赤ちゃんは目で見るもの、興味のあるものは何でも手で取ろうとしたり、口に入れようとします。そのため、たばこやボタンなどを誤まって飲み込んだり、ストーブやポット、熱い飲み物の入ったカップなどに触れてやけどをしたりするケースが多くみられます。

こうした事故を防ぐために、赤ちゃんの発達に合わせて環境を整えることが大切です。

原始反射はなぜ消える

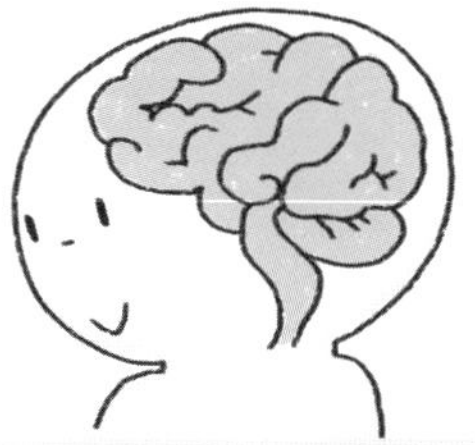

赤ちゃん特有の反射が消えるのには、脳の発達が関わっている。

脳機能の発達が進む

↓

随意運動《ずいいうんどう》（→ P35）の出現

↓

さらに脳機能の発達が進む

↓

行動のコントロールが可能に

↓

原始反射が抑制される

手と指の動きの変化

月齢（か月）	脳の発達
0 ～ 3	手はぎゅっと握りしめたまま（原始反射の影響）。
4 ～ 6	親指が開くように。手のひらを使ってものをわしづかみにする（**手掌把握**）。手や指に触れてものを見て、両手で取る。
6 ～ 7	左右の手で、ものを持ち換えられる。すべての指を開いて、ものを握る。握ったものを離すのは苦手。意図《いと》的ではなく手から離れたり落ちたりする。
8 ～ 9	ひとさし指をうまく使えるようになる。指を使ってものをつまむ（**指先把握**）。左右の手に1つずつものを持てる。
10 ～ 12	片手で何かにつかまりながら、もう1つの手にものを持てる。指先が器用になり、親指とひとさし指で小さなものをつまめるようになる（**ピンチ把握**）。

（山下富美代編著『図解雑学 発達心理学』〈ナツメ社〉、田中真介監修『発達がわかれば子どもが見える』〈ぎょうせい〉を元に作成）

手掌把握《しゅしょうはあく》

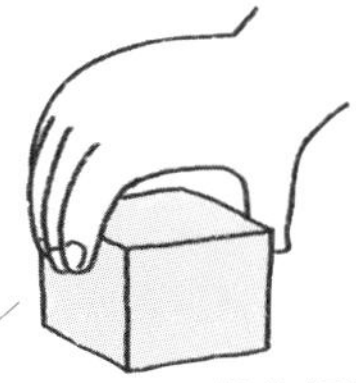

指先把握

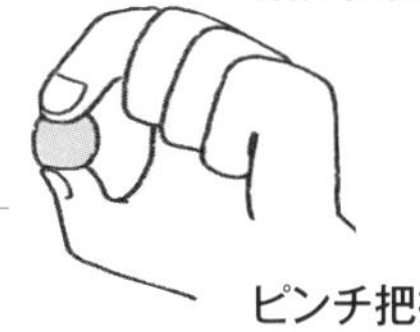

ピンチ把握

赤ちゃんが泣くのは周囲へのシグナル

ことばをまだ持たない赤ちゃんにとって、「泣き」は大きな情報伝達手段となっている。成長とともに泣き方も変化していく。

情緒

泣くのは最初の感情表現

「泣くのは赤ちゃんの仕事」というように、生まれたその日から1日に10回も20回も泣く赤ちゃん。

新米のお母さんやお父さんは疲れ果ててしまうかもしれませんが、これは赤ちゃんがことばを使えないから。大人は気持ちをことばで表現できますが、赤ちゃんにとっては「泣くこと」がもっとも有効な表現手段なのです。

例えば、おなかが空いたときに赤ちゃんは泣きます。すると、お母さんがおっぱいをくれます。オムツがぬれて気持ち悪くて泣くと、オムツを取り換えてくれます。周囲の大人が期待通りの行動をとってくれると、赤ちゃんは満足して泣き止むのです。自分が泣くこと、つまり環境に働きかけることで、環境が変化して欲求が満たされることに気づくと、赤ちゃんはさらに積極的に環境に働きかけるようになります。このように、環境と効果的に相互交渉する力を「**コンピテンス**」と呼んでいます。

成長とともに泣き方も発達する

最初のうち、赤ちゃんが泣くのは生理的な不快が理由です。「おなかが空いた、のどが渇いた、オムツがぬれて気持ちが悪い」などによって泣きます。

しかし、生後数か月〜8か月くらいまでに、喜びや怒り、恐れ、悲しみ、驚《おどろ》きなどといった基本的な**情緒**（情動）が身についてきます。

そうしたこころの発達に伴って、泣き方も次第に変化していきます（→P55図）。

キーワード

情緒
ある出来事によって起こるこころの変化をさす。主観的な変化（感情）、それに伴う生理的な変化（心臓がドキドキする、頭に血が上るなど）や表出したもの（表情や声の変化）の3つをまとめて情緒（または情動）と呼ぶ。

コンピテンス
環境と効果的に相互交渉する能力のこと。アメリカの心理学者ホワイトが提唱した概念。自分の働きかけによって、環境に変化を起こすことができると、乳児でも、喜びや有能感、効力感を得ることができるという。

泣き方も発達していく

生理的な不快（生後０～３か月頃）

「おなかが空いた」「気持ち悪い」

空腹を訴えるために泣くのはもちろん、暑さや眠気、オムツがぬれて気持ち悪いなど、生理的な不快を取り除いてほしいときに泣く。

↓

怒りや悲しみ（生後３～６か月頃）

「まだ遊びたいの!」

自分がしたいことを妨《さまた》げられて怒ったり、好きなものを奪われて悲しい気持ちを泣いて伝えようとする。

↓

後追い・夜泣き（生後７～12か月頃）

「ねえ、どこに行くの?」

この時期は親などに愛着（→P58）を形成する頃。親の姿が見えなくなると不安から泣いたり、後を追ったりする。夜泣きが始まる時期でもある。

↓

意思を持った泣き（生後12か月以降）

「こっち見て!」

自分の要求が通らないことに泣いたりと、周囲も理由がわかるようになる。親などの注意を引くために泣くことも。成長につれ、泣きまねもできるようになる。

怒りや甘え、要求などを泣くことで表現するようになるのです。人見知りや後追いで泣いたりもするようになります。このように意思を持って泣くようになると、周囲にもその原因がわかるようになります。

泣き声で原因はわかる?

　ある研究によれば、赤ちゃんは泣く原因によって、泣き声の周波数が異なると報告されています。熱や病気などの場合は400ヘルツ、ぐずっているときは250ヘルツ、ふだんの泣き声は300ヘルツ程度だったとか。

　お母さんは赤ちゃんの泣き声に敏感なもの。実際、母親の心拍数の変化を調べてみると、生後３日めくらいでも、自分の赤ちゃんの泣き声と、他人の赤ちゃんの泣き声では違う反応が現れるといいます。

　とはいっても、赤ちゃんが泣いている原因は、すぐにはわからないものです。しかし、赤ちゃんの世話をしているうちに、次第にわかるようになりますから心配はいりません。

少しずつ赤ちゃんが泣いている理由がわかるようになっていく。

授乳もコミュニケーショントレーニング

授乳の場面を見ていると、赤ちゃんと母親が互いに働きかけ合っていることがわかる。授乳は会話の原型にもなっているという。

授乳は会話の原型になっている

授乳は、赤ちゃんの命を支える重要な世話の1つ。親子の触れ合いの時間としても大切です。しかし、単に空腹をいやしたり、スキンシップをはかるというだけではなく、コミュニケーションの基礎を築くという重要な意味を持っています。わたしたちが他人と会話をするときは、交互にタイミングよく発信して、会話をスムーズに進めるという〝暗黙の了解〟があります。これを「ターン・テーキング」と呼びます。自分ばかり発信していたり、発信のタイミングがずれていると、スムーズな会話は成立しません。

実は授乳時には、「赤ちゃんが飲む」「休む」「母親が働きかける」という一定のリズムがあります（↓下図）。これがターン・テーキングの原型で、そこからコミュニケーション能力が発達すると考えられています。

親子は互いに働きかけ合う

授乳時のやり取りをもう少

授乳は親子の会話

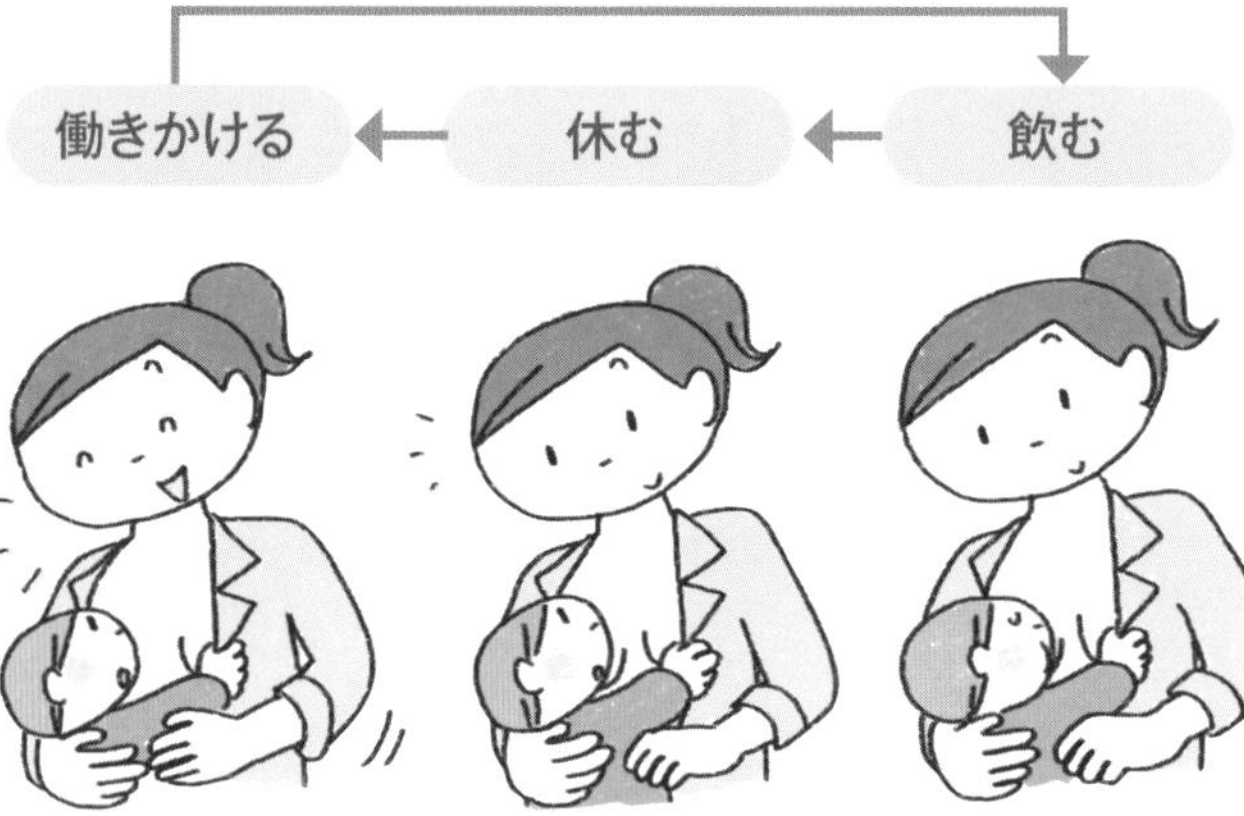

赤ちゃんがおっぱいを飲んでいるときには、働きかけずに静かに見守る。

赤ちゃんは飲むのを止めると、じっと母親を見つめたり、周りを見たりする。

母親は赤ちゃんのからだをゆすったり声をかけたりして、働きかける。

し詳しく見てみましょう。

最初は赤ちゃんの働きかけから始まります。赤ちゃんはおなかが空くと、泣き出します。するとその声に母親のからだは反応して、母乳が分泌されます。母親は「おなかが空いたのね」と声をかけたり、目を合わせたり、抱っこしておっぱいをあげたりします。

こうした母親の働きかけに応じて、赤ちゃんは手足を動かしたり、目を合わせたりします（**同期行動**）。その様子を見た母親はかわいく思い、さらに語りかけます。

親子はこのように互いに働きかけたり、応えたりしています。これを「**相互作用**」といい、すべてのコミュニケーションの基礎となります。赤ちゃんは生まれながらに、コミュニケーションを行う力を持っているのです。

アメリカの小児科医ブラゼルトンによれば、赤ちゃんからの働きかけ（凝視行動）には、一定のリズムがあるといいます。そのため、赤ちゃんとの相互交渉をうまく続けていくには、母親が赤ちゃんのリズムに合わせてあげるとよいでしょう（↓左図）。

こうした母と子の相互作用には情緒的な表現が深く関わっているため、「**情緒的コミュニケーション**」とも呼ばれています。この積み重ねが、深い**愛着**（↓P58）へとつながっていきます。

赤ちゃんのリズムに合わせよう

リズムに合わせる

赤ちゃんが見つめると見つめ返して働きかけ、目をそらしたら母親も働きかけをやめる。

↓

相互作用が持続

リズムを無視

赤ちゃんが見ても視線を合わせず、視線を外したときに積極的に働きかける。

↓

相互作用が続かない

キーワード

同期行動
一方がからだを動かしながら話すと、他方も同じようにからだを動かす現象をさす。新生児にもみられるもので、「エントレインメント」とも呼ばれる。

母子相互作用
母親と子どもがさまざまな感覚レベルで互いに作用し合っていること。例えば、赤ちゃんの泣き声は母乳の分泌を促進し、赤ちゃんが母乳を吸うと、さらに分泌が促進される。また母親が目を合わせて高い声で語りかけると、赤ちゃんも目を合わせたり、手足を動かしたりして反応する。

情緒的コミュニケーション
親子間の相互交渉において、情緒の表出（微笑《ほほえ》み、泣きなど）が深く関わっていること。

愛着

母親への信頼が世界への信頼につながる

一般的に、赤ちゃんと母親のこころの結びつきはとても強い。この結びつきが、父親やきょうだいを信頼するこころへとつながっていくのだ。

温かな触れ合いが赤ちゃんには大切

お母さんは、赤ちゃんにとって「特別」な存在です。お母さんが赤ちゃんから離れようとすると泣き叫んだり、ほかの人では泣き止まなくても、お母さんがあやすとすぐに機嫌がよくなったりします。なぜでしょうか。

古くは母子の関係は「依存」だと考えられていました。赤ちゃんは無力な存在で、生きていくためには母親からミルクをもらわなければならないからです。

それに対して、アメリカの心理学者ハーロウは、アカゲザルの実験研究から身体的な触れ合いの重要性を唱えています（↓下図）。赤ちゃんにとっては、〝ミルクをくれる親〟よりも〝温かな触れ合いのある親〟が大切だと考えました（後にこれら実験は倫理的に批判されることになりました）。

親子の結びつきは相互作用で生まれる

スキンシップは赤ちゃんだけでなく、母親も安心感が得

赤ちゃんは温かさを求める

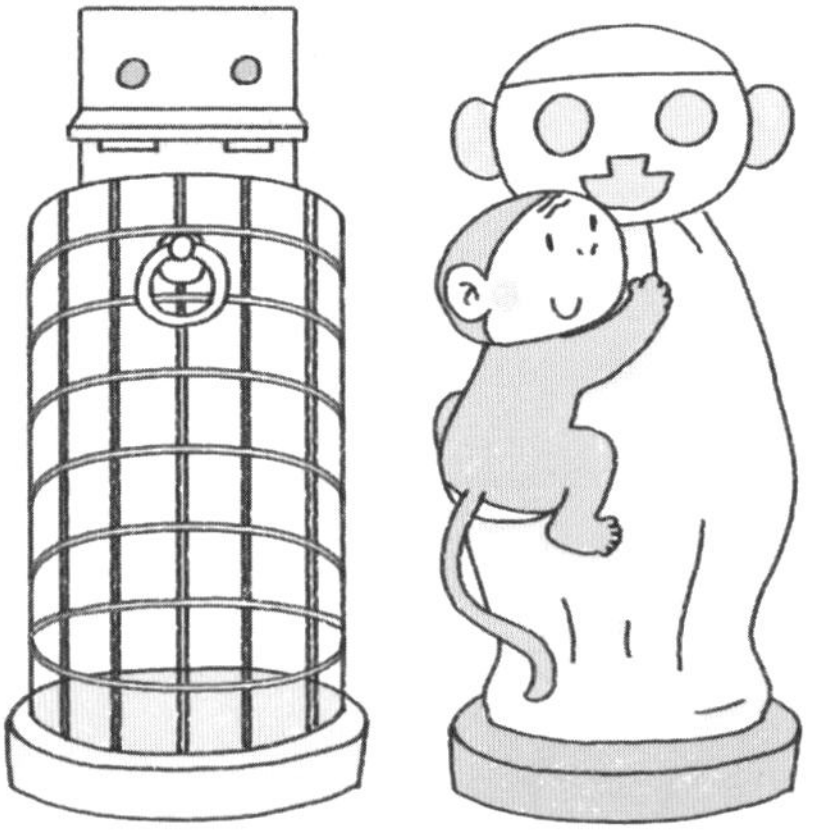

針金製の母親
（授乳装置つき）

布製の母親
（授乳装置なし）

実験

授乳装置のついた総針金製の母親と、授乳装置がなく布でつくられた母親の２体を用意。両方の母親と過ごしたときのアカゲザルの子ザルの行動を観察する。

結果

子ザルは、空腹時以外の大半の時間を、布製の母親と過ごした。また、恐怖を感じるようなときには、布製の母親に抱きついた。

（ハーロウ、1959年より）

られるとして、現在では**カンガルーケア**や、**タッチケア**なども広まりつつあります。さらに、イギリスの精神医学者ボウルビィは、**相互作用**（→P57）の積み重ねによって母子間に絆が生まれるとして、それを「**愛着**」と呼んでいます。

お母さんと赤ちゃんは生まれながらにして特別な関係なのではなく、互いに働きかけたり、それに応じたりしながら、愛情に満ちた絆を結んでいくのです。

愛着の対象は広がっていく

ボウルビィによれば、赤ちゃんはまず1人の特定の人への愛着を形成することが必要だといいます。一般に最初の愛着の対象となるのは母親で、乳児期に形成された愛着は一生続いていきます。

母親への愛着がしっかりできると、その後は、父親やきょうだい、祖父母へと広がっていきます。さらに成長すると、友だちや仲間に愛着が向けられ、深いつき合いができるようになります。つまり、1人の人間としての対人能力は、特定の人との安定した愛着を土台にして養われていきます。人生において初めて結ばれる母親との信頼関係が、その後の世界への信頼につながるといえます。こうして子どもは母親と2人きりの世界から徐々に広い社会へと進み出て、さまざまな人とつき合っていくようになります。

最初の愛着の対象は母親だけとは限らない

生後7～13か月の子どもを対象にした研究によると、愛着を示す行動は父親と母親で差はないと報告されています。また、子どもの愛着は父母が互いに補っているケースが多いという研究報告もあります。

さらに孤児などを養育する施設などでも、養育者が積極的に関わることで、安定した愛着を形成することは可能です。最初の愛着の対象は母親だけとは限らず、子どもとの関わり方次第ということなのでしょう。

キーワード

愛着
ボウルビィやエインズワースが提唱。ある特定の人物との間に形成されている情愛の絆をさす。その特色として「①愛情を暗に含む②特異的、弁別的である③観測が可能④主体的な過程であり、受動的ではない⑤2方向的な過程」の5つを挙げている。アタッチメントとも呼ぶ。

カンガルーケア
出産後すぐに、オムツだけつけた赤ちゃんを、母親の素肌の胸に抱っこすること。子どもの世話をするカンガルーの姿に似ていることが名の由来。

タッチケア
赤ちゃんに対する運動感覚刺激方法で、「感覚刺激マッサージ」ともいう。ゆっくりした圧迫マッサージと、手足の運動を組み合わせたもの。

愛着の発達

人見知りは強い愛着の裏返し？

生後6か月頃になると、知らない人に対して泣いたり怖がったりする赤ちゃんも多い。こうした人見知りも立派な発達の印なのだ。

愛着を表す行動は変化していく

愛着が形成されているかどうかは、子どもの愛着を示す行動（**愛着行動**）から知ることができます。

ボウルビィは愛着の発達を、次の4段階に分類しています（→P61図）。生後3か月頃までの第1段階は、自分に働きかけてくれる人なら誰にでも興味を示します。第2段階では、愛着の対象者（一般には母親）とそれ以外の人との区別ができるようになり、いわゆる人見知りが始まります。

生後2、3歳までの第3段階は、愛着行動がもっとも盛んな時期。後追いされたり、人見知りが強くなるのは母親にとっては大変ですが、安定した愛着が形成された証拠だといえます。

第4段階になると、母親が近くにいなくても安心して過ごせるようになります。これは認知能力が発達して、「お母さんはトイレに行っているからすぐに戻ってくる」など、母親の行動目的や感情を推測できるようになるからです。

「この人といれば安心」という気持ちが育つ

母親（養育者）への愛着がしっかり形成されると、子どもは外の世界と関わり始めます。といっても、一目散に外へ出て行くわけではありません。

例えば、母親といっしょに歩いているときに、子どもの見知らぬ人に会うと、子どもは母親の後ろにあわてて隠れてしまいます。その人の顔をじっと見ていても、目が合ったり、声をかけられたりするとまた隠れます。

キーワード

愛着行動
愛着を示す行動のこと。生後3か月頃から「母親があやしたほうが機嫌がよい、母親と他人がいると母親をよく見る」などがみられ、6か月を過ぎると「母親が離れようとすると泣く、後追いする、母親が抱っこすると泣き止む」などがみられる。

安全基地
発達心理学者エインズワースが提唱。子どもが不安や恐れを感じる状況に遭遇したときに、戻ってくることのできる人物をさす。いつでも安心できるこころのよりどころ。

愛着の発達はどう現れるか

第１段階：前愛着
（～3か月頃）

母親とほかの人との区別がはっきりとついておらず、どんな音や人に対しても興味を示す。

第２段階：愛着形成
（3～6か月頃）

母親とほかの人との区別がつき始める。ほかの人よりも母親にあやされるほうが機嫌がいい。

第３段階：明確な愛着
（6か月～2、3歳頃）

愛着がはっきりと形成される。母親が自分のそばから離れることを嫌がり（分離不安）、泣いたりする。

第４段階：目標修正的協調関係
（2、3歳以降）

母親の感情や行動の目的を推測できるようになり、そばにいなくても安心して過ごせる。

つまり、子どもにとって母親は「この人といれば安心できる」という存在であり、〝**安全基地**〟のようなものなのです。安全基地にいつでも戻れるという安心感があって初めて、子どもは外の世界へ少しずつ冒険しに行くようになります。

分離不安
子どもが愛着の対象者と離れることに対して、「置き去りにされないだろうか」という強い不安を抱くこと。泣き叫んだり後を追ったりするが、その程度は個人差が大きい。

人見知りの現れ方は一人ひとり違う

人見知りが愛着がつくられた証拠だというと、「うちの子は人見知りがなかったけれど、愛着が形成されていないのかな」と不安になる親御さんがいるかもしれません。

しかし、人見知りの程度や現れ方は、子どもによって千差万別です。それほど心配をしなくてもよいでしょう。

知らない人と目が合っただけで泣き出す子どももいれば、機嫌が悪くなって怒り出したり、さらに、ふだんとあまり変わらず接する子どももいます。

また、人見知りの反応が弱い子どもの場合は、親がその反応を見逃している可能性もあります。

愛着のタイプ

愛着のタイプにはよし悪しがある？

すべての赤ちゃんが同じように愛着を形成するわけではない。関わり方でタイプが変わるという。

愛着のタイプは大きく3つに分けられる

愛着といっても、すべての子どもが同じように形成するわけではありません。

愛着のタイプを調べるために、エインズワースは「**ストレンジ・シチュエーション**」という実験方法を開発しました。その結果、赤ちゃんはA群、B群、C群の3つのグループに分けられました(→P63図)。

健全な愛着が形成されていると考えられるのはB群です。親がいなくなると泣きますが、戻ってくると安心して遊びを再開するため、「安定群」と呼ばれます。A群は親を回避する傾向があり、逆にC群は母親のそばから離れようとしません。どちらも〝健全ではない愛着〟と考えられます。

健全な愛着を形成するには

A群やC群の子どもたちは、なぜ健全な愛着が形成されなかったのでしょうか。

赤ちゃんは生まれながらにして環境に働きかける力を持っています(→P54)。しかし、その働きかけに対して望むような反応が得られないと相互作用が生まれず、健全な愛着が育ちません。

例えば、抱っこしてほしくてハイハイしていったのに母親から拒否されたり、「すぐ戻るから」と言った母親が帰ってこない、というような経験を積み重ねていると、母親に対して、あきらめの気持ちや不信感が生まれてしまいます。

健全な愛着を形成するには、子どものシグナルに敏感に、そして適切に対応することが大切なのです。

愛着を再形成することは可能？

幼い頃に健全な愛着が形成されていないと、恋人関係や夫婦関係に影響を及ぼすことも。ただ、ありのままを受け入れてくれるよい相手に恵まれれば、健全な愛着を再形成することは可能です。年齢が低いほどその可能性は高いといわれています。

愛着のタイプを見る実験

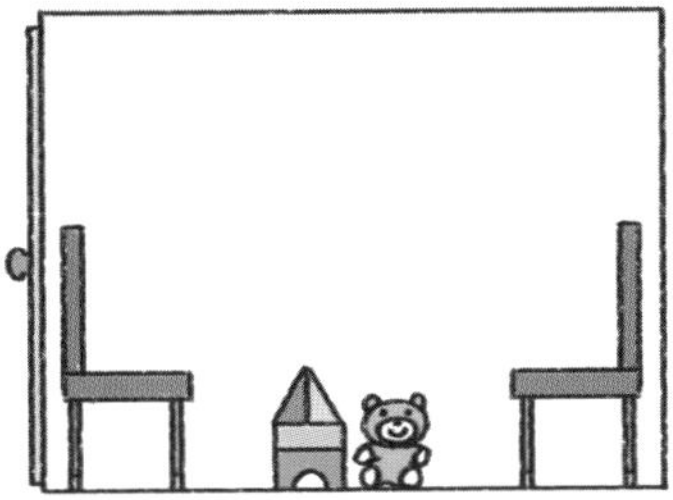

ストレンジ・シチュエーション

1歳～1歳半の赤ちゃんに、母親との離別、見知らぬ人との接触などさまざまな場面の刺激を与え、どのような反応をするか観察する。1つの場面の時間は3分。

1 実験者と母親、赤ちゃんの3人が実験室に入室する。

2 実験者は退室。母親はいすに座り、赤ちゃんはおもちゃで遊ぶ。

3 母親と赤ちゃんのいる実験室に、見知らぬ人が入室する。

4 母親は退室（1度めの母子分離）。見知らぬ人は、赤ちゃんに働きかける。

5 母親が再び入室（1度めの母子再会）し、見知らぬ人は退室。

6 母親が退室し、赤ちゃんは1人残される（2度めの母子分離）。

7 見知らぬ人が実験室に入室し、赤ちゃんをあやす。

8 母親が入室（2度めの母子再会）。見知らぬ人は退室。

母親への行動から愛着のタイプを3つに分類

A　回避群
母親と離れても泣かず、再会しても喜ばない。

B　安定群
母親と離れることを嫌がり、再会すると喜ぶ。

C　不安定群
母親にべったりで離れることを極端に嫌がる。

TOPIC 01

過保護と過干渉はどう違う？

子どもをダメにするのは過干渉

過干渉

→ 子どもが望まないことまでやり過ぎる

自立心が育たない

親の意向を押しつけられることで、自分の欲求が満たされない。新しいことに挑戦したりすることができず、次第に親に依存するようになっていく。

過保護

→子どもが望むことをそれ以上にやり過ぎる

自立心は育つ

自分の望みが叶えられることで満足し、次のステップに進みやすくなる。親に愛されていると実感できることで、新しいことにも挑戦できる。

過保護と過干渉は愛情の与え方が違う

昨今〝過保護な親〟がしばしば問題になりますが、子どもは本来、適度な保護を必要とするもの。自分の望むように保護されれば、子どもは満足して自立への道を歩んでいけるのです。多少「過保護」になったとしても、子どもの自立を妨《さまた》げるようなことはないでしょう。

問題となるのは、「過干渉」のほうです。子どもの興味や関心を無視して、禁止や指示を与えていると、子どもの欲求は満たされません。

すると親への依存が強くなり、自立できなくなってしまうのです。

過干渉を防いで子どもの自立心を育むには

ある程度は子どもの自由にさせる

すべてを子どもに任せるというのは難しい。しかし、ある程度自由にできる枠のようなものをつくり、その中では子どもが伸び伸びとできるようにする。危険が及ぶときなど、枠からはみ出すときには親が注意して保護する。

コミュニケーションをはかる

子どもが親に愛されていると実感できるには、信頼関係（愛着→P58）が必要。子どもとの会話を楽しみ、耳を傾けることで、子どもの気持ちや考えを知ることができる。

子どもを独立した存在だと認める

親の思いや望みを押しつけないこと。子どもは１人の独立した存在であると認めることが大事。子どもの気持ちを聞き、受け止めよう。

子どもの考えを聞くことで、子どもの新たな一面に気づくこともある。

親の思いを子どもに押しつけないで

過干渉にならないために大切なのは、子どもは自分とは別の人格を持ち、意思や感情、欲求があることを認めることです。

とはいっても全部が全部、子どもの自由にさせればよいというわけではありません。子どもの行動には危険も伴いますから、親がある程度の「枠」を設定してあげることが大切です。枠があればこそ、子どもは安心して自由にふるまうことができます。

その枠からはみ出したときは、注意も必要ですし、基本的な生活習慣も身につけさせる必要があります。これらはいずれも「干渉」ではなく、「世話」であり「保護」です。

思考の発達

赤ちゃんが同じことを繰り返すのはなぜ？

赤ちゃんは、何かを始めると熱心に同じ行動を繰り返すことが多い。繰り返しの行動からどんなことを学ぶのだろうか。

繰り返すことでものや世界を学ぶ

赤ちゃんは繰り返しが大好き。1つのおもちゃをずっとしゃぶっていたり、ガラガラを振りつづけたり、扉の開け閉めを繰り返したり……。大人から見ると、飽きないものかと不思議に思うほどです。

赤ちゃんが繰り返し同じことをするのは、単純に楽しいからです。自分の行動によって、何かを感じたり変化したりするのが、おもしろくて仕方がないのです。

例えばガラガラを手にしているときに、偶然音が出ると、赤ちゃんは驚《おどろ》きます。自分の動きによって「音が鳴る」という環境の変化が生じたためです。さらに親など周りの人が「上手に鳴らしたね」とほめてくれます。それらによって赤ちゃんは「心地よさ」や「おもしろさ」を感じます（**コンピテンス**→P54）。

そして、同じことを繰り返すうちに、「こうすれば、こうなる」ということを覚え、行動パターンが増えていくのです。

心地よさを求めて同じことを繰り返す

ガラガラを振る
↓
音が鳴るのを耳で聞く
↓ ↓
コンピテンスが高まる ／ 親や周囲の人にほめられる
↓ ↓
心地よさの体験
↓
心地よさを求めて繰り返しガラガラを振るようになる

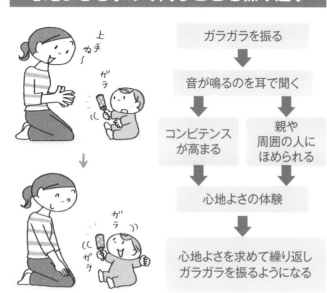

行動の繰り返しから思考が発達する

スイスの心理学者**ピアジェ**は、思考は段階的に発達するとして、0～2歳までを「感覚運動期」と呼びました。この発達過程を詳しく分類したのが左の表です。ピアジェによれば、感覚運動期はまだことばが使えないため、「見る、なめる、触る、たたく」など、あらゆる感覚を使ってものごとを認知しているといいます。

赤ちゃんの繰り返しの行動（循環反応）は、感覚運動期に特徴的なもので、生後1か月頃からみられます。第2段階までは、自分が自身のからだやものに働きかけることが中心です。

発達が進むと、他人からの働きかけに応じるようになります。例えば生後6か月頃の赤ちゃんは「いないいないばあ」をとても喜びます。手で隠された顔がいつ出てくるかを期待しながら待つ――これは他人からの働きかけに応じ、それに専念できるようになったことを示しています。短期の記憶力も発達してきています。

さらに発達が進むと、寝たフリや食べたフリなどもできるようになります。これは頭の中にイメージを描けるようになった証拠だと考えられます（**表象**）。

2歳までの思考の変化

段階	手指の動き
第1段階（～生後1か月頃）	おっぱいの吸い方が上達するなど、原始反射（→P34）を駆使して環境に適応していく。
第2段階（生後1～4か月頃）	見る、つかむ、吸うなど単純な動作ができる。行為そのものを楽しみ、同じことを繰り返す（循環反応）。
第3段階（生後4～8か月頃）	目と手の協応《きょうおう》（→P42）が成立。行為による結果に関心を示し、行動を繰り返す（第2次循環反応）。
第4段階（生後8～12か月頃）	布を取り除いてその下にあるおもちゃを取るなど、目的を達成するために手段を選ぶ。
第5段階（生後12～18か月頃）	目的を達成するために、手段を試行錯誤し、新しい手段や方法を発見する（第3次循環反応）。
第6段階（生後18～24か月頃）	表象が発達する。頭の中で行動を考え、より適した行動を選ぶことができる。

キーワード

ピアジェ
スイスの心理学者で、「発達心理学の父」といわれる。子どもの言語や世界観、因果関係、数量や時間の認識など、さまざまな認知発達の研究を行った。思考は段階的に発達するとして、その過程を「感覚運動期（0～2歳）」「前操作期（2～7、8歳）」「具体的操作期（7、8～11、12歳）」「形式的操作期（11、12～14、15歳）」の4つに分類。感覚運動期はさらに6段階に分類した。

表象
目の前にないものや、実際にからだを使って行っていた動作を、頭の中でイメージを思い浮かべること。

共鳴動作《きょうめいどうさ》

大人の表情をまねして感情を共有する

自分についてははっきりとわからない赤ちゃんでも、人の顔をまねすることができる。まねから表情の持つ意味を学んでいくのだ。

生まれたときから　まねする力がある

新生児の前で、大人が喜びや悲しみ、驚《おどろ》きの表情をつくると、赤ちゃんも同じ表情をまねることが知られています。このような無意識的な**模倣《もほう》**を「**共鳴動作《きょうめいどうさ》**」と呼んでいます。

共鳴動作は感情に共感して現れるものではありませんが、自分自身の顔や表情がどんなものかわからない赤ちゃんがまねできるのは、不思議なことです。ここには相互作用（→P57）が深く関わっていると考えられます。

例えば赤ちゃんが笑っていると、親は「あら、嬉しいの、よかったね」といって自分もニッコリします。赤ちゃんが泣いているときは、「そうなの、悲しいね」など悲しそうな表情で応答します。親が同じような表情をすると、赤ちゃんは「お母さん・お父さんも同じ気持ちなんだ」と感じます。こうしたやり取りを繰り返すうちに、赤ちゃんは「自分は嬉しいんだ」「自分は悲しいんだ」という感情状態を自覚し、表情と感情の関係を理解していきます。

したがって赤ちゃんには、表情豊かに接することが大切です。とくに大切なのは笑顔。ニコニコしていると、誰でも自然と嬉しく楽しい気持ちになります。親が赤ちゃんにニコニコと笑顔で接するよう心がけていれば、親はもちろん、赤ちゃんも嬉しく楽しい気持ちが起こり、心理的な安定につながります。

他者の感情を　読み取れる

表情によるコミュニケーショ

キーワード

模倣《もほう》
まねること。相手の動作や表情を同じように反復すること。新生児のうちにみられる共鳴動作《きょうめいどうさ》（原初《げんしょ》模倣）から、徐々に意図《いと》的な模倣へと変化していく。

非言語的コミュニケーション
ことばを用いないコミュニケーションの総称。わたしたちは会話をする際、表情や視線、身振り手振り、からだの姿勢、相手との物理的な距離の置き方など多くの情報を発信している。それによって、ことばでは伝えられない微妙なことを伝えたり、ことばより効果的に訴えたりしている。

ン（＝**非言語的コミュニケーション**）を繰り返すうちに、赤ちゃんは自分の表情の持つ意味に気づいていきます。「自分が笑うとお母さん・お父さんも笑い、自分が痛みを感じて顔をゆがめたり、泣いたりすると、お母さん・お父さんが助けてくれる」表情が、コミュニケーションの重要な手段であることを理解していくのです。

また、他者の表情の意味も理解できるようになります。「視覚的断崖《しかくてきだんがい》」という特別な台（→上図）を用いて、1歳程度の赤ちゃんの表情を読み取る力を調べた実験があります。進んでよいかためらっているときに、母親がニコニコしているときは進み、恐怖の表情をしているときは止まったといいます。赤ちゃんは母親の表情を見てその感情を読み取り、どのように行動するかを判断しているのです（**社会的参照**）。

社会的参照
自分で判断がつきにくい状況のとき、他人の表情を見て状況を理解し、それに合わせて行動すること。社会的問い合わせともいう。母親の表情による社会的参照は、0歳後半～1歳くらいにみられる。見知らぬ人に会ったときに母親の表情から、安心できる人物かどうかを判断するのも社会的参照。

母親の表情を読む赤ちゃん

実験　下図のように、実際には平面だが視覚的な断崖《だんがい》をつくり、赤ちゃんに渡らせる。その際、母親がさまざまな表情を赤ちゃんに向ける。

結果　喜びの表情……母親の元へ向かう赤ちゃんが多い
恐怖の表情……母親の元へ向かう赤ちゃんはなし

表情は万国共通!?

幸福や悲しみ、怒り、驚《おどろ》き、嫌悪、恐れを「基本6感情」といいます。わたしたちはこれらを主に、顔の表情から認識しています。

基本6感情の表情をしている顔写真を、人種や文化の異なる人に見せたところ、かなり正確に感情を判断することができました（イザード、1979年）。人種や文化を超えて、表情の認知はかなり共通しているといえるでしょう。

喃語《なんご》

「アー」や「ウー」は音声遊びの始まり

声を出す器官が発達してくると、赤ちゃんはさまざまな声を発するようになる。ことばにならない音も、赤ちゃんにとってはことばだ。

ことばも繰り返すことで学ぶ

赤ちゃんが最初に発するのは、「オンギャー」という産声です。全身を震わせてしぼり出すような声は「叫喚発声《きょうかんはっせい》」といいます。

しばらくすると、のどの奥を鳴らすような「クークー」「ゴロゴロ」という音を発するようになります。

生後2か月を過ぎると、自分の唇や歯、舌やのどといった発声器官をコントロールして音が出せるようになります。

この時期、赤ちゃんはまるでおしゃべりをしているかのように、繰り返し繰り返し声を出しています。

これは〝声を出して、耳で聞くこと〟が楽しいからです。赤ちゃんにとっては遊びの1つですが、そこから**喃語《なんご》**が生まれました。

喃語《なんご》はことばの芽になる

喃語は「アー」「ウー」という母音から始まり、次第に「ババ」「ムウムウ」など複雑なものになっていきます（↓P71図）。喃語には多彩な音声が含まれ、母国語にはない音声も発声できるといいます。

しかし、生後8か月を過ぎる頃になると、母国語の音声が中心になってきます。同時に、イントネーションやリズムが母国語によく似てきて、赤ちゃんは何らかの意図《いと》を持って発声するようになります（**ジャーゴン**）。単なる音声遊びから、コミュニケーションの手段としての「ことば」へと少しずつ変化していくのです。

赤ちゃんの最初のことばを「初語《しょご》」といい、1歳近くに出

キーワード

喃語《なんご》
「ダアダア」「バブバブ」などのように「子音＋母音」の音声の繰り返し。生後7か月を過ぎた頃からみられる。「アーアーアー」などの母音の繰り返しである「過渡期の喃語」と区別して、「規準喃語」ともいう。

ジャーゴン
単なる音声遊びとしての喃語ではなく、伝達意図を持った喃語。生後8～12か月頃にみられる。イントネーションやリズムが母国語によく似ており、何か話をしているように聞こえる。

乳児期のことばの発達

不快を示す泣き
赤ちゃんの最初のことば。「オギャーオギャー」と叫ぶように声を張り上げて泣く（叫喚《きょうかん》）。

←

クーイング
機嫌のよいときに「クークー」「ゴロゴロ」など、のどを鳴らすように泣く。

←

喃語《なんご》の始まり
泣き以外に、「アー」「ウー」と母音を中心とした音声を発するようになる。

←

子音が入る
喃語に「プー」「フー」など、子音が交ざるようになる。

←

音声の多様化
鼻音《びおん》（あんぱんの「ン」など）や促音《そくおん》（小さい「つ」）などを言うようになる。

←

音を反復する
「ダダダ」など、同じ音を反復する。母音と子音の区別がはっきりする。

←

意図《いと》を持った喃語
「カカ」「マンマ」など、伝えようという意図を持って音を発する（ジャーゴン）。

←

単語が交ざる
「ママ」「パパ」など、喃語の中に単語が交ざるようになっていく。

るのが一般的です。初語は「マンマ」「ブーブー」「ママ」「パパ」などというように反復するものが多くあり、同じ音を反復する喃語の延長にあるものだと考えられます。つまり、喃語は〝ことばの芽〟になるといえます。

「L」と「R」を使い分ける赤ちゃん

生後4か月を過ぎると、赤ちゃんの音声のバリエーションが非常に豊かになってきます。この頃の赤ちゃんは、世界中の言語に含まれる音声を発することができるのではないかといわれるほど。

例えば日本人の赤ちゃんでも「L」と「R」の聞き分けができるだけでなく、発音も区別できることがわかっています。日本語にはこうした区別はありませんから、大人のまねをしているわけではないと考えられます。

発音の区別は成長とともに薄れていくという。

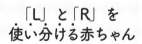

コラム 03

「寝る子は育つ」は本当？

生まれたばかりの赤ちゃんは1日の大半を眠って過ごします。一般に、大人の平均睡眠時間が7時間半であるのに対して、赤ちゃんの平均睡眠時間は17～18時間。「こんなに寝てばかりいて大丈夫かしら」と、ちょっと心配になるほどかもしれません。

●脳の発達を促《うなが》す赤ちゃんの眠りの特徴

赤ちゃんと大人では、睡眠時間だけでなく、睡眠の質そのものも違います。睡眠には「レム睡眠」と「ノンレム睡眠」があります。レム睡眠は浅い眠りで、からだは休んでいるのに脳は覚醒に近い状態です。目を閉じていても、眼球は小刻みに動いていて、夢を見るのはレム睡眠のときだといわれています。一方、ノンレム睡眠はからだも脳も休んでいる状態です。赤ちゃんは大人よりもレム睡眠が多く、生まれたばかりの頃は睡眠全体の50%を占めています。レム睡眠中に脳は情報処理や記憶の固定を行っており、それが脳神経細胞のネットワークの発達にも役立っていると考えられています。眠っている間にも赤ちゃんはすくすくと成長しているのですね。

赤ちゃんが眠っている間に、脳はネットワークを発達させるために活動している。

第3章

感覚から イメージの世界へ

～幼児期Ⅰ～

脳やからだはどこまで発達する？

乳児期に急速に発達した脳やからだ。幼児期に入ると、脳の機能やからだは大人へと近づいていく。

赤ちゃんから子どもへ変わる

乳児期以降、小学校に入る満6歳までを「**幼児期**」といいます。からだの発達が著《いちじる》しい乳児期より、身長や体重の伸びは緩やかになります。

しかし、目には見えなくても、からだにはさまざまな変化が起きています。心臓や肺など多くの臓器は、3歳くらいまでに、大人と同じように機能するようになります。また視覚や聴覚、骨格も成長していきます（→P75上図）。

脳の重さは成人の80％以上に

幼児期には、からだだけでなく、脳も大人へと近づきます。4、5歳くらいの脳の重さは1200～1300g程度。これは成人の約80％に相当します。脳の重さが増えるのは、脳の神経細胞間のネットワークが構築されるためです（→P32）。**神経細胞**の樹《じゅ》状突起《じょうとつき》が成長し、軸索《じくさく》の**髄鞘《ずいしょう》化《か》**が進んでいきます。

ただ、樹状突起の成長や軸索の髄鞘化は、脳全体が同じように進むわけではありません。脳は部位によってつかさどる機能が決まっていますが、発達のスピードも異なるのです（→P75下図）。

例えば、運動や感覚をつかさどる部位では、樹状突起が早くから成長します。しかし、言語や思考をつかさどる部位は成長が遅く、幼児期にはことばを話すようになるものの、言語野《げんごや》（ことばをつかさどる部位）が完成するのは、20歳頃だといわれています。

軸索の髄鞘化も同様に、単純な機能から複雑な機能へと

温かい環境が発達に不可欠

脳は環境からさまざまな刺激を受けて発達しますが、刺激だけでなく、養育者の態度も大きく影響します。温かい養育態度が欠如《けつじょ》すると、認知や情動の発達に悪影響を及ぼすという報告があります。

幼児期のからだの変化

脳の重さ

1歳半➡1,000g
5歳➡1,300g

脳機能が発達し、幼児期の後半には、出生時の重さの3倍半を超えるまでになる。

感覚

- 視覚は視力の発達とともに、遠近感がわかるようになる。
- 聴覚も発達し、メロディを記憶できる。
- においをかぎ分けたり、味覚の違いを理解できるようになる。

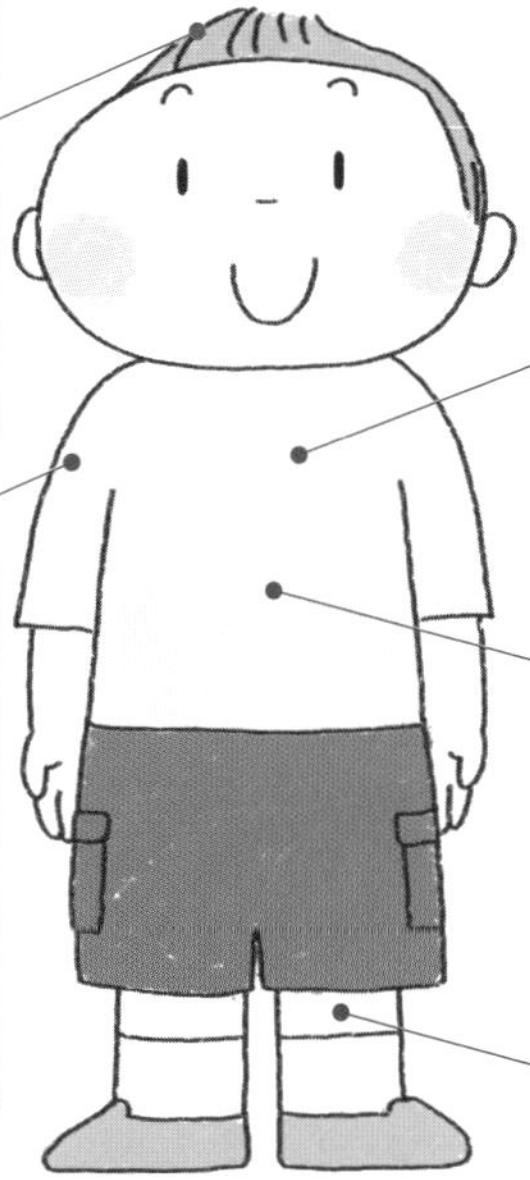

身長・体重（2010年平均）

男の子	1歳半	5歳
身長	80.6cm	➡ 111.4cm
体重	10.41kg	➡ 18.92kg

女の子		
身長	79.2cm	➡ 110.5cm
体重	9.79kg	➡ 18.64kg

内臓

- 胃が洋ナシ形になり、容量が増える。
- 心臓や肺などが成熟する。

その他

- 骨格が成長する。
- 骨化《こつか》を促進される。
- 乳歯が生えそろう。など

脳の発達の早さは分野で違う

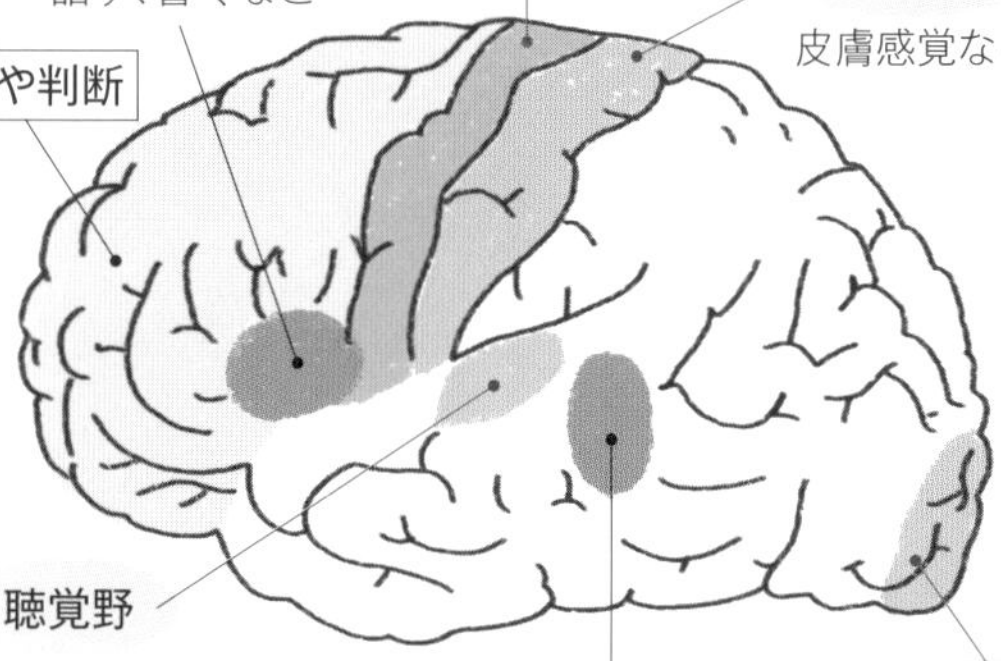

発達が進んでいきます。

このため、幼児期は運動や感覚、情緒などは大人とほぼ同じように発達していますが、複雑な思考はまだできない状態だといえます。

キーワード

骨化《こつか》
軟骨や結合組織に石灰が沈着して、硬い骨になること。赤ちゃんのからだの骨の一部は、次第に骨化していく。

全身の発達

歩き出すと世界が広がる

幼児期に入る頃から、子どもは1人で歩けるようになる。行動範囲が広がり、ものごとへの関心も高まる。

歩くにはからだとこころの準備が必要

1歳過ぎから1歳半くらいになると、ほとんどの子どもが歩けるようになります。

歩くために必要なこと

1. からだの筋力がついている
2. からだのバランスを保てる
3. 防御姿勢がとれる
4. 子ども自身の歩きたいという気持ち

歩くためには、からだの発達が不可欠です。筋力やバランス感覚の発達に加えて、転んだときに、パッと手を前に出して防御姿勢がとれることも大切な条件となります。赤ちゃんは、このような歩くための準備を約1年かけて整えていきます（**レディネス**）。

もう1つ、こころの準備が整っているかどうかも重要になります。赤ちゃんにとって、2本足で立って歩くことは、とても不安で勇気のいること。慎重な性格の赤ちゃんは、からだの準備が整っていても、初めの1歩がなかなか踏み出せないこともあります。周りはもどかしく思うかもしれませんが、子ども自身の「歩きたい」という意欲を上手に引き出してあげるとよいでしょう。

歩くことは自立の第1歩

自分で歩けるようになると、赤ちゃんのこころとからだには、さまざまな変化が起こります（↓P77図）。

まず他者との距離がそれまでよりも飛躍的に伸びます。そして道端の石や草木、動物

キーワード

レディネス
ある行動ができるだけの身体的・心理的な準備が整っている状態をさす。成長によって形成されるレディネスと、教育によって形成されるレディネスがあると考えられている。レディネスが整っていなければ、学習が困難な上に、学習に対して消極的な態度を生み出すことにもなる。

自立
他者から身体的・心理的に独立した状態のこと。赤ちゃんは誕生後、移動能力や言語、思考、社会性などを身につけて、徐々に自立した1人前の大人へと発達していく。

歩けるようになると何が変わる？

興味の範囲が広がる

これまでは自分で触れなかったものに触れるようになったり、移動できたりすることで、周囲への興味・関心が広がっていく。

からだの機能が発達する

よちよち歩きから、しっかりとした足取りになり、全身の筋肉を使えるよう、脳のネットワークが成熟していく。

他者との距離が伸びる

歩けるようになることで、ハイハイよりも親や周囲の人との距離が長くなる。

など、自分の興味を持ったものに近づき、手を触れようとします。このような「探索行動」を通して、子どもの世界は広がっていきます。

また、自分のからだをコントロールできるようになると、「独立心」や「自我」がめばえてきます。これが**自立**の第1歩で、最初の**反抗期**へとつながっていきます（→P116）。

反抗期
幼児期に現れるものを「第1反抗期」といい、親の言うことを聞かなかったり、なんでも自分でやろうとしたりする。思春期（青年期）に現れる「第2反抗期」では、周囲の大人や社会に対して反抗的な態度をとったり、攻撃したりすることが中心となる。どちらも一時的なもので、現れ方には個人差がある。

歩行とことばの不思議

一般に、赤ちゃんが歩き始める時期と、ことばを話し始める時期はかなり近いようです。

歩き始めると他者との距離が離れるため、表情や視線だけでのコミュニケーションが難しくなります。距離が遠くても、確実にコミュニケーションをとれるようにするために、ことばを話すようになるのではないかともいわれています。

「歩く」という移動手段と、「ことば」という表現手段を得て、子どもたちは少しずつ自立に向かっていくのかもしれませんね。

ことばの発達

大人のまねからことばを学ぶ

喃語《なんご》を経て、子どもはさまざまなことばを覚えていく。そこには、親や周囲の他者による働きかけが深く関わっている。

大人のことばを聞いて話す

子どもが最初に発することばを「初語《しょご》」といい、大体1歳前後にみられます。

初語の多くは「ママ」「ワンワン」「ブーブー」などのように1つの単語ですが、「**一語《いちご》文《ぶん》**」とも呼ばれます。単に「ワンワン」というだけでも、状況によって「ワンワンがいる」「ワンワン怖い」などさまざまな意味を持ち、文としても機能するからです。

その一語文が誰に対して発せられたものなのかが、意味を解釈する上でのポイントとなります。

また、初語は「犬」ではなく「ワンワン」など、幼児語であることが多いようです。これは、周りの大人が子どもに向けて使っていることばを覚えているからです。

ただ、大人と同じ意味で使っているとは限りません。同じ「ワンワン」でも、ある子どもにとっては〝自分の家で飼っている犬〟であり、別の子どもは〝4本足の動物全般〟を意味していることもあります。

一語にたくさんの意味がある

子どもが発するのはたった1つの単語でも、
そこにはさまざまな意味がある。

ワンワン！
ワンワンがいるよ
ワンワンと遊びたい
ワンワンかわいい
ワンワンがほしい
ワンワンがいてびっくりした
ワンワンはこっちに来る?
ワンワンは大きい

ことばの意味は、子どもによって異なり、どのような状況で、そのことばを聞いて育ったのかが大きく影響します。

豊かな言語環境がことばを育む

1歳前後で初語が出ても、すぐにことばが増えるわけではありません。しばらくは「潜伏期」と呼ばれる期間があり、1歳半～2歳で爆発的に増えてくるのが一般的です。

ことばの獲得には言語的な環境、とくに親の関わり方が深く関係しています。

ことばの獲得は遺伝によるもの？

赤ちゃんは生まれつき、周囲の音や音楽よりも、人間の声やことばに対して強く反応することがわかっています。

また、ことばの獲得の過程は、民族や環境にかかわらず、ほとんどの子どもが同じ道筋をたどります。人間は生まれながらにして、ことばを獲得する力やある程度の道筋が備わっているといえるでしょう。

現在では、このような遺伝的な要因と、生まれてからの環境的な要因の両方が、ことばの獲得に深く関わっているという考え方が主流になっています。

例えば、初語が出る少し前から、子どもは身の回りのものを**指差し**するようになります。子どもが「アーアー」と言いながら道端の花を指差しすると、親はいっしょにその花を見ます（**共同注視**）。そして「赤いお花だよ、きれいだね」と語りかけます。

こうしたやり取りを繰り返すうちに、子どもは親のことばをまねるようになります。それが、ことばの獲得につながっていきます。また、親の表情や動作などからも、ことばの意味を学んでいきます。

逆に、親の子どもへの語りかけが極端に少なかったり、親が非常に早口で子どもがまねしにくかったりすると、ことばの獲得に遅れが生じる可能性があると考えられます。

キーワード

一語文《いちごぶん》
「マンマ」「パパ」など1つの単語で、感情や欲求の種類による使い分けはないが、状況に応じて「マンマ食べたい」「パパ来た」などのように文の役割を果たすことから、一語文（あるいは一語発話《いちごはつわ》）と呼ばれる。

指差し
1歳前後からみられる行動。よくわからないものや不安なものを指差しすることが多い。逆に興味があって安心できるものには、手を伸ばしたり近づいたりする。

共同注視
親と子どもなどが、同時に同じ出来事や対象に視線を向けること。世界を他者と分かち合うという大切なコミュニケーションの1つと考えられている。

ことばの発達

使う単語の数が増えていく

限られた単語だけを話していた子どもも、幼児期の後半には、大人と日常会話を楽しめるまでに発達する。

大人のことばを聞いて話す

1歳半を過ぎると、ことばの数が飛躍的に増えます。個人差はあるものの、2歳を過ぎる頃には300語くらいのことばが扱えるようになるといいます。単語を組み合わせることができるようになると（**統語**《とうご》）、「ワンワン」「パパ」などの一語文《いちごぶん》から、「ワンワン、キタ」「パパ、カイシャ」のような「二語文《にごぶん》（二語発話《にごはつわ》ともいう）」へと変化していきます。

単に単語の数が増えるだけではありません。「主語（ワンワン）と述語（キタ）」、「主語（パパ）と目的語（カイシャ）」のように文法的な規則性があることがわかっています。

豊かな言語環境がことばを育む

3～4歳頃になると、**語彙**《ごい》数は1500～3000まで増加し、日常的な話しことばがほぼ完成します。この時期には話すことへの興味が高まり、一時的に非常におしゃべりになる子どももいます。「あのね」「それでね」「そしてね」

幼児期のことばの発達

1歳～1歳半	意味を持ったことばが生まれる。文章形式ではなく、単語のみの「一語文《いちごぶん》」であることが多い。
1歳半～2歳	指差しをし、ものの名前を言うようになる（命名期）。語尾を上げ下げすることで、疑問や肯定を表現する。二語文《にごぶん》を使い始める。2歳頃には語彙《ごい》数が300前後になる。
2歳半	「アッチ」「マタ」など対応・対比のことばが生まれる。知っている単語を羅列する。語彙数は2歳半頃で500前後に達する。
2歳半～3歳	「イヤ」「ナンデ」など、自分の気持ちを表現する。語彙数は500 ～ 1,000まで増加。
3歳～3歳半	「ボク」「ワタシ」など、自分の性別や名前などを認識して使うようになる。ある程度文章を構成できるようになる。
3歳半～4歳半	時間感覚の表現ができるようになる。「キノウ」「アシタ」など、過去や未来を表現することばを使い始める。
4歳半～5歳	「ダッテ～ダモン」など、自分の理由を述べて主張するようになる。
5歳代	幼児語を使わなくなる。言語を使ったコミュニケーションを楽しむようになる。

（無藤隆ほか編『よくわかる発達心理学』〈ミネルヴァ書房〉、田中真介監修『発達がわかれば子どもが見える』〈ぎょうせい〉を元に作成）

などをたくさん使いながら、延々としゃべりつづける様子がよくみられます。

さらに、語彙数だけでなく、ことばの機能も、発達とともに変化してきます。

1歳半～2歳くらいは、ことばのシンボルとしての機能を学ぶ時期で、「命名期」とも呼ばれます。「これは何？」としきりに尋ねることで、すべてのものに名前があることを認識していきます。

また、この時期の子どもは、一方通行の会話が中心です。

しかし、3～4歳頃では、「相手のことばを聞いて自分が話す」というキャッチボールのような会話ができるようになります。

つまり、コミュニケーションの道具としてことばを扱えるようになっていくのです。

キーワード

統語《とうご》
単語と単語を並べて、文章をつくるルール。一般には文法というが、発達心理学では「統語」や「統語規則」ということばを用いることが多い。

語彙《ごい》
話すことのできる単語。幼児期には、話すことのできることばよりも、耳で聞いて理解できることばのほうが多い。

最初は間違ってもよい

子どもは話すこと自体が楽しいもの。強く間違いを指摘したり、言い直させたりしないようにしよう。

赤ちゃんことば いつまで使う？

日本では、「ワンワン」「マンマ」などの単語や「パパでちゅね」などのように、赤ちゃんに対して話しかけるときには、大人同士ではみられない特有のことば使いが多くみられます。

赤ちゃんことばが、正しいことばの獲得を妨《さまた》げることはありませんが、子どもが大きくなってからも使いつづけるのはあまりよくありません。年齢にふさわしい語りかけを心がけてあげてください。

TOPIC 02

子どもが何でも知りたがるのはなぜ？

子どもは世界を知りたがる

子どもにとって世の中は未知の世界

歩けるようになり、行動範囲が広がると、手の届かなかったところに手が届いたりなど世界も広がる。知らないことがたくさんある中で、興味の対象も広がっていく。

未知に対する不安と好奇心

整理する
知らないことや混沌《こんとん》とした世界への不安から、本をきれいに並べるなど、整理しようとする子どももいる。

ものを壊す
もののしくみを知りたいという気持ちから、ものをたたいたり壊したりという行動が生まれる。

大人に聞く
知らないことを親や周囲の人に質問することで、不安や疑問を解消しようとする。

質問するのは ものごとへの興味から

2〜3歳になると、子どもはあれやこれやと何でも質問する〝知りたがり屋〟になります。

子どもにとって、世界は未知のことばかり。「この世界でわたしは生きていけるのだろうか」という本能的な不安を抱いています。その不安を解消したいという気持ちが、質問として現れるのです。

質問攻めにあうのは大変ですが、もしあなたが地球以外の星にポンと送り込まれたら、同じく知りたがり屋になるはず。知的好奇心の表れとして、理解してあげましょう。

子どもの質問にうまく答えられないときは

子どもの質問には難しいもの、答えにくいものもあるはず。
質問を避けるのではなく上手に対応するようにしたい。

わからなくても誠実な対応を

その場で答えられないときには「お母さんもわからないから、後でいっしょに調べてみようか」とするのもよい。質問をはねつけるのではなく、まずは誠実に受け止めよう。

避けたいことば

「大人になったらわかる」
「まだ知らなくてもいいの」
「あなたにはまだ難しいわ」

子どもからの投げかけを取り合わずにいると、「わからないことを知りたい」という欲求不満が解消されず、ストレスになることも。

質問返しで子どものレベルを知る

あなたは
どう思う？
赤ちゃんは
どうして
生まれるの？

質問に、すべて正しく答えるのがよいとは限らない。大人が「○歳だったらこれは知らないだろう」と判断せずに、「どう思う？」と質問を返して子どものレベルを知り、それに合わせた答え方をするとよい。

同じ質問を繰り返すのは不安の表れかも

子どもは実にさまざまな質問をしてきます。中には大人が答えにくい質問もあるでしょうが、必ずしも真実を伝えるべきだとは限りません。子どもの理解できるレベルで対応しましょう。

ただ、同じ質問を繰り返す場合は、子どもが不安を抱えている可能性もあります。そのようなときは、じっくり子どもの相手をして不安を取り除いてあげましょう。

子どもの知的好奇心は、この世界で生きていくための意欲を育てるものです。大人が「まだ知らなくてもいい」「あなたには難しいから」などと逃げてしまうと、子どもは不満を募らせるばかり。誠実に対応することが大切です。

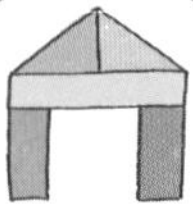

子どもがひとりごとを話すのはなぜ？

コミュニケーションの手段としてだけでなく、ことばにはさまざまな働きがある。

伝達を目的としないことば

一般的に、ことばは他者に自分の気持ちを伝えるコミュニケーションの道具として使われます。

しかし、子どもは友だちと遊んでいるときでも、まるで自分と話しているかのように、ひとりごとを言っていることがよくあります。

ピアジェはこれを、他者の反応を意識していないもので、幼児期特有の**自己中心性**の表れと考え、「集団内独語」と名づけています。

思考の道具としてことばを使う

子どものひとりごとについては、心理学者ヴィゴツキーが行った実験もよく知られています。子どもが絵を描いているときに、青鉛筆だけを隠して子の様子を観察する実験です。すると「青鉛筆がないなあ、どこいった？　まあいいや、緑で描こうかな」といったひとりごとが、ふだんの2倍もみられたといいます。

ヴィゴツキーによれば、子どもは自分の思うように行動できない状況に陥《おちい》ると、問題を解決しようと一生懸命考えます。その考えがそのままことばとして発せられ、ひとりごとになるといいます。思考の道具としても、ことばを使っているのです。

4歳前後の子どもは、ことばを声に出さないと表現できませんが、次第に頭の中だけで考えることができるようになります。こうした思考のためのことばを「**内言**《ないげん》」といい、コミュニケーションの手段として使われる「**外言**《がいげん》」と区別

キーワード

自己中心性
ものごとを客観視できず、自分中心に考えることをさす。自分と他者の区別がつかない幼児期の思考の特徴とされている。

外言《がいげん》**・内言**《ないげん》
声に出して発することばを「外言」といい、頭の中で用いることばを「内言」という。外言は主にコミュニケーションを、内言は主に思考を目的とする。4歳前後までは思考のためのことばも声に出してしまうが、5～6歳頃には、頭の中だけで考えられるようになり、外言との使い分けができるようになる。

幼児に行動はコントロールできるか

ランプの点滅が見えるように4歳の子どもを座らせる。
「ランプがついたら2回ボタンを押す」というのを、ことばを変えて提示する。

（ルリア、1961年より）

実験①

指示：「光がついたら2度ボタンを押しなさい」
結果：正しく押せず、何度も押してしまう。

実験②

指示：「光がついたら“押せ、押せ”と言いながらボタンを押しなさい」
結果：2単位の掛け声を出しながら行うと、正しく押すことができる。

実験③

指示：「光がついたら黙ったままボタンを2回押しなさい」
結果：実験②で成功しているにもかかわらず、正しく押せなくなる。

実験④

指示：「光がついたら“2つ”と言いながらボタンを2回押しなさい」
結果：1回しか押せなくなる。

されます。

ことばで行動をコントロールできる？

ことばには、行動を調整する機能もあります。心理学者ルリアは、ことばと行動の関係を調べる実験を行いました（→上図）。3～4歳の子どもの場合、実験②は成功しましたが、実験①、③と④はできませんでした。

この実験結果から、ことばによる行動のコントロールはみられるものの、単に音声刺激として機能していると考えられます。5歳半以降になると、実験④も正しくできるようになります。ことばの意味を瞬時に判断して、行動をコントロールできるようになったということを示しています。

自然も動物も自分と同じと考える

子どもは植物や虫に話しかけたり、人形を弟や妹のように扱ったり、顔のついた太陽や動植物を絵にしたりします。これらは、子どもがすべてのものに自分と同じようにこころがあると考えているからです。こうした考えを「アニミズム」といいます。

読み書き

文字に興味を持ち始める

話しことばを身につけた子どもは、絵本の読み聞かせなど生活の中での体験を通じて、文字への興味を高めていく。

生活の中で生まれる文字への興味

言語能力には「話す力」のほか、「読み書きの力」があります。日本では古くから読み書きを重視する傾向があり、子どもたちもその影響を受けているようです。

国立国語研究所の調査によると、小学校に入る前にほとんどの子どもがひらがなを読んだり、自分の名前を書いたりできるといいます。

子どもたちの生活の中には、新聞や雑誌、看板のほか、大人が書くメモや手紙など、さまざまな文字があふれています。好奇心旺盛な子どもたちは、大人が文字を読んだり書いたりする姿を観察し、文字に興味を持ち始めるのです。

とくに子どもにとって身近なのが、絵本でしょう。0歳児の赤ちゃんのときから、読み聞かせを日々の習慣にしている家庭も多くあります。

初めのうちは絵を見ながらのやり取りが中心ですが、2〜3歳になると、物語の絵本を楽しめるようになります。しばらくすると、親が文字を

絵本の読み聞かせのポイント

どんな絵本を選ぶ？

- タイトルだけで選ばず、中身を見て子どもが読みたいと思える本を。
- 童話や昔話だけでなく、さまざまなテーマの絵本を読んで、子どもの興味を広げる。

どんなふうに読む？

- 子どもが絵本の世界に浸れるよう、絵を見ながら会話をするなどしてゆったりとした雰囲気の中で読み進める。
- 淡々と読み進めるのではなく、絵やことばの響きなど、その子どもが楽しんでいるものを感じながら、子どものペースに合わせる。

繰り返し読んでと言われたら？

何度も開きたい絵本は、子どもにとって特別な１冊である証し。

読むことで、ストーリーが再現されていることがわかってきます。子どもたちは文字の役割に気づいていきます。

文字を使う楽しさに気づく

一般に、読む力は比較的早い段階から発達します。

2~3歳頃になると、絵本や看板の文字を指でなぞりながら読むフリをしたり、お気に入りの絵本の文章を全部暗唱して、人形に聞かせる子どもも少なくありません。自分の名前と同じ文字が使われている看板を見つけて、喜んで親に報告する子どももいます。

このような子どもの行動に対して、周りの大人は「すごいね」などと声をかけます。こうした周囲の反応が、子どもの文字への関心をさらに高めることにつながるといえます。

一方、書く力が身につくのは話しことば(**一次的ことば**)が完成してからで、習得には時間がかかります。

小学校に入る段階では個人差が大きく、黙ってスラスラと自分の名前を書く子どももいれば、一文字一文字声に出しながらゆっくり書いていたり、鏡文字を書いたりする子どももいます。

しかし、就学後に急速に発達する子どももいるため、幼児期のうちから心配する必要はないでしょう。

自分の名前の文字を見つけると子どもは嬉しい。

キーワード

一次的ことば

一次的ことばは親しい人との対面でのコミュニケーションに用いるもので、いわゆる「話しことば」をさす。一方、スピーチや手紙など、話し相手が一方的に伝えることばを「二次的ことば」という。書きことばが代表的。

しりとりができるのは何歳から?

3歳くらいの子どもは、単語の音を一つひとつに分解することができません。例えば「ゆきだるま」ということばは「ゆき・だる・ま」というふうに認識しています。

単語の成り立ちがわかるようになるのは、4歳半ばくらいからで、この頃になると、しりとりや逆さことばなどの遊びが楽しめるようになります。このように、ことばの構造や意味を理解して、自分で使いこなせる能力を「メタ言語力」と呼んでいます。

遊びと
発達

遊びがすべての発達を促《うなが》す

子どもにとって遊びは息抜きではない。
遊びを通じてこころもからだも発達していくのだ。

赤ちゃんのときから遊びは始まる

大人にとっての**遊び**が〝非日常的なもの〟に対して、子どもの遊びは〝日常的なもの〟です。朝起きてから夜寝るまで、子どもの生活のほとんどは遊びで占められています。子どもにとってまさに「遊びは仕事」なのです。

子どもは、何か目的があってその活動を行っているのではなく、その活動自体が楽しいから行っています。

また、大人の遊びと大きく違うのは、子どもの遊びは心身の発達に不可欠なものという点です。

幼児教育の創始者といわれる**フレーベル**は、子どもの遊びは「子どもの内面に育ってくるものの自主的な表現であり、これを通じて外界に関わることで、子どもは自分の外の世界や自分自身を知り、同時に子ども自身の心身の能力を高めていく」としています。

例えば、**乳児期**はものをなめたり、投げたりする遊びが中心ですが、これらを繰り返し行うことで、子どもはものや世界を認知します。

また、「アーアー」と声を出すのを楽しむ音声遊びは、ことばの獲得へとつながっていきます。遊びと発達は密接に関係しているのです。

発達とともに遊びも変化する

子どもの遊び方は、成長とともに変化していきます。

フレーベルは、子どもはその段階で発達しつつある心身の機能を用いて遊ぶといっています。

乳児期は感覚を楽しむ遊び

キーワード

遊び
自発的に行われる活動で、その活動をすることが楽しいという快の情緒が伴うもの。大人の遊びは仕事や家事など日常の制約から離れて、一時的な気分転換やストレス解消を目的とする意味合いが強い。子どもの遊びはとくに目的はなく、活動自体の快を得るために日常的に行われる。

フレーベル
ドイツの教育家。世界で最初に幼稚園を創設し、「幼児教育の祖」と呼ばれる。とくに、子どもの遊びと作業教育の理論は後世に大きな影響を与えた。

遊びの種類と変化

ものを使う＋相手がいる	相手がいる	ものを使う（1人遊び）
ごっこ遊び（幼児期） 友だちとイメージを共有できるように。道具を使って何かを見立てたり、何かのフリを演じたりできるようになる。 ↓ **ルールのある遊び**（5歳以降） 自分の行動をコントロールして、ルールに従えるようになると、トランプやスポーツなどの遊びができるようになる。	**大人と遊ぶ**（乳児期） 母親など身近な大人の表情や声かけなどを楽しむ。7～8か月頃からは「いないいないばあ」を楽しめるように。 ↓ **仲間と遊ぶ**（幼児期後半以降） 相手と楽しさを共有できるようになると、大人よりも子どもを相手にして遊ぶ。発達とともに複数で遊べるようになる（→P130）。	**感覚運動遊び**（3か月頃） ものをつかむ、なめるなどの感覚を使って行動を確かめ、その結果を楽しむ。 ↓ **破壊遊び**（6か月頃） 身の回りのものの性質を知ろうとして、ものを投げたり、落としたり、バラバラにしたりする。ものに対する支配を楽しむ。 ↓ **構成遊び**（2～3歳以降） 砂場で山をつくったり、ものをまとめたり、並べたりして何かをつくることを楽しむ。

が中心ですが、幼児期になると思考が発達し、遊び方も大きく変わってきます。

ピアジェによれば、幼児期は「前操作的思考」の段階に当たり、イメージやことばを使って考えるようになります。

そのため「ごっこ遊び」に代表されるように、ものを見立てたり、何かをまねしたりする遊びができるようになります。例えば、小石をごはんに見立てて「はい、どうぞ」とお母さんのまねをしてみたり、ブロックを電車に、並べた積み木を線路に見立てて遊んだりします。

こうしたイメージを共有して、仲間といっしょに遊べるようになるのも、幼児期の大きな変化の1つでしょう（↓P130）。

「ごっこ遊び」も変化していく

ごっこ遊びは、発達とともに内容が変化していきます。初めのうちは、実際に経験したことをまねて遊びます（ままごとなど）。3歳頃になると、自分たちでお話をつくって遊ぶことができます。さらに5歳前後では、宇宙を旅する探検隊など、明確なイメージを仲間と共有し、役になりきって遊ぶようになります。

コラム 04

メディアが子どもに与える影響とは

最近は子ども向けのテレビ番組も増え、知育アプリなどの教材も多く出回っています。子どもにことばや生活習慣を覚えさせようと、これらの番組や知育アプリなどを積極的に見せている親御さんもいますが、その教育効果についてはまだはっきりわかっていません。

ただ、長時間テレビや知育アプリなどを見ている子どもに、「ことばが遅れる」「表情が乏しい」「親と視線を合わせない」などがみられるとの報告もされています。親や周囲の人と、実際にコミュニケーションをとる時間が減ることが影響していると考えられます。

●できる範囲でルールづくりをしよう

日本小児科学会は子どものメディア視聴に関して、「2歳以下にはテレビ・ビデオを見せない」「メディアに触れる時間は1日2時間まで」「授乳中、食事中は見せない」などの提言をしています。

しかし、あれこれと忙しい親御さんにとって、テレビなどのメディアを全く見せないというのは難しい面もあるでしょう。各家庭の状況に合わせたルールづくりをしていくのがよいのではないでしょうか。

それぞれの家庭に合わせて、メディアとつき合うルールをつくってみよう。

＼発達ルポ／

知っておきたい発達の障害

＼発達ルポ／

発達障害ってどんなもの？

発達に遅れやゆがみがみられることを「発達障害（発達遅滞）」という。発達障害にはどのようなものがあるのだろう。

発達障害のある人が増えている？

子どもはそれぞれの発達段階において、さまざまなことを身につけながら成長していきますが、発達のスピードは個人差があります。

しかし、認知（→P38）や言語、運動の発達に関して、個人差の範囲を超えた遅れやゆがみがみられることがあります。これを「**発達障害**（または発達遅滞）」といいます。

どのような障害を発達障害に含めるかという点については、さまざまな考え方があります。

アメリカの精神医学会によると、「**知的障害**」や「**LD**（**限局性学習症・学習障害**）」「コミュニケーション障害」「**自閉スペクトラム症**」などが挙げられています。発達障害の診断には、アメリカの精神医学会による分類（DSM－5）や世界保健機関（WHO）による分類（ICD－11）が用いられています。

近年、発達障害の人が増えているのではないかとの指摘もありますが、はっきりしたことはわかっていません。発達障害に関する知識が広がったことで、発見されるケースが増えたことも関係していると考えられま

発達障害にはどんなものがある？

からだや運動機能に関わる障害	脳性《のうせい》まひ（→ P98）、運動の発達障害（→ P108）、視覚障害、聴覚障害《ちょうかくしょうがい》など
知的機能に関わる障害	知的障害（精神遅滞《せいしんちたい》）（→ P94）、ことばの障害（→ P96）、LD（限局性学習症・学習障害）（→ P104）など
社会性に関わる障害	自閉スペクトラム症（→ P100）、ADHD（注意欠如《ちゅういけつじょ》・多動症《たどうしょう》）（→ P102）など

ケーススタディ 01

発達障害があるのか気になるが……

Ａさんには、５歳の女の子と２歳の男の子がいます。お姉ちゃんが幼稚園に行っている間、弟を公園や児童館などへ連れて行くのですが、どうもほかの子どもと様子が違うことに気がつきました。車が大好きで、車のおもちゃがあると夢中で遊びます。しかし、それ以外のものを指差ししても、そちらのほうを見ず、興味を持とうとしません。また、お姉ちゃんに比べてことばも遅く、こちらの言っていることもまだあまり理解していない様子です。

もしかしたら、何か障害があるのではないかと心配になったＡさんは、専門家に相談に行きました。すると「今の段階でははっきりわからないので、経過を見ましょう」と言われたので、様子を見ることにしました。

す。

早期発見がポイント しかし判断は難しい

発達障害は原則的に、早期発見・早期治療（療育《りょういく》）が重要です。その子どもの状態に合わせた治療や療育、支援を行っていきます。

多くの場合、発達の遅れは乳幼児からみられます。発見のポイントとしては、まず「視線が合わない」「ことばの遅れ」があります。また、「白いごはんしか食べられない」「タオルは一度使ったら必ず洗う」など、何らかの強いこだわりが多くみられます。気になる症状があれば、専門家に相談してみてください。市区町村の子育て相談センターや各都道府県の教育委員会、全国療育相談センターなどで、相談窓口が開かれています。

ただ障害の種類によっては、乳幼児の段階では判断できないこともあります。

例えば、ＬＤは小学校で勉強を始めてからでないとわかりませんし、自閉スペクトラム症も乳幼児での診断は困難です。そのため、経過観察が必要なケースもあります。その場合は「どのような点に気をつけて観察すればよいか」を専門家に聞いておくとよいでしょう。

発達障害に気づくポイント

- □ 視線が合わない
- □ ことばに遅れがみられる
- □ 特定のものに対するこだわりが強い
- □ 音や光など、何かに対して過敏

など

上記は主なもの。このほか、障害によって現れる特徴は異なる。気になることがある場合には、専門家に相談しよう。

\ 発達ルポ /

知的障害

知的発達に遅れがあり、他者とのコミュニケーションや学習などに影響が現れるものを、知的障害という。

18歳までに始まる障害 判断基準の1つはIQ

知的能力や社会適応能力が明らかに平均レベルに満たず、それが永続している状態を「**知的障害**」といいます。18歳までに発症し、医学的には「精神《せいしん》遅滞《ちたい》」とも呼ばれます。

日本で現在、把握されている知的障害者の人数は約74万人で、子どもでは約1～2%にみられます。

診断基準の1つは、**IQ**（知能指数→P140）です。IQ70未満の場合に知的障害と診断され、IQによって「軽度・中等度・重度・最重度」に分類されています（↓下図）。

軽度では日常生活にほぼ支障がなく、小学校くらいまでは気づかれないこともあります。重度の場合は赤ちゃんの頃に発見されることが多く、日常生活にも介助が必要になります。

なお、IQの正常範囲は一般に85以上とされていますが、70～85の範囲は「境界知能」といわれ、知的障害には含まれません。

何が原因か わからないことも多い

知的障害は、なぜ起こるのでしょうか。知的障害の原因にはさまざま

IQ（知能指数）による分類

IQ50～69 軽度	IQ35～50 中等度	IQ20～40 重度	IQ20～25以下 最重度
抽象的な思考は困難だが、日常生活にほぼ支障はない。	環境に適した行動をとることは困難だが、他者の助けを得て身の回りのことを行える。	簡単なことばは理解できるが、入浴などは介助を必要とする。	日常生活に支障があり、常に介助が必要になることもある。

なものがあり、現在は250以上もの原因が知られています。これらが複雑に絡《から》み合って発症するのではないかと考えられています。

知的障害全体のうち、25%程度は何らかの原因で、脳の発達が妨《さまた》げられることで起こります（器質性《きしつせい》知的障害）。具体的には、ダウン症などの染色体《せんしょくたい》異常や遺伝子異常が原因となり、とくに中等度以上ではこのケースが多くみられます。また、母親の妊娠中のアルコール依存や喫煙なども原因となります。

しかし知的障害の大半は、とくに脳の異常はみられず、はっきりした原因がわからないものです（非器質《ひきしつ》性《せい》知的障害）。

軽度のものほど、その傾向が強くなります。心理的・社会的な要因や乳幼児期の養育環境の不良などとの関連が指摘されています。

特殊な部分で才能を発揮する人も

知的障害を抱える人の中には、特定の分野で優れた能力を発揮する人もいます。こうした症状を「サヴァン症候群」と呼んでいます。

例えば「裸《はだか》の大将《たいしょう》」で知られる山《やま》下清《したきよし》画《が》伯《はく》は〝切り絵の天才〟と称されています。なぜこうした現象が起こるのかは解明されていませんが、とくに記憶力に優れたケースが多いようです。

原因は主に２タイプ

器質性《きしつせい》知的障害

（病的な原因で脳の発達が妨《さまた》げられる）

- 遺伝子の疾患
- 染色体《せんしょくたい》の異常（ダウン症など）
- 胎児期の問題
  （感染症、母親の飲酒、喫煙など）
- 出産時の問題
  （低酸素状態になるなど）
- 新生児期の問題
  （感染症、中毒、外傷など）

など

非器質性《ひきしつせい》知的障害

（病的な原因がみられない）

- 乳幼児期の養育環境の問題
  （栄養不良、貧困、育児放棄など）
- 心理的・社会的要因
  （大気汚染や環境ホルモンなど）

など

数字に関する記憶力が高い人は多い。

\ 発達ルポ /

ことばの障害

うまく話せない、ことばに遅れがみられるなど、ことばの障害はさまざま。それぞれに合ったサポートが必要だ。

ことばの発達は個人差が大きい

ことばの障害は、ことばの機能や使用が障害された状態をさし、さまざまなものがあります。

ことばを覚え始める乳幼児期から老年期まで、どの年代でも起こる可

さまざまなことばの障害

失語症《しつごしょう》

ことばをうまく話せなくなる状態。

原因：脳の言語野《げんごや》（→ P75 下図）が何らかの原因で損傷して起こる。

構音障害《こうおんしょうがい》

特定の音をうまく発音できない状態が習慣となっている。

原因：舌や口など声を発するために必要な器官や脳に障害があって、うまく発音できない場合と、そうした原因がみられない場合がある。

吃音《きつおん》

音を繰り返したり、引き伸ばしたりする。

原因：器質的な異常ではなく、心因的なものが多い。

言語発達障害《げんごはったつしょうがい》

何らかの原因でことばの発達が阻害される。

原因：舌ほかの障害による影響や、子どもを取り巻く環境によって起こる。主なものは次の通り。

- 耳が聞こえにくいなどの聴覚障害《ちょうかくしょうがい》
- 知的障害（→ P94）によるもの
- 脳性《のうせい》まひ（→ P98）によるもの
- 自閉スペクトラム症（→ P100）によるもの
- 子どもを取り巻く言語環境によるもの（周囲からの働きかけが乏しいなど）　など

高次脳機能障害《こうじのうきのうしょうがい》

脳の障害によってことばに支障が出る。

原因：事故や病気などで、脳が損傷し、ことばや認知に支障が出る。

能性がありますが、とくに子どもにみられることばの遅れを「言語発達《げんごはったつ》障害《しょうがい》」と総称しています。その原因としては、難聴《なんちょう》や**知的障害**などの障害や、言語環境の問題などが挙げられています。

　また、「失語症《しつごしょう》」「高次脳機能障害《こうじのうきのうしょうがい》」でも、ことばの遅れがみられます。さらに、言語能力には問題はないのに、「構音障害《こうおんしょうがい》」や「吃音《きつおん》」などで、流暢《りゅうちょう》に話すことができないケースもあります。

　2歳を過ぎる頃になると、大人と同じくらい話す子どももいれば、まだ単語しか出ないという子どももいます。同年齢の子どもより遅れていると親は心配になりますが、ことばの発達は個人差が大きいものです。

　1歳前後に意味のある単語が出て、2歳頃に二語文《にごぶん》が出るというのは、あくまでも発達の目安です。

　しかし、2歳半になっても単語が出ない場合は、ことばの障害も疑われますから、専門家に相談してみましょう。単語が出ないだけでなく、親の言うことを理解していない場合や、人と関わりを持とうとしない場合はとくに注意が必要です。

子どもの特性に合ったサポートをしよう

　ことばは人と人とのコミュニケーションの基礎となるもの。ことばに障害があるということは、コミュニケーションに障害があるということにもなります。

　言いたいことがうまく伝わらなかったり、相手の言うことがよくわからなかったりすると、話そうという意欲は低くなりがちです。また、意思が伝わらないストレスから、パニック状態になることもあります。

　そのため、その子どもの特性に合わせたサポートが必要になります。

　聴覚障害《ちょうかくしょうがい》があれば、聞こえを回復させるための訓練や治療が必要ですし、知的障害や**自閉《じへい》スペクトラム症《しょう》**などがあれば、それに応じて接し方を変えていく必要があります。また構音障害がある場合は、構音の指導を受けさせることが必要です。ことばそのものではなく、手指の動作によるサインを用いて、コミュニケーションをはかるケースもあります。いずれにしても、専門家とよく相談しながら、対応していくことが大切です。

　また、保育所や幼稚園、小学校に入る際は、できる限り事情を正確に伝えたほうがよいでしょう。子どもが多くの時間を過ごす場所になるので、保育士や教師には、その子の特性を理解しておいてもらったほうが安心です。どのように対応してほしいかなども具体的に伝え、互いに連携しながら子どもをサポートしていくことが求められます。

＼発達ルポ／

脳性《のうせい》まひ

脳が損傷を受けることで、運動機能に障害が出る。進行することはないが、早期発見がポイントになる。

脳に損傷を受けて起こる障害

　脳性《のうせい》まひとは、**胎児期**から**新生児期**（生後4週間以内）までに受けた脳の損傷で起こる障害です。からだの動きをつかさどる脳の部位（運動野→P75下図）が損傷されることで、運動発達の遅れや筋肉の緊張の異常などが現れます。乳児1000人中に2〜4人の割合で起こり、とくに重度の未熟児に多くみられます。

　脳に損傷をきたす原因は、起こる時期によって分けられます。まず出生前では胎内感染や母体の栄養障害、出生時では圧迫仮死《あっぱくかし》や低酸素脳症《ていさんそのうしょう》などが原因となります。出生後では、重症黄疸《おうだん》や脳の外傷、中枢《ちゅうすう》神経感染症などが原因となります。

　しかし最近では、医学の進歩により、原因の多くは予防や治療ができるようになってきており、脳性まひは減少傾向にあります。

脳の損傷部位によって症状は異なる

　脳性まひは、脳のどこが損傷されたかによって、まひの現れる部位や現れ方が異なり、それぞれP99図のように分類されています。全身にまひが現れる「四肢《しし》まひ」やからだの片側のみに現れる「片《へん》まひ」などがあります。

　症状の現れ方としては、「痙直《けいちょく》型」と、「アテトーゼ型」が代表的です。痙直型は手足の筋肉が硬くなって、自分の意思とは無関係に、急に伸びたり動いたりしてしまうタイプで、脳性まひの約70%を占めています。アテトーゼ型は、ある動作をしようとするときや緊張しているときに、自分の意思に関係なくからだが動いてしまうタイプで、全体の約20%を占めます。なお、脳の運動野以外も損傷されている場合は、知的障害や言語障害《げんごしょうがい》、てんかんなどを合併するケースもあります。

　いずれにしても、乳幼児期の早いうちに発見することが大切です。「首がすわらない」「目でものを追わない」「ものをつかむことができない」など、気になる症状があれば、専門

脳性《のうせい》まひの分類のしかたは大きく分けて２つ

まひのある部位による分類

●四肢《しし》まひ

両腕、両脚、胴体にまひがある。まひの程度が腕、脚であまり差がない状態。

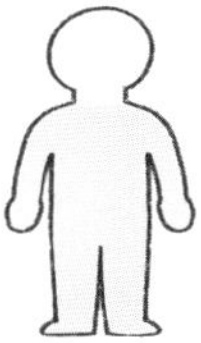

●片《へん》まひ

左右どちらかの腕、脚、胴体にまひがある。脚よりも腕のまひが重い状態。

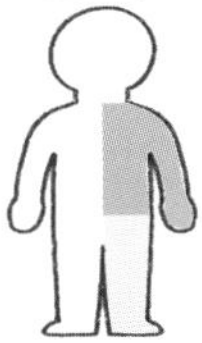

●両《りょう》まひ

両腕、両脚、胴体にまひがあり、腕よりも脚のまひが重い状態。

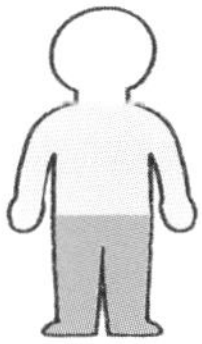

●対《つい》まひ

両脚にまひがあり、胴体、腕にはまひがない状態。

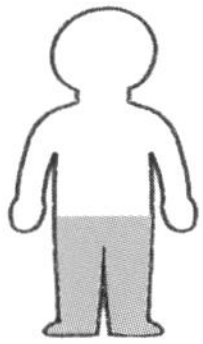

症状よる分類

●痙直《けいちょく》型

筋肉が緊張し、収縮した状態になり、スムーズにからだを動かすことができない。姿勢などに異常が出る。

●アテトーゼ型

意思にかかわらず、手足や顔などの筋肉が動く。精神的に緊張しているときなどに症状が強くなる。

●失調《しっちょう》型

筋肉をバランスよく動かすことができず、歩くときにふらついたりする。

●硬直《こうちょく》型

筋肉が硬く、関節を曲げ伸ばしする動きがなかなかできない。

家に相談してください。

進行することはないが二次障害が起こることも

いったん受けた脳の損傷は、子どもの成長によって変化するものの、悪化することはありません。そのため、脳性まひそのものが進行することはありません。

しかし、自分で歩けた人が年を重ねることで、寝たきりになってしまう場合もあります。これは、まひのない部位の筋肉や骨を使い続けることで負担がかかり、筋肉や骨の発達に偏《かたよ》りが生じたり、神経系の異常が起こるためだと考えられています。これを「二次障害」といいます。

二次障害は専門的な治療によって、予防や軽減をすることができます。姿勢の矯正《きょうせい》や関節の変形を防ぐリハビリテーションのほか、外科手術が行われることもあります。

＼発達ルポ／

自閉スペクトラム症

自閉スペクトラム症は他者とのコミュニケーションが苦手、特定のもの・行動にこだわりが強い、という特性が目立つ。

脳の先天的障害で生まれつきのもの

自閉スペクトラム症（ASD）とは、遺伝的要因が複雑に関与した脳発達の異常によって起こる脳の機能障害です。生まれつきのもので、人口の約1％にみられます。育て方やしつけなどが原因ではありません。

また、ADHD（注意欠如《ちゅういけつじょ》・多動《たどう》症《しょう》→P102）やLD（限局性学習症・学習障害→P104）など、ほかの発達障害を併存していることもあります。

人とうまくつき合えない、こだわりが強い、が特徴

自閉スペクトラム症のタイプには、**「自閉症」「高機能自閉症」「アスペルガー症候群」**などがあります。

知的障害の有無や程度、ことばの遅れ、コミュニケーション能力、強いこだわりといった特性をチェックし、専門医が問診などを行って診断します。いずれのタイプでもコミュニケーションに障害があり会話や意思の疎通《そつう》が困難であること、また、興味の対象や特定の行動への強いこだわりがある、という2つの特徴が顕著にみられます。

自閉スペクトラム症の主なタイプ

自閉症
▼
とくにコミュニケーションが困難。知的障害があることが多く、ことばの遅れによって気づくケースも。

高機能自閉症
▼
ことばの遅れはあるが、知的障害はない。コミュニケーションが困難なことが多い。強いこだわりを持つ。

アスペルガー症候群
▼
ことばの遅れや知的障害はない。強いこだわりがある。コミュニケーションは少し困難。

ケース
スタディ
02

混ざっているごはんが食べられない

Aさんは中学生で、食べものの好き嫌いが極端な女子生徒でした。例えば、カレーライスやスパゲッティなど、さまざまな食材が混ざっている料理は食べることができません。「白くないとごはんじゃない」「混ざっているものはイヤ」なのです。カレーライスやスパゲッティが食べられなくても生きていけると大人が考え方を変えるのがいいでしょう。

一例としては、意図《いと》をくみとることが難しく、「ちょっと待って」という曖昧《あいまい》な表現では通じず、「1分待っていて」と言われないと理解できません。友だちから「空気が読めない」と言われることもよくあります。

興味がある対象への強いこだわりも特徴的で、時刻表や電話番号、年表やスポーツの記録などの「数字」に関するこだわり、着替えや歯磨き、身支度の順番、食事の時間、外出時の道順、ものの置き場所など自分の決めたルールに固執《こしつ》します。

注意したいのは、こうした特性によって人づき合いがうまくいかず、友だちができない、ひきこもりや不登校になる、いじめられる、といった問題が生じやすいことです。対人関係でのトラブルや、それに伴うストレスによって、「二次障害」につながることもあるため、保護者や教師らの適切なサポートが不可欠です。

二次障害として現れること

[行動面]

不登校

ひきこもり

暴力を
ふるう

周囲の人になかなか理解されず、孤立や不安に陥り、うつや不安障害になることがある。

[心理面]

対人恐怖

不安感

自尊心の
低下

意欲の低下

発達ルポ

ADHD（注《ちゅう》意《い》欠如《けつじょ》・多《た》動症《どうしょう》）

じっとしていられない、注意力が散漫――こうした子どもの行動の背景には、障害が隠れている場合がある。

落ち着きがないのは障害のせい？

買い物に連れて行くと、店の中をウロウロして迷子になってしまう、授業中静かに座っていられず、動き回る、順番待ちの列に並んで待っていられない――こうしたいわゆる「落ち着きのない子ども」の中には、「**ADHD（注《ちゅう》意《い》欠如《けつじょ》・多《た》動症《どうしょう》）**」と呼ばれる障害が隠れている可能性があります。

ADHDは7歳より前に発症し、「不注意」「多動性」「衝動性」の3つが特徴的な症状です。学齢期の子どものうち、3～5％にADHDがみられるとの報告もあり、比較的頻度《ひんど》の高い障害だといえます。ただ、年齢とともに、症状は自然に落ち着くことがほとんどです。

ほかの障害を併発することもある

ADHDはなぜ起こるのでしょうか。まだはっきりとはわかっていませんが、脳の一部の機能障害が関わっているのではないかといわれています。また、ADHD発症に関わる遺伝子や養育環境、きょうだいとの人間関係など、さまざまな要素の影響も指摘されています。

ADHDの子どもには、**知的障害**（→P94）はあまりありませんが、30～50％は**LD（限局性学習症・学習障害→**P104）を併発しています。

また、運動障害や平衡感覚《へいこうかんかく》の異常を併発していることが多く、運動が苦手です。自転車に乗ったり、速く走ったりすることができず、縄跳びやキャッチボール、逆上がりなどの運動もうまくできません。そのため、学校の勉強についていけなかったり、友だちといっしょに遊べなかったりします。

診断には、アメリカの精神医学会や世界保健機関（WHO）の基準が用いられますが、診断は難しく、自閉スペクトラム症（→P100）と混同されているケースもあります。鑑別のためには、脳波検査やMRI検査などを行ったり、経過を観察していくことも重要になります。

ADHDの症状は大きく分けて３つ

不注意

- うっかりミスが多い
- 集中できない
- 注意力が散漫
- よくものをなくす

など

衝動性

- 順番を守れない
- 大声を出す
- ほかの子の会話や遊びに介入する
- 思いつくままに行動する

など

多動性

- じっとしていられない
- 授業中に席を離れる
- 手足をもじもじとする
- 過度にしゃべる

など

問題行動につながることも

予期せぬ行動や、遊びのルールが守れないなどで、子ども同士でもめたり、授業の進行に支障が出る場合もある。

環境や対応を整えて悪循環をなくす

ＡＤＨＤの子どもは多動などの症状から「問題のある子」「わがままな子」というレッテルを貼られがちです。自分の行動を非難されつづけていると、自信を失ってストレスを感じ、ますます症状が強くなります。

多動性や不注意などの症状は、生活環境の影響も強いため、まずは集中しやすい環境を整えてあげることが大切です。

また困った行動に対しては厳しく叱りつけるのではなく、「5分だけ座っていようね」などと、静かに言い聞かせるようにします。そして、1つのことができたら、少しずつできることを増やしていきます。合併症の種類や程度なども含め、その子どもに合わせたきめ細かな対応が求められます。

＼発達ルポ／

ＬＤ

（限局性学習症・学習障害）

知的な遅れはないものの、学習に関わる特定の分野に遅れがみられる障害を「ＬＤ（限局性学習症・学習障害）」という。

ＬＤの特徴を持つ子は一般小中学校で約４・５％

ＡＤＨＤ（→Ｐ１０２）とともに、近年よく知られるようになったのが**ＬＤ（限局性学習症・学習障害）**です。ＬＤとは、知的障害がないのに、特定の学習分野において大きな困難が生じている状態をいいます。

　文部科学省は２０１２年に、公立小学校・公立中学校の教師を対象に実態調査を行っています。それによると、通常学級の中でＬＤが疑われる子どもは全体の約４・５％にも上っていました。

　しかし、ＬＤ自体は新しい障害ではありません。１９６０年代に、視覚障害はないのにもかかわらず、文字が読めない子どもがいることから発見されたものです。

　学習面で著《いちじる》しい困難を抱えている子どもは、以前から存在していたのです。

子どもによって症状はさまざまである

　一般に用いられているＬＤとは、教育分野におけるとらえ方によるものです。文部科学省のＬＤの定義は、「全般的な知的発達に遅れはないが、聞く、話す、読む、書く、計算する、または推論する能力のうち、特定のものの習得と使用に著しい困難を示す状態」となっています。一方、医学の分野では読み、書き、算数の３つの分野に限定されており、教育分野でのＬＤのほうが広い領域での学習障害を意味します。

　ＬＤにはいろいろなタイプがあります。代表的なものは、読み書きや計算に障害のあるタイプです。読み書きに障害があると、鏡文字を書いたり、文字や行を飛ばして読んだりします。計算の障害では、簡単な計算ができないだけでなく、図形や量などの理解も困難です。

　そのほか、ことばを聞いたり話したりすることが苦手なタイプや、いくつかの条件から結論を導き出す「推論」が苦手なタイプもあります。

　また、ＡＤＨＤを併発するケースもよくみられます。

LDの原因はまだはっきりしていませんが、中枢《ちゅうすう》神経系の機能障害によって起こると考えられています。環境的な要因で起こるものではなく、生まれつきのものだといえます。

それぞれの特性や年齢に合わせた対応を

LDの基本的な症状は、年齢とともに自然に落ち着くということはあまりありません。また、学校の授業についていけなかったり、友だちとのトラブルが多かったりすることから、**不登校**や**ひきこもり**になるケースもあります。したがって、それぞれの子どもの特性に合わせたきめ細かな指導・対応が必要です。

LDの子どもは学習意欲があり、がんばっているのになかなかできるようになりません。それなのに叱られてばかりでは、意欲は減退してしまいます。まずは周囲がそのがんばりを認めてあげることが大切です。

学習面でも生活面でも、小さな目標を立てて、どうすればできるかを具体的に指導します。目標を達成できたときに、きちんとほめてあげることで、子どもに自信がつき、いろいろなことに挑戦しようという意欲がわきます。子どもの成長をきめ細やかに見守っていく理解者の存在が、何よりも支えとなるでしょう。

LDのタイプはさまざま

書くのが苦手

鏡文字を書いたり、漢字を正確に書けなかったりする。

読むのが苦手

文字を飛ばして読んだり、順番通りに読めなかったりする。

その他

□ **話す・聞くのが苦手**
話題が次々と飛ぶ、スムーズに話せない、話を聞き取るのが苦手、指示の理解が難しい、など。

□ **推論が苦手**
年齢相当の文章問題を読み解くのが困難、ものごとの因果関係を理解することが難しい、など。

計算が苦手

簡単な計算ができなかったり、計算に時間がかかったりする。

\ 発達ルポ /

起《き》立《りつ》性《せい》調《ちょう》節《せつ》障《しょう》害《がい》

自律神経の働きが悪い影響で、立ちくらみやめまいなどの症状が現れる。周囲の人に怠け癖や仮病だと誤解されやすいという問題がある。

朝起きられないのは自律神経の働きが悪いため

起立性調節障害《きりつせいちょうせつしょうがい》（OD）とは脳の自律神経系（大脳辺縁系《だいのうへんえんけい》や視床下部《ししょうかぶ》など）の働きが悪く、その影響で交感神経と副交感神経がバランスよく働かず、血圧や心拍など循環系の調節がうまくできなくなる病気です。脳や全身への血流が悪く、さまざまな身体的な症状が現れます。

起立性調節障害は比較的よくある病気で、小学生の約5％、中学生では約10％にみられます。詳しい原因はわかっていませんが、もともとの体質に加えて、運動不足やストレス、夜型社会の影響などが複数関与していると考えられています。

子どもはさぼっているわけではない

起立性調節障害のある子どもは、朝起きられず学校に遅刻したり休みがちになったり、朝礼や体育の時間などに立ちくらみやめまいを起こして倒れたりすることがしばしばあります。そのため、周囲の人から見ると、怠《なま》けているとか仮病だとか、甘えているなどと誤解されがちです。

しかし、こうした症状のせいで動けないだけで、本人はさぼったり怠けたりしているわけではありません。

にもかかわらず親や教師が厳しく叱責《しっせき》したり理解がなかったりすると、子どもは非常につらい思いをして、不登校やひきこもりになることがあ

起立性調節障害《きりつせいちょうせつしょうがい》の症状を訴える割合

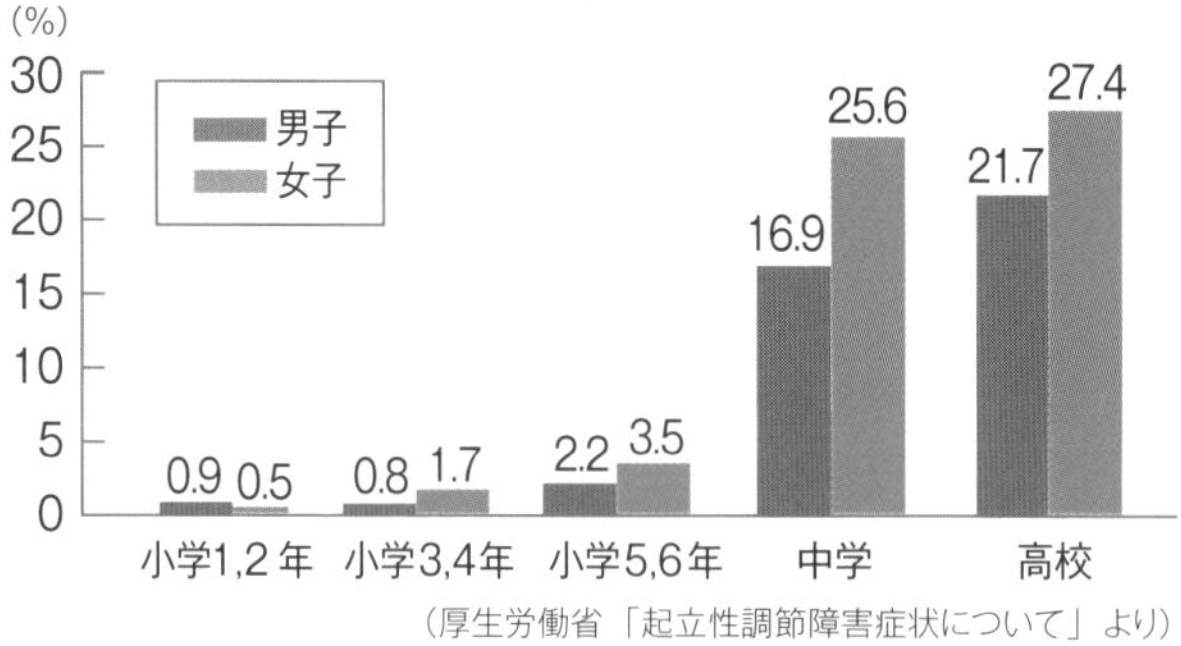

（厚生労働省「起立性調節障害症状について」より）

よくみられる症状

朝、なかなか起きられない

午前中はとくに調子が悪く、朝は起きられない。

立ちくらみやめまいがする

立ちっぱなしだと立ちくらみやめまいを起こしやすい。

立ち上がったときに失神する

自律神経の働きが悪いため、急に動くと脳貧血を起こす。

その他

- □ 乗り物酔い
- □ 頭痛
- □ 腹痛
- □ 動悸や息切れ
- □ 倦怠感《けんたいかん》　など

朝だるく、ごはんが食べられない

朝はとくに気分が悪く、朝食をとれない。食欲不振が続くことも。

イライラする

体調が悪く、思うように動けないことも。

ります。起立性調節障害のある子どもは反抗的な態度をとるよりも、どちらかというと無理解に苦しみ、ひきこもる傾向が強いといえます。

起立性調節障害が疑われる症状が続いているときは医療機関を受診して、検査を受けることが先決です。

親や学校が寄り添ってあげる

起立性調節障害と診断されたら、まずは病気の正しい知識を得ることが肝心です。重症度に応じ、セルフケアや薬による治療を受けます。

家庭では規則正しい生活や水分補給、適度な運動を習慣づけます。同じ病気の悩みを持つ親の会などに参加し、情報を得るのもよい方法です。

学校では授業のサポートのほか、本人や保護者の同意を得た上で、周囲の子どもに起立性調節障害についての説明をして理解を促《うなが》します。

＼発達ルポ／

運動の発達障害

運動の苦手さや手先の不器用さは、障害と結びつけられることが少ないが、極端にできない場合は運動の発達障害が考えられる。

極端に不器用で運動が苦手

友だちと遊ぶときボールがうまく投げられなかったり、しょっちゅう転んだり、食事のときにもフォークやスプーン、箸がいつまでたってもうまく使えない子がいます。

単に運動音痴だとか不器用なだけだと思われがちなのですが、極端にほかの子よりもできないことがある、また、できないことで子どもが傷ついたり困ったりしている場合は、**発達性協調運動障害（DCD）**を疑う必要があります。

発達性協調運動障害は発達障害の一種で、身体機能には問題がないものの、目で空間を認識し、手足を動かしたりバランスをとったりする一連の動作に関する情報を脳が統合し、からだをうまくコントロールできないことが原因だと考えられています。

発達性協調運動障害のある子どもは乳幼児期からその兆候があり、ミルクを飲むときによくむせたり、寝返りやハイハイが上手にできなかったりします。保育所や幼稚園、小学校ではボール遊びや体操をはじめ、手先を使う工作などが極端に苦手といった様子がよくみられます。

発達性協調運動障害の頻度《ひんど》は意外に高く6～10%とされ、クラスに2～3人いると考えられます。**ADHD**や**LD（限局性学習症・学習障害）**（→P104）、**自閉スペクトラム症**（→P100）のある子どもには高頻度で併存しているといわれています。しかしながら、発達性協調運動障害の認知度はまだ低く、見逃されたり、適切なサポートが行われなかったりすることが多いようです。

できることをやるようにする

親や教師の中には子どもができるまで繰り返し練習させる人がいますが、無理にやらせても自尊心を傷つけ、挫折感や屈辱感を植えつけることになりかねません。誤った指導は二次障害を招く危険もあります。

運動の障害があっても、からだを使うことすべてが苦手なわけではあ

運動が苦手な子の特徴

乳幼児期

- □ スプーンやコップがうまく使えない
- □ はさみがうまく使えない
- □ のりを使うと手がベタベタになる
- □ 着替えが遅い、難しい
- □ 階段の上り下りが苦手
- □ 公園の遊具でうまく遊べない
- □ 三輪車に乗るのがへた　など

手先が不器用で、はさみを使ったり、のりを塗ったりするといった工作が苦手。

小学生以降

- □ 靴ひもがうまく結べない
- □ つまずくものがないのによく転ぶ
- □ 字がうまく書けない
- □ ラジオ体操ができない
- □ ドッヂボールや縄跳びができない
- □ 公園の遊具でうまく遊べない
- □ ボタンが留められない　など

体操をすると指示通りの動作・姿勢ができず、みんなと違う動きになってしまう。

りません。その子なりにできることはたくさんあります。

大切なのは、ほかの子どもと比べたりせずサポートすることです。そして、仮にできなくても大丈夫、という安心感を与えてあげましょう。

イライラしている子の気持ちを理解する

運動の発達障害がある子はどうして自分だけうまくできないのか悩み、苦痛を感じています。友だちに笑われて恥ずかしい思いをしたり、教師に何度も注意されたりするたびに傷つきます。ときにはイライラして、かんしゃくを起こすこともあります。

親や教師はこうした気持ちを理解し、寄り添うことが必要です。

本人がトレーニングを希望するときは、楽しみながらできるように工夫します。目標を達成できる喜びを実感することで自信がつきます。

＼発達ルポ／

大人の発達障害

大学生や社会人になって、障害を抱えている人もいる。発達障害は子どもだけのものではないのだ。

子どものときには気づかれなかった人も

発達障害は、成長の過程にある子どもの問題だと思われがちですが、そうではありません。

例えば、子どもの頃に発達障害と診断された場合、障害の種類や程度によっては、大人になっても症状が残ることがあります。また、大学生や社会人になってから、発達障害だと診断されるケースもあります。

近年は、こうした発達障害を抱える大人が、どのように社会で生きていくか、また周囲はどのように対応していくかが、大きな問題となっています。

知的な遅れがない人は気づかれにくい

大人になってから判明する発達障害のほとんどは、軽度のものです。軽度の発達障害では、知的な遅れがないか、あっても非常に軽いために、学校の勉強についていけないということはありません。「変わった子」だと思われながらも、成績がよかったりすると、障害に気づかれないことが多いのです。

しかし、障害に応じた療育《りょういく》を受け

ケーススタディ 03 学生時代は問題なかったが……

学生時代から優秀だったＣさん（男性）は、「看護師になりたい」という夢に向かって、国家試験のための勉強を続けていました。そして、見事国家試験に合格。

晴れて看護師として病院で働き始めたものの、思うように仕事ができません。細かい作業ができず、手順や段取りを自分で考えたりすることもできないのです。また、上司や先輩と衝突することも多く、ストレスから抑うつ状態になってしまいました。

家族の勧めで精神科を受診したところ、「ADHD」だと診断されました。学生時代は全く問題がなかったのでＣさんは非常に驚《おどろ》きましたが、病院と相談して、看護師としてではなく、別のポジションで勤めを続けています。

ていないために社会性が未熟で、大学に入学してから、つまずいてしまうケースがよくみられます。高校までと違って、大学では本人の自主性に任される範囲が広いもの。そうした状況にうまく適応できなかったり、人間関係がうまくいかなかったりして、**不登校**になることもあります。

また、一般に発達障害の症状は、年齢とともに落ち着くといわれていますが、すべてがそうとも限りません。例えば**ADHD**では、成長につれて多動の症状は落ち着きますが、注意欠如は残りやすい傾向があります。こうした障害による症状が性格上の問題だと誤解されることもあります。

さらに現実とかけ離れたイメージを抱いたまま職業を選択したり、仕事がうまくできないことから人間関係のトラブルに発展してしまうケースもみられます。

大学生・社会人の発達障害でみられる問題

仕事に対するイメージと現実にギャップがある

対人関係に困難があっても営業や接客業につくなど、興味の対象や経験の偏《かたよ》りなどから、現実とギャップのある職業選択をすることも。

対人関係がうまくいかない

コミュニケーションがうまくとれなかったり、こだわりの強さなどから誤解を招いたりして、友だちがなかなかできないこともある。

仕事につけなかったり続かなかったりする

就職活動をスムーズに進められなかったり、発達障害の診断を受けていない場合、職業選択が困難になることも。イメージとのギャップから職を転々とすることがある。

性格上の問題だと誤解されやすい

発達障害の特性による行動でも、「意欲がない」「やる気がない」「失礼な言動をする」などと思われることも。障害を抱える本人だけでなく、職場へのサポートも必要になる。

周囲の理解とサポートで改善する

大人の発達障害は、残念ながら一般的に正しく認識されているとはいえません。しかし、発達障害を抱える人々が生きていくには、さまざまな面で適切なサポートが必要です。

まずは本人の周囲にできるだけ理解者を増やしていくことが大切だと考えられます。専門家にきちんと診断してもらった上で、家族や友人、学校や職場の関係者に、障害について説明しておいたほうがよいでしょう。誰にどこまで話すかについては、本人のプライバシーや人間関係への配慮も必要です。

就労や進路に関しては、本人が、何が苦手で何が得意なのかを理解することが重要です。その上で本人の得意なところを伸ばすような進路を検討するのがベストでしょう。

就労の際は、障害者雇用制度を利用する場合と、一般での就労を目指す場合があります。障害者雇用制度を利用したほうが、就労後の支援は受けやすくなりますが、そのためには、療育《りょういく》手帳、または精神障害者保健福祉手帳の取得が必要です。

就労などの相談窓口は、さまざまな機関で設けられています。相談しながら社会常識を身につけるほか、発達検査や職業適性検査などで職業能力を判定してもらうのも1つの方法です。

また就職後、仕事を円滑に進めるために「ジョブコーチ」を派遣してもらう方法もあります。

就労支援を利用しよう

技能を身につける

□ 障害者職業能力開発校

障害の種類や程度に合わせた職業訓練を受けられる（発達障害に特化はしていない）。

適職を見つける

□ 発達障害支援センター

発達障害者の就労だけでなく、生活全般のサポートを受けられる。

□ 障害者職業センター

障害者だけでなく、事業主なども就労や職場での適応などについて相談・支援を受けられる。

□ ハローワーク

障害者雇用の促進にも取り組んでおり、サポートを受けられる。

仕事を円滑にする

□ ジョブコーチ

就労の支援とともに、仕事が円滑に行えるよう、本人だけでなく家族や事業主も援助・指導を受けられる。

第4章

「わたし」と「あなた」の違いに気づく

～幼児期Ⅱ～

自己認知

自分の名前がわかるようになる

生まれたばかりの赤ちゃんは自分のことについて何も知らない。自分の存在や名前がわかるようになるのはいつ頃だろうか。

「自分」がわかるには「他者」の存在が必要

わたしたちは鏡を見ながら、ヒゲを剃ったり、化粧をしたりします。これは鏡の中に映っているのが、自分の姿だということをわかっているからです（**自己認知**）。

では、赤ちゃんの場合はどうでしょうか。

心理学者のハーターは、子どもが鏡に映った姿（鏡映像《きょうえいぞう》）をどのように認識するかを調べる実験を行っています。生後3～4か月頃の赤ちゃんは、目の前に鏡を置いても映っているのが自分だとはわからず、鏡をたたいたり、顔を近づけたりします。1歳頃になると、鏡に映っているのは実物ではないことに気づき、2歳頃になってようやく、鏡映像が自分だとわかるようになります。

赤ちゃんは、「自分」と「他者」という存在を、感覚を駆使して認知します。例えば、赤ちゃんが自分の手をなめると、口にも手にもその感触はありますが、親の手をなめたときは口にしか感触がありません。こうして他者との境界

鏡を見て自分だと気づくのはいつ？

実験
子どもが寝ている間に鼻の頭に絵の具をつけておき、鏡を見たときの反応を調べる。

結果

生後３～４か月頃
自分自身だとわからない
ほかの人がいると思い、鏡をたたいたり鏡に顔を近づけたりする。

１歳頃
鏡の映像が実物でないとわかる
鏡に映る人が実物でないと認識するが、自分の映像だとはわからない。

１歳半～２歳頃
自分の映り姿だとわかる
鏡を見て、自分の映り姿であると認識。鏡を見ながら絵の具をとろうとするようになる（自己認知の確立）。

線に気づいていくのです。

つまり、他者がいなければ自己認知はできません。実際、仲間と隔離されて育ったチンパンジーは自己認知ができず、鏡に映った自分を見て怖がったり、怒ったりすると報告されています。

名前がわかると自分のものに興味を持つ

赤ちゃんは自己認知ができるまでは、自分の名前もわかりません。親が「ゆうちゃん」と名前を呼ぶとニコッとしますが、実は「けいちゃん」と全く違う名前を呼んでも同じように微笑《ほほえ》むのです。

1歳3か月頃になって自己認知ができるようになると、自分の名前だけに反応するようになります。1歳8か月頃には、ことばが発達して、自分で自分のことを「ゆうちゃん」と呼ぶようになります。

特定の名前がはっきりわかるようになると、〝自分のもの〟だとはっきりわかるようになると、自分のものと他者のものの区別がつくようになります。

例えば、自分のおもちゃをほかの子どもに取られたりすると、「ゆうちゃんの！」と言いながら取り返しに行くようになるなど、「所有」の意識が生まれるのです。

自分と他者を区別する意識は、2〜3歳頃に現れる「**反抗期**」へとつながっていきます（→P116）。

自分のものを取り返そうとするのは、所有の意識が生まれた証し。

キーワード
自己認知
客観的な立場から見た自分の存在と、他者の存在を区別して、自分が自分であることを認識すること。

他者との関係性は文化で変わる

日本では、子どもは親との添い寝や同じ部屋で寝るのが一般的です。また、子どもが野菜を食べなければ「農家の人が一生懸命つくったんだよ」などと、他者の気持ちに寄り添うように促《うなが》します。

一方、欧米では幼児でも親とは別室で寝るのが普通で、子どものしつけは「親の言うことを聞きなさい」と、親の権威を重視して行われます。親と子がそれぞれ独立した存在であることを教えられるのです。

こうした文化の違いが、自分と他者という関係性のとらえ方に大きな差を生み出すと考えられます。

反抗期はこころが発達した印

親の言うことを聞いて、かわいいばかりだった子どもが、2歳頃から自己主張をするようになっていく。

親にとってはとまどいだらけ

自己認知が確立される2歳前後になると、子どもの態度が変わってきます。

それまでは親の言うことを素直に聞いていた〝かわいい子〟だったのが、「ごはんだよ」「いらない！」「公園行こうか？」「イヤ！」などと、何を聞いても反抗的な態度をとるようになります。靴をはいたり、食事をしたりするときも、「自分で！」と言います。

しかし、それができず、親が見かねて手助けをすると、泣いて怒ります。

親はこのような子どもの変化にとまどったり、「子育てを間違ったのだろうか」などと悩んでしまうかもしれません。

しかしこれは「**第1反抗期**」と呼ばれるもので、**自我**がめばえてきた証拠。誰にでもみられる発達の姿なのです。

わがままか自己主張か

反抗期は、親からすると急に子どもがわがままになったと思うかもしれません。

しかし子どものこころにめばえているのは、親とは違う意思があるんだという「自己主張」です。そしてもう1つは、自分でやりたい、自分の能力を試したいという「自立心」です。

親は対応に苦労しますが、発達の印ととらえ、子どもの気持ちを尊重することが大切です。反抗期は親にとっても、子どもは自分の分身ではなく、別の意思を持った存在であることを受け入れる時期だといえます。対応策としては、親がまだ無理だと思ったことで

キーワード

自我
「わたし」は親（他者）とは違う主体的な存在だと認識すること。

自尊感情
自分は価値のある尊い存在だという感覚、自分に対する関心や誇りなどをさし、人格形成の基盤となる。自尊感情が強ければ、自分自身を肯定的にとらえることができ、後にうまくいかないことがあっても、自分の能力を完全否定することなく、生きていくことができる。1歳半頃から生まれるものだが、その強さは養育者の関わり方と深い関係がある。

も、「ダメ、まだ無理だよ」と言うのではなく、まずはやらせてみることです。やり遂げられれば、子どもに「自分はできるんだ」という**自尊感情**が育ちます。できないようなら「少し手伝ってあげようか」などと、子どもの自尊感情を傷つけないように援助します。

　もう1つ、注意したいのは、自立をあまりせかさないこと。自立を促《うなが》すがゆえに「今日から1人で寝なさい」などと突き放してしまうと、子どもが強い不安を抱いてしまうこともあります。

　大人でもときには誰かに頼りたいことはあるもの。子どもは大人びてみたり、赤ちゃんになって甘えてみたり、を繰り返しながら成長していくものなのです。

子どもの気持ちに沿った対応を

―２歳頃―

自我のめばえ　独立心の育ち

さまざまな感情が生まれる

- □自分の能力を試したい
- □自分でものごとを決定したい
- □自由に動きたい　など

→上手に対応するには

●できるかどうかを大人が決めない
「あなたにはまだ無理」など否定されると、子どもはショックを受ける。まずは見守るという姿勢が大切。

●選択肢を提示する
子どもは自分でものごとを決定したいという気持ちがある。「どっちがいい？」などと選択肢を提示することで、子どもの自主性を育てることができる。

●適度な援助をする
子どもが自分でいろいろ挑戦する中で、不安になることも。そうしたときにはさりげなく手を貸すことも必要。

●がんばり・成果を評価する
「がんばってね」と励ましたり、「よくできたね」とほめたりすることで、子どもの自尊感情が高まる。

これはNG！

子どもの要求にすべて応える
→ときには我慢も必要。すべてを受け入れていると、わがままになることも。

子どもの要求をすべて抑えつける
→欲求が満たされずに、かえって反抗的になることも。

きょうだい

上の子にとってきょうだい誕生は一大事

家族が増えることは嬉しいもの。しかし、一番めの子どもにとっては、家族環境が大きく変わる一大事でもあるのだ。

きょうだい誕生で家族関係が変化

親にとって初めての子どもは、妊娠も出産も子育ても、すべてが初体験。親は育児書を片手にあれやこれやと気を使って、大切に育てるものです。両親や祖父母の愛情と関心を一身に集めて、育っていくのです。

そこにきょうだいが生まれると、家族関係は大きく変化します。親は下の子どもに手がかかるため、どうしても上の子どもにかける時間は少なくなります。

上の子どもは、これまで100%受け取っていた周囲の愛情と関心を、きょうだいに奪われてしまいます。そのため、親の関心を得たいがために**退行**が現れたり、下の子どもに嫉妬をしていじわるをしたりすることもあります。

親や周囲の大人は、こうした子どもの立場をよく理解してあげましょう。「お兄ちゃんになったんだから、しっかりしてね」などと、プレッシャーをかけるのは逆効果。ときには思い切り甘やかしてあげて、

家族が増えると関わり方が変化

きょうだい誕生前

三者関係

ひとりっ子の状態。家族の関わりは、二者間が3つ、三者間が1つの計4パターン。

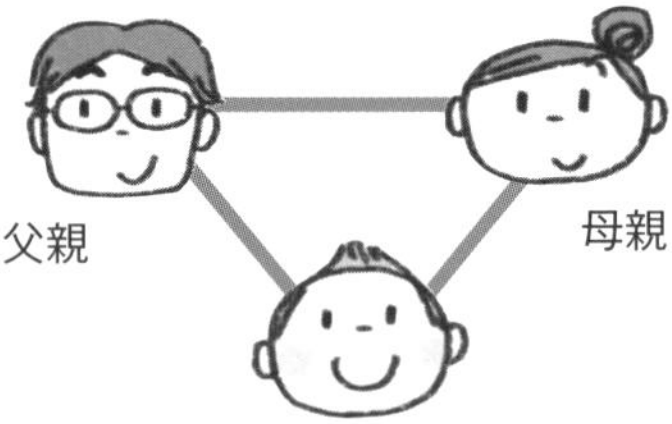

きょうだい誕生後

四者関係

家族関係が複雑化。家族の関わりは11パターン（二者間：6、三者間：4、四者間：1）になる。

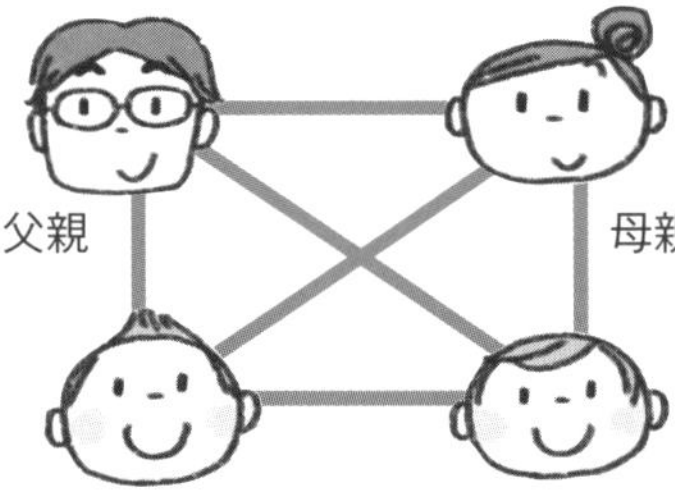

「あなたも大事だよ」ときちんと伝えることが大切です。

きょうだいは仲間でありライバル

では下の子どもにとって、上の子どもはどのような存在でしょうか。

上の子どもは自分よりからだが大きくて賢い上に、自分に対して強い嫉妬心を燃やしていると感じています。親の関心を得たいのはどちらも同じ。下の子どもは生まれたときから、強力なライバルとやり合っていかなければいけない状態だといえます。

下の子どもが1歳を過ぎて行動範囲が広がってくると、きょうだい間のいざこざが始まります。上の子どものものを触ったり、壊したりするなど、テリトリーを侵すようになるからです。一方で、上の子どもの行動に興味を持つようになり、何でもまねをしようとします。

さらに下の子どもが2、3歳になって**反抗期**（→P116）を迎えると、きょうだいげんかは頻度《ひんど》を増します。互いに自分の意見を主張できるようになったものの、意見を調整したり、譲ったりすることはできないためです。

しかし、けんかを通して子どもは人間関係を学びます。そして能力の発達に応じて、少しずつきょうだいでの交流は増えていくのです。

キーワード

退行
精神的ショックや病気などから、以前の発達段階に戻ること。「赤ちゃん返り」ともいい、おねしょをしたり、哺乳《ほにゅう》瓶《びん》を使いたがったりするなど、より幼い行動がみられる。多くは一時的なもので、しばらくすると安定して次の発達段階へ進む。

きょうだい関係は4タイプ

調和
仲よく遊んだり譲り合いがみられる。

対立
対等な立場にあり、お互いに張り合う。

専制
一方が優位な立場にあり、命令や指示をする。

分離
お互いに積極的な関わりがみられない。

きょうだいがいると友だちをつくりやすい？

きょうだいのいる子どもは、ひとりっ子よりも友だちをつくりやすいという説があります。

心理学者の依田《よだ》明《あきら》氏によれば、親と子どもは上下関係を含む「タテ」の関係、友だちを対等な「ヨコ」の関係とすると、きょうだいは「ナナメ」の関係になるといいます。

きょうだいのナナメの関係は、友だちというヨコの人間関係への“橋渡し”の役割を果たすと考えられます。きょうだいがいる子どもは、友だちとのつき合い方を知っているともいえるでしょう。

人格

生まれた順序で性格が変わる?

同じ親、同じ家庭環境で育っても、きょうだいの性格は似ないことも多い。生まれ順は性格の形成にどのような影響を与えるのだろう。

家族でも育つ環境が違う

子どもの性格の形成には、家庭環境が大きな意味を持っています。しかし同じ両親の元で、同じ家庭環境で育ったとしても、きょうだいが同じような性格になるとは限らず、全く正反対の性格に育つこともあります。

これは、生まれてくる順序が性格の形成に大きな影響を与えているためです。「お兄ちゃんっぽい」「末っ子でしょ」などと言われたことのある人も多いでしょう。

こうした性格の違いには、まず親の**養育態度**（→P46）が関係しています。上の子どもの場合、初めての子育てで親は神経質になりがちです。下の子どもの場合は、すでに経験しているので余裕があり、親は比較的のんびりと子育てに取り組むことができます。

また、親が子どもに求めるものも、きょうだいで異なってきます。「兄や姉には下の子どものお手本になるようしっかりしてほしい」「下の子どもは、兄や姉を見習って仲よく

親の期待で性格が変わる

長子

- □自分の用事を平気で人に押しつけたりする
- □あまり話さず人の話を聞いていることが多い
- □仕事は丁寧に失敗のないようにする
- □面倒なことはなるべくしないようにする
- □母親によく口答えする
- □よそへ行くとすましたがる
- □何かをするとき、人の迷惑にならないか考える

末っ子

- □せっかち
- □はきはきして朗らか
- □少しでも困ることがあると、人に頼ろうとする
- □人のまねが上手
- □食べ物の好き嫌いが多い
- □ほめられるとすぐに調子に乗る
- □やきもちやき
- □外で遊んだり騒いだりするのが好き
- □知ったかぶりをする

※ただし、近年このような差異は少なくなってきている。

（依田、1980年を元に作成）

してほしい」というように、親は知らず知らずのうちに、別の期待（**発達期待**）をしています。弟や妹が生まれると、上の子どもを名前ではなく、「お兄ちゃん」「お姉ちゃん」と呼ぶようになるのも、その表れでしょう。なお、3人きょうだいの真ん中の子どもには、共通した性格はあまり見出せなかったという報告があります。きょうだいの年齢差や、家庭環境による差が大きいのではないかと考えられます。

きょうだいは公平に接すること

きょうだいのいる家庭で親が心がけなければならないのは、きょうだい全員に公平に接することです。

親が誰か1人に対して偏《かたよ》った愛情をかけていると（偏愛）、その子どもは甘やかされて、性格形成に悪影響を及ぼしてしまいます。

また、ほかのきょうだいの嫉妬の対象となり、親のいないところでいじめられたりすることもあります。

親がきょうだいを公平に扱うことで、親子関係は安定します。そうすれば、きょうだい間でも愛着が生まれ、信頼関係を結ぶことができます。いわゆる〝きょうだい愛〟は、親の公平な目があってこそ育まれるものなのです。

ただ、公平といっても、きょうだいに全く同じことをしなければならないわけではありません。食べるものや着るもの、お小遣いの額も、おもちゃも全部同じというのは一見公平に見えて、不公平です。

上の子どもと下の子どもでは年齢が違います。親が期待していることも違うはずです。それらを考慮し、年齢に応じた対応をすることが重要でしょう。

キーワード

発達期待
子どもにどういう態度をしてほしいか、どういう人格や人間に育ってほしいかという、親などが持つ期待をさす。子どもの性格の形成や発達に影響を与える。

けんかは強い者が叱られる？

きょうだいげんかで、親はどちらの味方をするかを子どもに尋ねた調査があります（心理学者・依田《よだ》明《あきら》氏）。全体では「公平」「場合による」が6割近くを占めていましたが、長子（一番めの子）の約半分は相手の味方をすると感じていました。

一方、末っ子は、自分が味方されていると感じている子が多いという結果でした。また、女の子よりも男の子のほうが、相手に味方していると感じています。親はより幼くて弱い者の味方となり、強いほうを叱ることが多いようです。

性役割

男女の違いはどこで生まれるのだろう

「男らしさ」や「女らしさ」は生まれつきのものではない。周囲の働きかけや子どもの認識によってつくられていくものなのだ。

自分の性別を認識するのは2歳頃

車や電車が大好きな男の子に対して、人形とままごとをして遊ぶ女の子。こうした違いはどこで生まれるのでしょうか。

発達心理学において、性別による違いは、生まれつきのものではないと考えられています。

自分が男か女かがわかってくるのは2～3歳頃。日常的な会話ができるようになると、「ボク」「ワタシ」ということばも使い始めます。

男女の「らしさ」は周囲の働きかけから

姉と弟、兄と妹では、同じような環境で育っても、性格には違いが出てきます。

その要因の1つは前述したように、生まれた順序による親の関わり方や**発達期待**です（→P121）。そしてもう1つの要因は、男女によって周囲の働きかけが変わること。

最近では減少傾向にありますが、男の子と女の子のイメージから名前がつけられることもあります。

近年、ジェンダー平等の観点から、「男らしさ」「女らしさ」の押しつけはよくないという考えが、浸透しつつあります。

しかし依然として「男の子なんだから、めそめそ泣かないの」「女の子なんだから、お行儀よくしなさい」ということばをよく耳にします。

それらに加えて、親の姿から学習して身につける「らしさ」もあります。

3歳くらいになると、男の子は「お父さんみたいになり

キーワード

性役割
性別に基づいて社会から期待される態度や行動パターン、人格などの総称。文化によって異なる。いわゆる「男らしさ」「女らしさ」で、子どもは親など周囲の大人から、その役割を学んでいく。

同一視
無意識のうちに他者の属性を自分の中に取り入れて、他者と似た存在になること。一般に男の子は父親を、女の子は母親を同一視して、社会性を身につけていく。ただ健全な愛着が形成されていなければ、同一視をすることはない。

性役割はこうして学習される

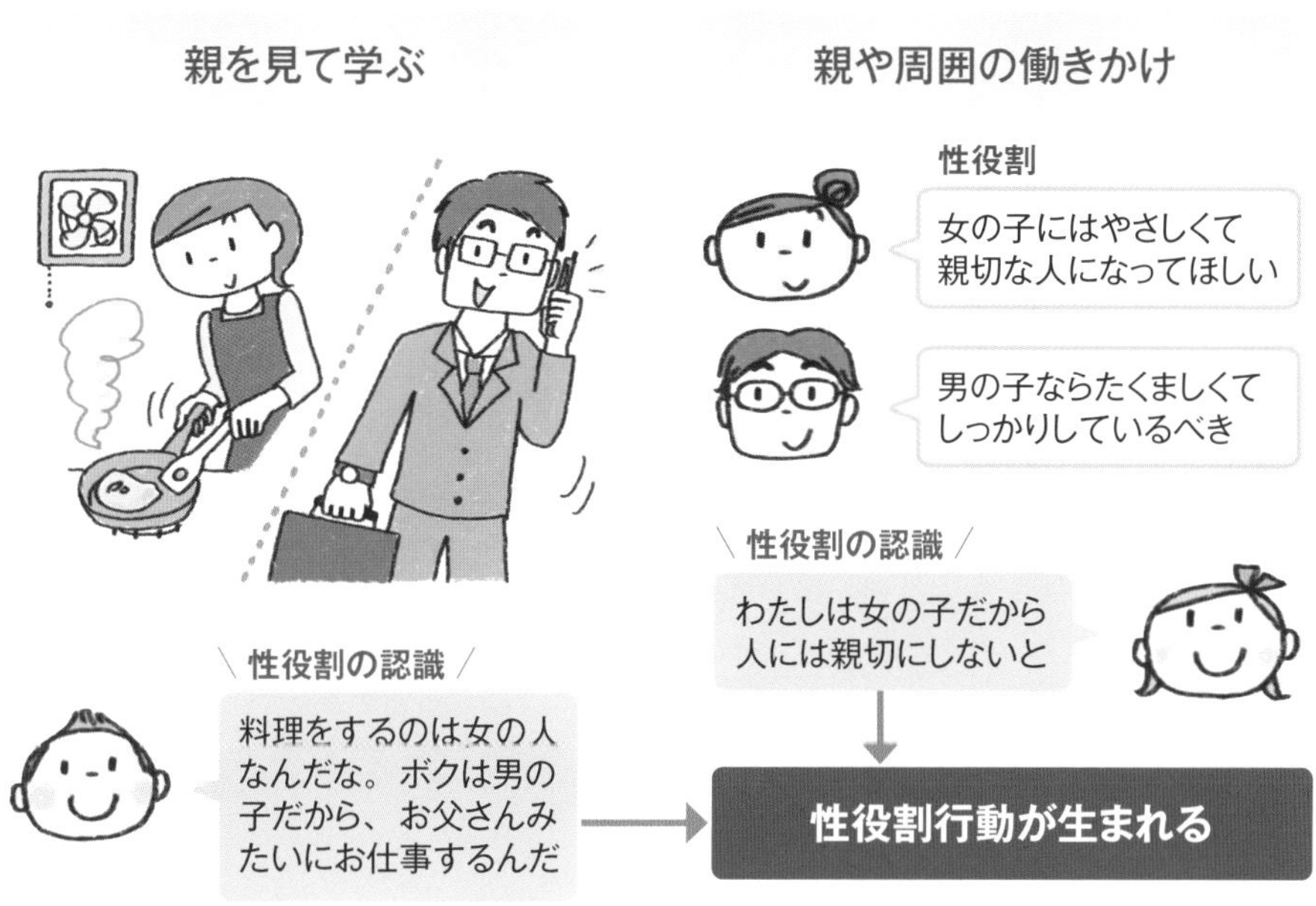
親を見て学ぶ
親や周囲の働きかけ
性役割
女の子にはやさしくて親切な人になってほしい
男の子ならたくましくてしっかりしているべき
性役割の認識
わたしは女の子だから人には親切にしないと
性役割の認識
料理をするのは女の人なんだな。ボクは男の子だから、お父さんみたいにお仕事するんだ
性役割行動が生まれる

たい」、女の子は「お母さんみたいになりたい」というように、親を**同一視**するようになります。

親への愛着が強いほど同一視も強くなり、それによって**性役割行動**を身につけていくのです。

性役割行動
社会的に求められる性役割を個人が認知し、それに基づいてとる行動のこと。性役割は文化や時代などによって異なる。

同じ女の子でも生まれる順序で期待は変わる？

ある調査によると、同じ女の子でも生まれる順序によって、親の期待は大きく違うようです。

長女の場合は、下が妹でも弟でも、下の子どもの面倒を見ることを期待されます。家事の手伝いなど、“お母さん代わり”となる期待も大きいでしょう。

一方、妹の場合は、上が姉だとあまり期待をされないことが多いようです。家庭ではアイドル的な存在であることを求められます。上が兄だと一人娘として過保護に育てられる傾向があるようです。

気持ちをことばで表現する

情緒の発達

成長とともに、子どもの情緒は複雑になっていく。
また、ことばの発達も重なり、情緒を他者に伝えられるようになっていくのだ。

乳児期にはなかった情緒が生まれる

生後間もない赤ちゃんは、「快・不快」という単純な情緒（→P54）しか持っていません。その後、数か月の間に喜びや怒り、恐れ、悲しみ、驚《おどろ》きなどの基本的な情緒を身につけていきます。

さらに幼児期に入ると、新しい情緒が生まれてきます。これは、ものごとをイメージする能力（表象能力）が現れてくるためです。

まず1歳半を過ぎる頃に「照れ」や「共感」といった情緒がみられます。また、しばらくすると「罪悪感」や「恥」「誇り」といった情緒も現れてきます。

子どもは、自分の行動について「してよいことか、いけないことか」という親とのやり取りを、毎日積み重ねています。叱られたときの居心地の悪い気持ちは罪悪感や恥につながり、ほめられたときの嬉しい気持ちは誇りにつながります。

情緒の発達は、道徳性の発達と深い関係があります。そして次第に親に言われなくても、自分でよい悪いを判断し、社会的な基準に沿って行動できるようになっていきます。

ことばを使って情緒を客観的に見る

表象能力の発達に伴って、自分の情緒を客観的に把握し、ことばで表現するようになります。表現のしかたは発達とともに豊かになっていきます（→下図）。

ただ、幼児期の前半は、ことばの発達が追いつかず、自分の気持ちをうまく表現でき

ことばでの表現の変化

1歳後半 ➡	空腹や痛みなど、からだの状態や気持ちを表現する
2歳過ぎ ➡	現在だけでなく、過去に経験した感情なども表現する
3歳頃 ➡	自分の持つ感情がなぜ生まれたのか、その原因も表現できる

ことばで情緒を表現する効果

ことばに表すことで、社会性だけでなくさまざまな効果が生まれる。

情緒に対する理解が深まる

情緒についての対話を通じて、情緒が他者に与える影響や他者の情緒などを理解していく。

他者と情緒を共有できる

地団太《じだんだ》を踏んだり、大声を出したりとからだを使った表現は、相手に伝わらないことも。ことばにすることで、自分の状態を伝え、他者と共有することができるようになる。

情緒をコントロールする

ことばにすることで、情緒を客観的にとらえることができるとともに、高ぶる情緒を抑え、コントロールすることができる。

ことばにして泣きたい気持ちを抑えようとすることも。

ないことも多くあります。そのため、気持ちを表現できずにかんしゃくを起こしたり、友だちに手を出してしまったり、逆に感情を抑えてしまう子どももいます。

このような場合は、まず親や周囲の大人が子どものサインに気づいてあげることが大切です。そして、子どもの気持ちやその原因をことばで表現してあげるとよいでしょう。

例えば「自分が遊んでいたおもちゃを取られて悔しかったんだね」などと伝えれば、子どもは「訳のわからないむしゃくしゃした嫌な気持ち」が「悔しい」という気持ちだとわかります。そうした経験を積み重ねていくことで、次第に自分で感情をコントロールできるようになるのです。

情緒の表現のしかたも学んでいく

情緒は人間らしい豊かなものである一方で、嫉妬や怒りから相手の嫌がるような行動を引き起こしたりすることも。大切なのは情緒の表現方法です。子どもは、親や周囲の人を観察することで、社会的に好ましいか、人間関係をスムーズに進めていくためにはどのような表現方法が適しているかを学んでいきます。

TOPIC
03

「叱る」よりも「ほめる」しつけを

同じ行動でも子どもの気持ちは違う

叱るしつけ
手伝いなさい!

叱られることを避けるために手伝う

「お手伝いは嫌いだ」

ほめるしつけ
ありがとう 助かるわ

嬉しくて子どもが自ら手伝う

「お手伝いって楽しい!」

よいことが起こると行動を繰り返す

赤ちゃんから子どもへと成長するにつれて、「しつけ」に迷うお母さんやお父さんも多いことでしょう。

そもそも「しつけ」とは、親など周りの人が子どもに規範を教えることをいいます。子どもは規範を獲得すると、自分の意志で行動をコントロールできるようになります。これが「自律」です。

では、自律を促《うなが》すには、どのようなしつけがよいのでしょうか。

例えば子どもがお手伝いをしたときに、お母さんやお父さんからほめられたとします。子どもは喜んで、またお手伝いをしようとします。このように何らかの行動でよい結果が得られると、人間は同じ行動を繰り返します（正の強化）。

逆に、「手伝いなさい」と叱られていると、ガミガミ言われたくないために手伝うようになります（悪い結果を避けるために行動を繰り返す＝負の強化）。これでは子どもの意欲は育たず、お母さんやお父さんのいないときはお手伝いをしないということになりかねません。

子どものしつけには、叱るよりもほめるほうが効果的です。ただ、ほめ過ぎると「ほめてもらうこと」が子どもの目的になってしまうことがあります。ご褒美《ほうび》を与えたり、

ほめる・叱るポイント

ほかの人とぶつかったら
危ないでしょ！
電車の中は走っちゃダメよ
うん・・・

理由がわかれば、同じことを繰り返さなくなる。

ものを与えるばかりがほめることではない
目標のためにがんばることは悪いことではないが、毎回ものを与えていると、ものをもらうことが子どもの目的になってしまう。

ほかの人と比べない
とくに気をつけたいのはきょうだいとの比較。子どもはそれぞれ独自の存在として認めよう。

叱るときには理由を伝える
子どもがなぜ叱られたのか理解できなければ、親の思いは伝わらない。なぜそれがいけないことなのか、理由を伝えるようにしよう。

叱るのは子どものした行為
子どもの人格を否定するようなことは言わない。「子どものした行為」がいけないのだと伝えることが大切。

ほめちぎったりするのはほどほどにしておきましょう。

ときには厳しく叱る ただし叱り方には注意

子どもが周りに迷惑な行動をしたときなど、ときには厳しく叱ることも必要です。

ただし、なぜ叱られるのか、子どもにわからなければ意味がありません。理由をきちんと伝えることが大切です。また、「お兄ちゃんはしっかりしているのに、あなたはダメね」などと、ほかの子どもと比べたり、子どもの人格を否定するような叱り方は避けましょう。

厳しく叱り過ぎていると、子どもが親の顔色ばかりを気にして、自分で何も判断できなくなるケースもあります。ほめるにせよ、叱るにせよ、バランスが大切です。

困った
行動

子どもがウソをつくのはなぜ？

ことばが発達してくると、子どもは不意に、事実とは違うことを言うときがある。しかし、それがすべて意図《いと》的なウソではないのだ。

子どもと大人ではウソの定義が違う？

一般にウソとは、「本当でないこと、事実を曲げて言うこと」とされていますが、そうとも限りません。

例えば雨が降っていたことを知らずに、「雨は降っていないよ」と言うのは、ウソと判断されないでしょう。

ストリチャーツとバートンらは、ウソの判断に関わる要素として「事実性」「話し手の信念」「意図《いと》性」の3つを挙げています。この3つを組み合わせた小話を聞かせたところ、年齢によってウソの判断が異なることがわかりました（↓下図）。そのため、大人がウソをついたと判断しても、子どもには自覚がないこともあると考えられます。

子どものウソには種類がある

ウソをつくようになるのは、言語能力が発達する3歳頃から。子どものウソは、次の4つに分けられます。

まず1つは記憶容量が未発達なために、結果として生じ

ウソの判断は年齢で変わる

判断に関わる３つの要素

1. 事実性
内容が事実に合っているかどうか

2. 信念
内容は発言者の信念（認識）に合っているか

3. 意図《いと》
発言者は真実を言おうとしているのか

次の発言がウソかどうか子どもに判断してもらう

「雨は降っていないよ」

①事実に反する（雨が降っている）が、②発言者の信念に合致しており（雨は降っていないと思っている）、③発言者が真実を言おうとしている場合

３歳児
ウソかどうか、明確な判断をすることができない。

４～６歳児
発言者が降っていることを知らなくても、事実に反しているのでウソだと判断する。

10歳以降
事実に反していても、発言者は知らないのでウソではないと判断する。

るウソです。子どもが一度に記憶できるものごとは「年齢マイナス1個」と非常に少なく、「朝ごはんは何を食べた？」と聞いても、一番印象に残っている夕食のメニューを答えたりします。叱ったりせず、話をよく聞いてあげればよいでしょう。

　2つめは、現実と願望の区別がはっきりしないために生じるウソです。願望を実現したかのように感じて「今日は新幹線に乗った」などと言います。この場合は「本当はこうじゃないの？」と考えさせるようにします。

　3つめは自分を守るためのウソで、自己意識の高まりとともにみられます。叱られそうになると、「ボクはやってないもん」などととっさに言うのです。誰にでもみられるもので、時々なら気にすることはありません。厳しく叱ったり、問い詰めたりすると、子どもは身を守ろうとますますウソをつくようになるため、気をつけましょう。

　そして4つめは、注目をひくためにつくウソです。親に心配してほしくて「おなかが痛い」などと言います。これが多い場合は、親の愛情不足を感じているケースもあります。子どもとの接し方を見直す必要があるかもしれません。

　いずれにせよ、ウソは次第に減ってきます。子ども自身が「ウソをつくと嫌な気持ちになる」と気づくからです。子どもがウソに至る気持ちを理解し、余裕を持って対応することが大切です。

ウソも発達する

3歳頃：とっさのウソ
黒いおじさんが来て、ケーキを食べちゃったの
6歳頃：考えるウソ
ママのいないときに、お姉ちゃんがケーキを食べたの

3歳頃は突拍子もないことを言うが、6歳頃になると、相手が何を知っているかを考えてウソをつくようになる。

子どものウソは大人のまね？

「ウソも方便」というように、大人はときとしてウソをつくことがあります。

　親がよくウソをついていると、子どももそれをまねして、“方便”を使うようになることも。

「ウソをつかない素直な子どもになってほしい」と願うのであれば、まずは親がその手本を示さなければなりません。

　ウソをつかずに、ものごとを解決していく姿勢が求められます。

園での生活

家族以外の人たちと関わる

幼児期に入ると、保育所や幼稚園などに通い始める子どもも多い。家族以外の人と関わる中で社会性が発達していく。

同年齢の仲間と出会う

3～4歳になると、**幼稚園**に通うようになる子どもも多くいます。**保育所**には、もっと早くから通い始める子どももいるでしょう。いずれにせよ、親は不安と期待でいっぱいになります。

幼稚園や保育所などで、毎日顔を合わせていると、同年齢の子どもによって集団がつくられます。これが多くの子どもにとって、家族以外の初めての社会的集団ということになります。

幼児期の後半になると、人への関心が高まります。おもちゃの取り合いでも、おもちゃそのものしか目に入っていなかったのが、相手の気持ちに関心が向いて、「貸してね」など自分から言えるようになります。

こうした1対1のつき合いでコミュニケーション能力が発達していくと、集団を意識できるようになります。次第に、たくさんの友だちと遊べるようになったり、みんなと幼稚園の先生や保育士の話を聞いたりすることができるようになります。

遊びを通じて多くのことを学ぶ

幼稚園や保育所などで子どもたちが何をするかといえば、家庭と同じように「遊び」です。子どもにとって遊びは心身の発達を促《うなが》すものです（→P88）。**遊びを通じた学習**によって、生きていくために必要な力を身につけていくことが目標となります。したがって、ただ単純に遊ばせておけばよいというものではありま

キーワード

保育所・幼稚園
保育所は厚生労働省の管轄下にあり、保護者が働いているなどの理由で十分な保育ができない子どもの保育を担《にな》う。0歳～就学前の子どもが対象で、預かり時間は8時間。一方、幼稚園は文部科学省の管轄下にあり、3歳から就学前の子どもを対象に幼児教育を行う。ちなみに、認定子ども園は内閣府の管轄下にあり、保護者の就労状態にかかわらず、0歳～就学前の子どもを対象に幼児教育・保育を行う施設。都道府県の知事の認定を受けて運営され、地域の子育て支援を行う。

せん。そのため、保育者は、子どもがどのような遊びを楽しみ、何を学んでいるか、そして今後の学ぶべき課題をくみとって環境を整えています。
　また養育者（主に母親）と2人だけだった家庭生活とは異なり、幼稚園や保育所ではたくさんの仲間がいます。ほかの子どもの遊び方や仲間とのやり取り、けんか（→P132）などを通して、子どもはさまざまなことを学んでいきます。
　例えば、集団で遊ぶには遊びのイメージやルールをことばにして伝えなければなりません。また、意見が合わないときに調整する能力も必要になります。こうしたコミュニケーション能力や社会性を遊びの中で身につけるにしたがって、集団遊びの内容も変化していきます（→左図）。

遊びを通じた学習
幼稚園や保育所などでは、決められた授業時間内で学ぶのではなく、遊びを通じての学習が主体となる。保育者は子どもの遊びが、心身の発達を促《うなが》す学習であることを理解して保育・指導に当たることが重要とされる。

集団遊びの変化

平行遊び
（3歳頃）

子どもたちはいっしょに遊んでいるが、バラバラのことをして楽しんでいる。

連合遊び
（3～4歳頃）

みんなでいっしょに遊んだり、おもちゃの貸し借りなどをするようになる。

協同遊び
（5歳以降）

リーダーとなる子どもが登場したり、ルールに沿った遊びができるようになる。

いっしょに過ごす時間は愛着に影響する？

　保育所児と家庭児の愛着（→P58）を比較した研究によると、保育所児のほうが親に接触を求めたり、親の不在で泣くなどの愛着行動（→P60）が強くみられました。「お母さん、お父さんともっといっしょにいたい」という気持ちがあるのでしょう。
　しかし、だからといって健全な愛着が築けないわけではありません。子どもと接する時間が少ない分、「質」でカバーすれば大丈夫。毎日少しの時間でも、親御さんが楽しんで子どもと接することを心がけてみてください。

友人関係

こころの発達にはけんかも必要

おもちゃの取り合いやこづき合いなど、子どもたちのけんかにハラハラしてしまう人もいるだろう。しかし、けんかから学ぶことも多いのだ。

友だちづき合いにけんかはつきもの

幼稚園や保育所など集団で遊ぶようになると、当然起こるのがけんかです。

幼児期の子どもは、相手の立場になってものごとを考えることが難しい（**自己中心性**→P84）のです。互いの考えや要求が対立した際に、譲ったり調整したりすることができず、ぶつかってけんかになります。

1つのものごとに固執《こしつ》する傾向があるのも、けんかの要因になります。例えばおもちゃを友だちに奪われると、「ほかのおもちゃで遊べばいいや」などと気分を切り替えることができず、怒りの興奮状態から抜け出すことができません。

ことばで気持ちをうまく表現できない段階では、たたく、かみつくといった行動もみられます。しかし、子どもの発達とともに、けんかの原因や方法は変わります（↓下図）。

けんかも子どもの学習になる

「みんな仲よく」とよくいわれます。確かに友だちと仲よくすることは大切ですが、かといって「けんかをするのはよくない」ということではありません。

こころの発達において、け

けんかも変わる

幼児期

原因
- 痛みや不快
- 遊びの邪魔
- おもちゃの奪い合い　など

方法
なぐり合いなど身体的な攻撃が多い

↓

幼児期以降

原因
- 遊びのルールを守らないことへの抗議
- ウソをつかれた、馬鹿にされた　など

方法
口げんかなど、心理的な攻撃が増える

キーワード

脱自己中心化
他者にも自分とは異なる考え方があることに気づき、他者の立場でものごとを考えられるようになること。

けんかを通して多くのことを学ぶ

コミュニケーション能力が発達する

ぶつかり合いから、どうすれば相手に気持ちを伝えられるか、相手との関係を保つにはどうしたらいいかなどを学ぶ。

自己と他者の違いに気づく

幼児期は、自分と同じようにほかの人も考えていると思いがち。けんかを通して「ボクはこう思ってたけど、○○君は違ったのかも」など、他者の考えや立場を考慮できるようになっていく。

感情を制御できるようになる

自己主張をするばかりではなく、相手に譲ったり、感情を抑えたりすることを学んでいく。

んかを経験することは非常に大切です。

けんかを通して、子どもは自分の意見を強く訴えるばかりでなく、〝友だちは違う意見を持っているんだ〟ということに気づきます。

そうして、友だちの気持ちを考えて我慢したり、感情を抑えたりすることを少しずつ学んでいくのです。これを「**脱自己中心化**」といいます。

また、けんかをした後の後味の悪さを味わうことで、友だちと仲よくしたほうが楽しいことがわかります。

友だちとのさまざまなやり取りを通して、感情の伝え方やよりよい対人関係を築いていくにはどうすればよいかを、子ども自身が気づいていくのです。

子どものけんかに大人はどう関わる？

子ども同士のけんかは、ある程度は見守っていく姿勢が必要でしょう。もちろん、けがをしそうなときや、片方が一方的に攻撃しているときなど、大人が介入するべきケースもあります。その際は、まず子どものからだに軽く触れたり共感を示したりして興奮を和らげてあげると、話を聞きやすくなります。

コラム 05

睡眠不足は発達の妨《さまた》げになる？

現代の子どもたちは、大人と同じような夜型生活になっているとよくいわれます。実際のところはどうでしょうか。2019年に行われたある調査によると、乳幼児の就寝時刻は夜９～10時がもっとも多く、次いで夜８～９時となっていました。夜10時以降と、比較的遅い時間に就寝する乳幼児は17.6%となっています。今後の学校生活を考えると、朝は７時までに起きる習慣をつけるのが重要です。

●睡眠不足が続くとこころにも影響が

骨や筋肉を成長させる「成長ホルモン」は、熟睡している間に分泌されます。睡眠不足が続くと、からだの発達に影響を及ぼすことも。また、からだだけでなく、こころへの影響も指摘されています。慢性的な睡眠不足が続くと、集中力が低下したり、イライラしやすいといった症状が現れやすくなります。

からだやこころの健全な発達のためには、睡眠をきちんととることが大切です。小さな頃から、就寝・起床時刻を決めるなど、生活リズムを整えていきたいものです。

寝る時間や起きる時間など、生活のリズムを整えていくことが大切。

第5章

思考力がつき、人間関係が発達する

～児童期～

子どもと学校

家庭中心から学校中心の生活へ

6歳（児童期）になると、子どもたちは小学校へ入学する。学校では、同年齢の仲間のほか、多くの出会いが待っている。

小学校入学で子どもはどう変わる？

小学校へ入学すると、子どもは、家庭で過ごす時間が少なくなります。初めは心細く思うかもしれませんが、次第に子どもは親や家庭からの解放感を味わうようになります。そして、自分だけの秘密を持つなど、内面的な発達を進めていきます。また、学校生活の中では、子どもが自分で対応しなければならない課題も現れます（↓P137図）。

学校の習慣や規則に従うこともその1つです。しかし、子どもは遊びに夢中になって規則を破ってしまいがち。そのために子ども同士が対立したり、気まずい雰囲気になる場合もあります。親や先生は元気があるゆえの結果だと諭すとともに、夢中になって遊べる環境を整えてあげることが大切です。

さらに先生や友だちとよい関係をつくっていくには、学校側はもちろん、家庭での支援も必要です。子どもの話をよく聞いて、子どもが前向きになれるような働きかけが重要でしょう。

先生との出会いは大きな影響

子どもにとって、先生はクラスで唯一の大人であり、絶対的な存在です。先生の与える影響力は非常に大きく、後年、自分の人生を振り返ってみて、ある先生との出会いが「人生観を変えるきっかけになった」という人も少なくありません。

子どもは先生との交流を通し、身勝手な自分自身の姿勢を見直すきっかけになったり、

キーワード

児童期
通常は5、6歳頃から性的な成熟が始まる11、12歳頃までをさす。知的能力が著《いちじる》しく発達して、保存の概念（↓P138）も獲得する。また、集団生活を通して社会性も身につけていく。日本では小学校の期間と重なるため、学童期とも呼ばれる。

自己参照
他者のものごとのとらえ方や考え方を通して自分を何度も見直すことで、自分の行動の問題点に気づき、それに基づいて行動を修正したり、改善したりすること。

学校生活における４つの課題

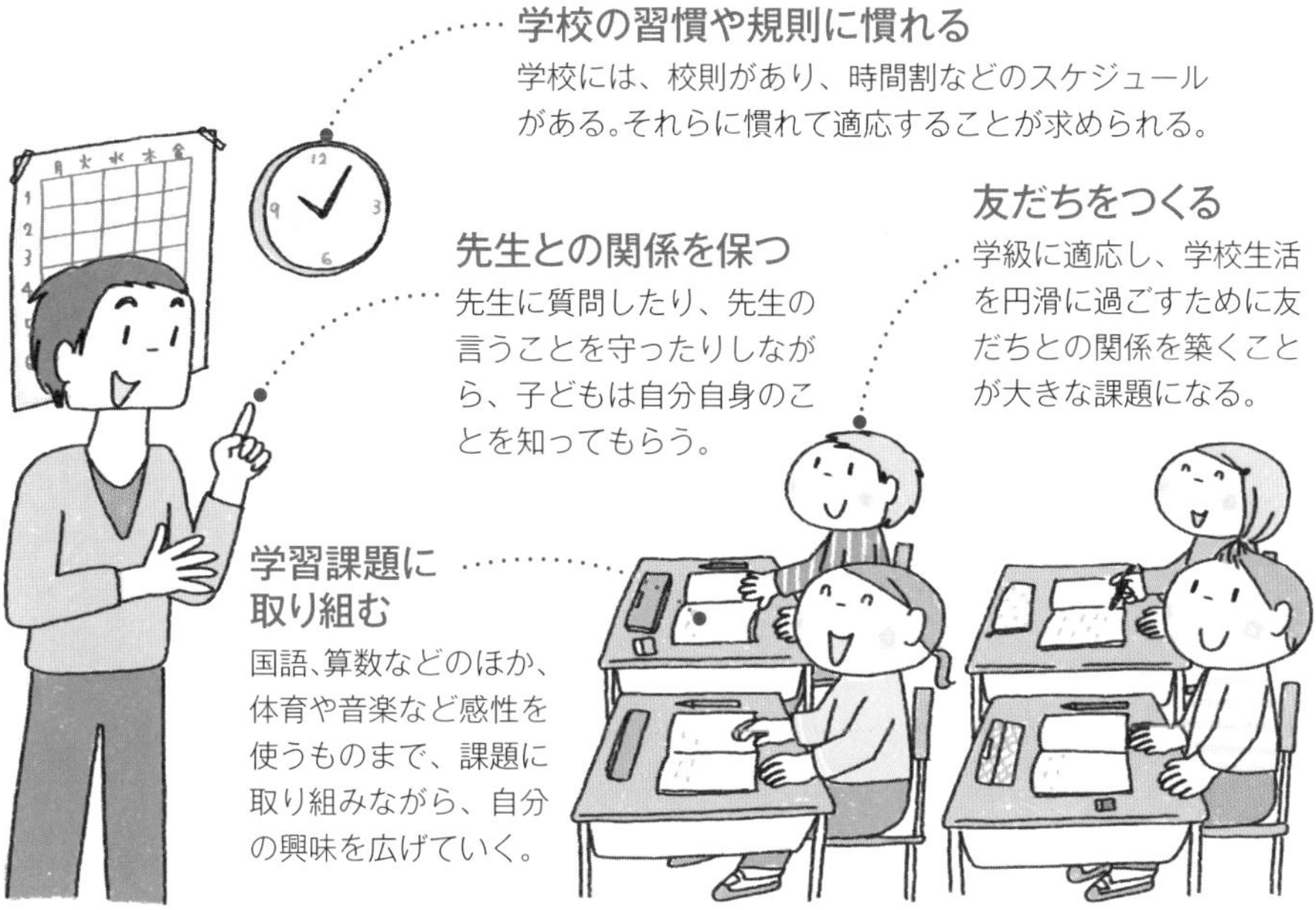
学校の習慣や規則に慣れる
学校には、校則があり、時間割などのスケジュールがある。それらに慣れて適応することが求められる。
友だちをつくる
学級に適応し、学校生活を円滑に過ごすために友だちとの関係を築くことが大きな課題になる。
先生との関係を保つ
先生に質問したり、先生の言うことを守ったりしながら、子どもは自分自身のことを知ってもらう。
学習課題に取り組む
国語、算数などのほか、体育や音楽など感性を使うものまで、課題に取り組みながら、自分の興味を広げていく。

将来について考えるようになったりします。誰にも強要されることなく自発的に先生の姿を〝道しるべ〟として、自分の姿を見つめ直し、子どもは自ら〝新しい自己〟をつくり上げていきます（**自己参照**）。

小1プロブレム
東京都教育委員会の調査（2012年）では、公立小学校校長のうち21．1％が小1プロブレムを経験したと回答した。年度末まで解決しなかったケースが半数以上に及ぶ。

「小１ プロブレム」って何？

小学校に入学した子どもに、「先生の話を聞かない、指示に従わない、授業中勝手に歩き回る」などの問題行動がみられることがあります。近年、このような行動が多発し、学級崩壊につながりかねないケースが増えており、これを「小１プロブレム」と呼んでいます。

原因として「子どもに基本的な生活習慣や耐性が身についていない」「子どもに集団生活での経験が不足している」「担任の指導のしかた」など、さまざまなものが考えられています。

子どもにとって、小学校への入学は非常に大きな変化となります。多少不安定になったとしても当然のことですから、必要以上に気にしないほうがよいでしょう。

思考の
発達

論理的に考えられるようになる

児童期に入ると、他者の視点を考えられるようになるなど、思考が大人のものと近くなっていく。

小学校高学年で大人と同じ思考に

小学生になると思考もかなり発達し、6年生頃には、大人と同じような考え方ができるようになります。

ピアジェの思考の発達段階によれば、7～11歳頃は**具体的操作期**に当たります。**幼児期**に獲得したイメージを浮かべる力（表象能力）を経て、論理的思考を身につけていく時期です。中でも特徴的なのは**保存の概念**が身につくことです。

同じ形の容器に入った同量の水を、別の形の容器に入れた場合、どちらが多いかを尋ねるという有名な実験があります（↓下図）。3歳の子どもは見た目で判断しますが、7歳になると、見た目に惑わされず水の量は同じだと答えます。これが保存の概念です。

ただ、こうした論理的な考え方ができるのは、目の前にあるものごとに限られています。架空の出来事や抽象的なものごとを論理的に考えられるようになるのは、11～12歳以降の**形式的操作期**に入ってです。

水の量が多いのはどっち？

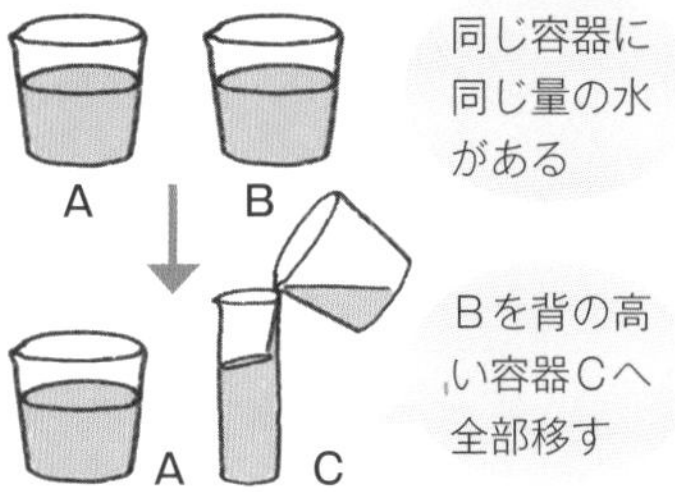
同じ容器に同じ量の水がある
A
B
Bを背の高い容器Cへ全部移す
A
C

3歳児：Cが多いと答える
容器の高さを見て判断してしまう。

7歳児：同じ量だと答える
違う容器に水を移しても量は変わらないということを理解している（保存の概念）。

キーワード

具体的操作期
ピアジェ（→P67）の提唱した思考の発達過程の段階の1つ。表象能力の獲得を経て、論理的な思考ができるようになる。具体的操作期は、児童期の7～11歳頃に相当するとされる。

保存の概念
ピアジェが提唱した概念。ものの形や配置などといった見かけが変わっても、取り去ったり、付け加えたりしていなければ、ものの数量自体は変化していないということを認識すること。具体的操作期に獲得される概念。

からです。

幼児特有の考え方が弱まっていく

幼児期は**自己中心性**（→P84）という特徴がありましたが、児童期の後半になると、それが弱まってきます。

その点について、ピアジェと、共同研究者のインヘルダーが行った実験がよく知られています（→左図）。まず3つの山の模型を配置します。そして4つの視点で山はどのように見えるか、それに合った絵カードを選んでもらうものです。

9～10歳くらいになると、各地点での見え方を把握することができます。自己中心的な考え方から、さまざまな視点でものごとを考えられるようになったことを示す結果だといえます。

形式的操作期
具体的操作期の次の段階で、大人と同じような論理的思考ができるようになる時期。12～15歳以降に相当する。具体的なものごとだけでなく、「もし～ならば」といった架空のものごとや、抽象的な概念についても、論理的な思考ができるようになる。

4つの地点で見え方はどう変わる？

A～Dの地点に立つと山はどのように見えるかを答えてもらう。

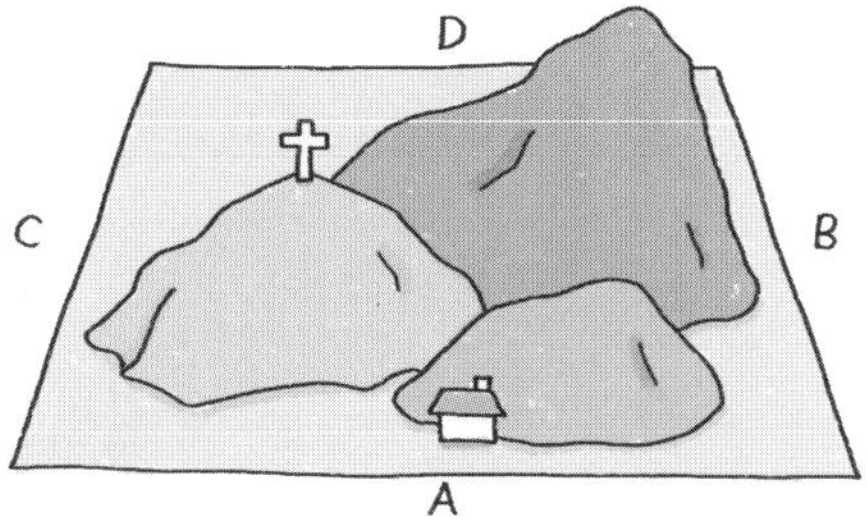

4～5歳　「どこから見ても、同じだよ」
地点にかかわらず、自分が見えているのと同じように見えると判断する。

7～9歳　「A～Dで見え方は変わるね」
地点が変わると、見え方が変わることがわかるが、どのように見えるかはわからない。

9～10歳　「Aに立つと……Bは……Cは……」
各地点からの見え方がわかるようになる。

科学的な考え方はいつからできる？

ある理論が正しいか正しくないかを科学的に判断するためには、まず適切な証拠を集めて、それに照らし合わせて判断していきます。理論と証拠そのものだけでなく、それぞれの関連性についても、吟味が必要です。

こうした科学的なものの考え方は、児童期後期では難しく、大人でも十分できないことも。ただ非常に単純化した課題では、小学校低学年の子どもでも達成できるという報告があります。

科学的なものの考え方は幼い頃からめばえており、その後の教育的支援が重要だと考えられます。

知能

IQは高ければ高いほどよい？

知的能力の高さを表す指標の1つとなっているのがIQだ。「IQが高い＝頭がよい」と思いがちだが、実際にはどうなのだろうか。

IQでわかるのは認知発達の度合い

一般的に「知能」というと、「頭のよし悪し」を意味すると思う人が多いかもしれません。学問的にもさまざまなとらえ方がありますが、発達心理学では知的活動に必要な総合的な力だと考えられています。

この知能を測るものさしの1つとして有名なのが「IQ（知能指数）」です。

IQは**知能テスト**によって得られた**精神年齢**を生活年齢（暦年齢）で割って、100を掛けて算出します（→下図）。

知能テストは、年齢に応じて思考、言語、数量、知覚などの問題で構成されています。これらの問題をどの程度達成できているかによって、知能の発達程度を調べるものです。学校のほか、精神科などで必要に応じて実施されます。

IQは変化していくもの

子どもの頃のIQは、大人になっても変わらないのでしょうか。

6歳と18歳のときのIQを

IQ の算出のしかた

$$IQ = \frac{\text{精神年齢}}{\text{生活年齢（暦年齢}^{*}\text{）}} \times 100$$

平均値：100
（約2/3の人がIQ85～115の間に入るという）
140以上：天才児
70未満：知的障害
（→ P94）

＊暦の上での年齢（満年齢）

例：生活年齢が満5歳（生後60か月）、精神年齢が6歳（72か月）の場合。
72÷60×100=120

キーワード

知能テスト
知能の発達程度を調べるテスト。1904年にフランスの心理学者A・ビネーと医師T・シモンが考案した「ビネーテスト」が原案となっている。元々は知的障害児の鑑別のために作製されたものだが、アメリカの心理学者ターマンらによって改良された「スタンフォード・ビネー検査」が、IQを調べる知能テストとして世界中に普及した。そのほかにも、知能の定義や対象とする子どもによって、さまざまな検査が作製されている。ビネー検査のほか、ウェクスラー式もよく用いられる。

調べた研究によると、数値は一定ではなかったといいます。これは、知能が年齢とともに発達するものではないからです。

変化のしかたは個人差があり、左図のように4パターンに分かれたといいます。

また一般に「IQが高いと頭がよい」と思われていますが、そうとは限りません。知能テストで人間の能力のすべてが測れるわけではありませんし、頭のよさは判断基準や状況によっても異なります。

いわゆる〝**天才**〟と呼ばれるような人でも、IQは必ずしも高いとはかぎりません。IQ140以上の人を対象とした研究では、偉大な功績を残した人はいなかったというものもあります。

知能は高ければ高いほどよいというものではないのです。

精神年齢
それぞれの年齢の子どもの大多数が正答すると思われる問題の正解率から算出。問題の分野は言語、数量、思考、知覚などさまざま。

天才
心理学では「生まれ持った才能、またはそのような優れた才能を持つ人」をさす。

IQの変化パターン

IQの変化のしかたは大きく４つに分類される。

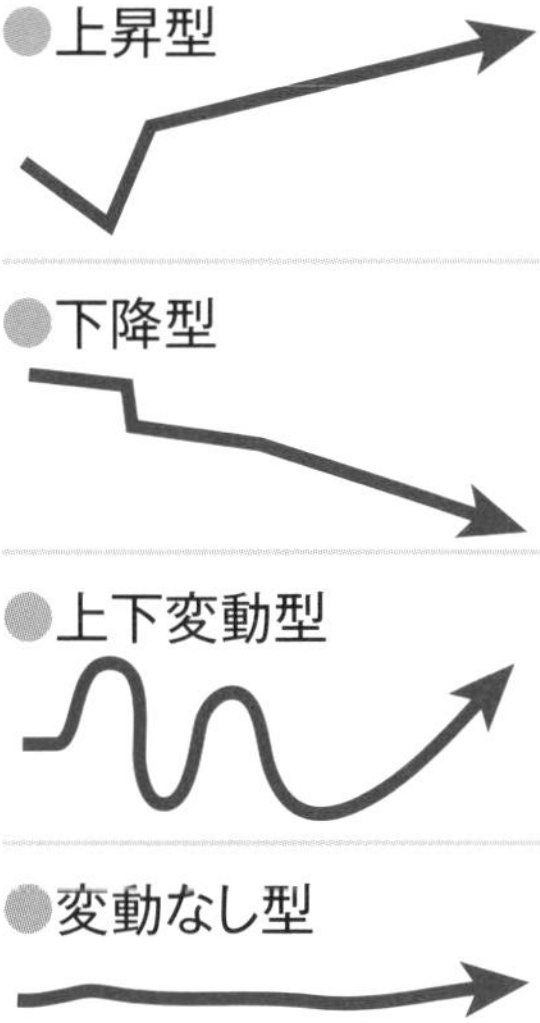

上昇型
子どもの頃の数値は低いが、年齢を重ねていくとだんだんと上がっていくタイプ。

下降型
子どもの頃の数値は高いが、年齢を重ねていくとだんだんと下がっていくタイプ。

上下変動型
数値が上がったり下がったりするタイプ。

変動なし型
数値の上昇や下降があまりみられず、大きな変動がないタイプ。

創造性を育むには？

天才かどうかを決定づける大きなカギの１つが「創造性」でしょう。ギルフォードという研究者によれば、創造性とは、思考の柔軟性や思考の独自性、工夫する力などの６つの要素から構成されるといいます。

では、子どもの創造性を育むにはどのようにするとよいのでしょうか。ポイントとしては、親が子どもを枠にはめ込まないことです。

例えばお絵描きのときに「太陽は赤色、月は黄色だよ」などと決めつけたりするのはよくありません。子どもが感じたように色を使わせるようにします。子どもが伸び伸びとふるまえる環境づくりが大切です。

働きかけ

親のやる気は子どもに伝わる？

子どもにはどんなことでも積極的に取り組んでほしいと思う人も多いのでは。親のやる気の高さは子どもに影響するのだろうか。

やる気が強すぎると逆効果？

遊びが主体だった幼稚園や保育所とは異なり、小学校では授業が始まります。親としては、子どもに意欲を持って取り組んでほしいと思うもの。その熱心さから「教育ママ・パパ」と呼ばれる人もいますが、親の意欲は子どもにどのように影響するのでしょうか。

アメリカの研究者D・C・マクレランドは、ドイツと日本の親子の**達成動機**についての関係を調べています。達成動機とは何かを成し遂げようとするやる気や意欲のことです。この達成動機の高さによって、親を「意欲最高群」「意欲高群」「意欲普通群」「意欲最低群」の4つに分類し、それぞれの子どもの意欲を調べました。

すると、親が意欲最高群や意欲最低群だと、子どもの意欲は低く、逆に親が意欲普通群の子どもの意欲がもっとも高い結果になりました。親の意欲の高さと、子どもの意欲の高さは比例しなかったのです。

高くても低くてもよくない

親 意欲が低い	**親** 意欲が高い

まぁ、
好きなようにすれば
絶対○×大学に入るのよっ!!

子どもの成功について関心が低い	子どもの成功について関心が高い
子どもに働きかけることをしない	過度な要求をする

→ 子どものやる気は低下する

子どものやる気を引き出すには

親の意欲が高過ぎると、子どもに期待する目標も高くなります。それが、子どもの意欲を低下させることにつながってしまうことがあります。

また親の意欲が低過ぎる場合も、子どもの意欲を引き出すような働きかけをしたり、刺激を与えたりしないため、同じく子どもの意欲が低くなってしまうと考えられます。

つまり、子どものやる気を引き出すには、適度な働きかけと、ゆとりを持って見守っていく姿勢が大切だといえます。

また、子どもの行動に対して、きちんと反応することも大切です。適切な反応が得られると、子どもは手ごたえを感じて、より意欲的に行動するようになっていきます。

キーワード
達成動機
困難なことをやり遂げる、競争で他人に勝つなどの目標を達成しようとする原動力。達成動機の高い子どもは、競争社会では有利だといわれる。

子どもの行動に応えよう

自分の行動（音読する）に対して、反応される（ほめられるなど）ことが子どもにとっては喜びになり、手ごたえを得られる。

子どもはより積極的に行動するようになる

無気力になるのはなぜ？

Ｍ・Ｅ・Ｐ・セリグマンという学者は、犬による「無力感」の実験を行っています。まず犬を縛りつけてから、電気ショックを繰り返し与えます。後日、犬を動けるようにしてから、電気ショックを与えました。すると犬は逃げられるのにもかかわらず、逃げようとしませんでした。「自分は何をしてもダメだ」という無力感を学習し、行動を起こさなかったと考えられます。人間も自分の行動で環境をコントロールすることができないと、意欲がなくなり、学習能力も低下します。うつ状態に陥《おちい》ったり、自尊感情（→P117）が低くなるなど、情緒的な混乱も招くといわれています。

動機づけ

子どもの「学びたい」気持ちを引き出す

周囲が積極的に働きかけるよりも、子ども自身が興味関心を持って取り組むほうが「学びたい」気持ちが続いていく。

気持ちが続くのは内発的動機づけ

ある行動を起こそうとしたり、持続させようとしたりする理由を「動機」といい、その過程を「**動機づけ**」といいます。例えば「今度のテストで100点とったら、好きなおもちゃを買ってあげる」と言われると、子どもは一生懸命勉強するでしょう。このような外から与えられる動機づけを「**外発的動機づけ**」と呼びます。

一方、自分自身の「知りたい、理解したい」という知的好奇心からわき起こるものは「**内発的動機づけ**」といいます。内発的動機づけによる行動のほうが、意欲的に、持続的に取り組めることが多くの実験で確かめられています。好きなことや自分がやりたいと思ったことは、長続きするのです。

内発的動機づけで学び方が変化する

内発的動機づけが生まれてくると、自分で目標を設定して自立的に学ぶようになります。小学校3～4年生頃には、自分で目標を設定して学び方を工夫し、学習を進めていくようになります（**自己制御学習**）。目標を達成できると、自分で自分のことを「よくやった！」とほめることがあります。これを「**自己強化**」といい、さらなる動機づけにつながっていくとされます。

では、子どもの自立的な学習を促《うなが》すには、どのように接すればよいのでしょうか。

レッパーという研究者の実験で、お絵描きが好きな子どもにご褒美《ほうび》を与えたところ、自由時間になってもお絵描きをしなくなったといいます。

キーワード

動機づけ
ある行動を起こしたり、持続させたりするのに必要な過程をさす。動機づけによる行動の多くは一時的なものである。

自己制御学習
自分の学習や学習方法についての意識が高まり、学習の内容や方法、基準を自分で設定して調節すること。

自己強化
自分で自分をほめることで、動機づけを強化すること。それによって望ましい行動が増えていくが、その反対になることもある。

元々は内発的動機づけによる行動が、外発的動機づけを与えたら、続かなくなったのです。
　したがって、外発的動機づけではなく、内発的動機づけ、つまり子どもの知的好奇心を引き出すことが大切です。子どもの興味に合わせた本を与えたり、博物館や美術館に連れて行くなど、知的刺激のある環境を整えることが重要でしょう。

自分で動機を強めるには

ピアノを弾いてほめられる

↓

嬉しくて繰り返し弾くようになる

↓

体験を繰り返すことで、ほめられなくても弾くようになる（内発的動機づけ）

↓

目標を持って取り組むようになる

↓

目標を達成できたことで自分をほめる（自己強化）

↓

さらに積極的にピアノを弾くようになる

先生に期待されると成績が伸びる!?

　親の期待が強過ぎると、子どもの意欲は低くなるといいます（→ P142）。では先生から「あなたはもっとできる」などと期待された場合はどうでしょう。
　アメリカの小学校で行われた実験では、先生からテストの結果が伸びると期待された子どもたちは、実際に成績が伸びたという結果が出ています。先生の期待に沿えるよう、子どもが自ら行動（勉強）したのです。この効果は、ギリシャ神話に登場するピグマリオン王にちなんで「ピグマリオン効果」と名づけられました。つまり、「願いは叶う」という意味です。

学び方も発達する

小学校 1～2 年生頃
（児童期初期）

親や先生など、周囲が決めるルールに合わせて行動する。

↓

小学校 3～4 年生頃
（児童期中期）

自分で目標を立て、それを達成できるよう努力するようになる。

↓

小学校 5～6 年生頃
（児童期後期）

目標に合わせて学習方法や内容などを調整することができるようになる。

記憶

効果的な記憶法が身につくのはいつ？

何かを覚えようとするとき、わたしたちは自然と覚えやすいように工夫をしているもの。こうしたテクニックはいつ頃から使えるようになるのだろうか。

記憶できる量は大人と変わらない

小学校で、掛け算の「九九」がなかなか暗唱できずに、苦労した人もいるでしょう。

そもそも、**記憶**とはどのようなしくみになっているのでしょうか。まず、情報を取り込み（記銘《きめい》）、頭の中に入れておきます（保持）。そして必要なときに思い出す（想《そう》起《き》）という3つの段階に分けられます。記憶は保持する期間で「感覚記憶」「短期記憶」「長期記憶」に分けられます（→左図）。感覚記憶と短期記憶の容量は、5歳頃までにはほぼ大人と同じになります。

また、記憶する対象の知識量によっては、大人以上の記憶力を発揮するという報告もあります。

記憶の種類

感覚記憶	視覚や聴覚など感覚器官に入る情報の記憶で、瞬時に消える。
短期記憶	20～30秒ほど保持される記憶。
長期記憶	半永久的に保持される記憶。

10歳前後で工夫して記憶できる

記憶の容量は大人とあまり差はないのに、5歳くらいの子どもに家の住所を聞いても「わかんない」と答えることもあります。これは、子どもは覚えたことを必要なときに思い出すことが苦手だからです。

必要なときに必要な情報を思い出すには、効果的な覚え方をしなければなりません。そのテクニックを「記憶方略」といいます。記憶方略には、

キーワード

リハーサル
覚えるべき内容を反復すること。口頭、あるいは頭の中で、ことばとして何度も繰り返すことをとくに言語リハーサルという。記憶方略の代表的なもの。7、8歳頃から使えるようになり、発達とともに質的に変化していく。

体制化
覚えるべきものをバラバラに覚えるのではなく、関連づけてカテゴリーとして覚えること。児童期に、学年とともに発達する。とくに、たくさんの項目を長期にわたって記憶する場合に、体制化すると想起しやすくなる。

リハーサルや、体制化などがあります。幼児は、記憶方略を自発的に用いることはあまりありません。自分で工夫して用いるようになるのは、児童期に入ってからです。

また、記憶力に関わる能力としてメタ記憶があります。自分の記憶力に対する自覚と、それに基づいて記憶方法を調整する能力のこと。例えば、「人の名前を覚えるのは苦手だ」という自分の記憶に関する知識に基づいて、「人の名前はカードに書いて覚えよう」と、記憶する方法などを工夫するようになります。

こうしたメタ記憶の発達には、ある程度の知的成熟が必要になるため、確立されるのは10歳以降のようです。

メタ記憶
自分自身の記憶力についての知識と、それに基づいて記憶するための行動をコントロールする能力。リハーサルや体制化などの記憶方略を身につけて、記憶内容や記憶する状況などに応じて選択できるようになること。

メタ記憶で効果的に覚える

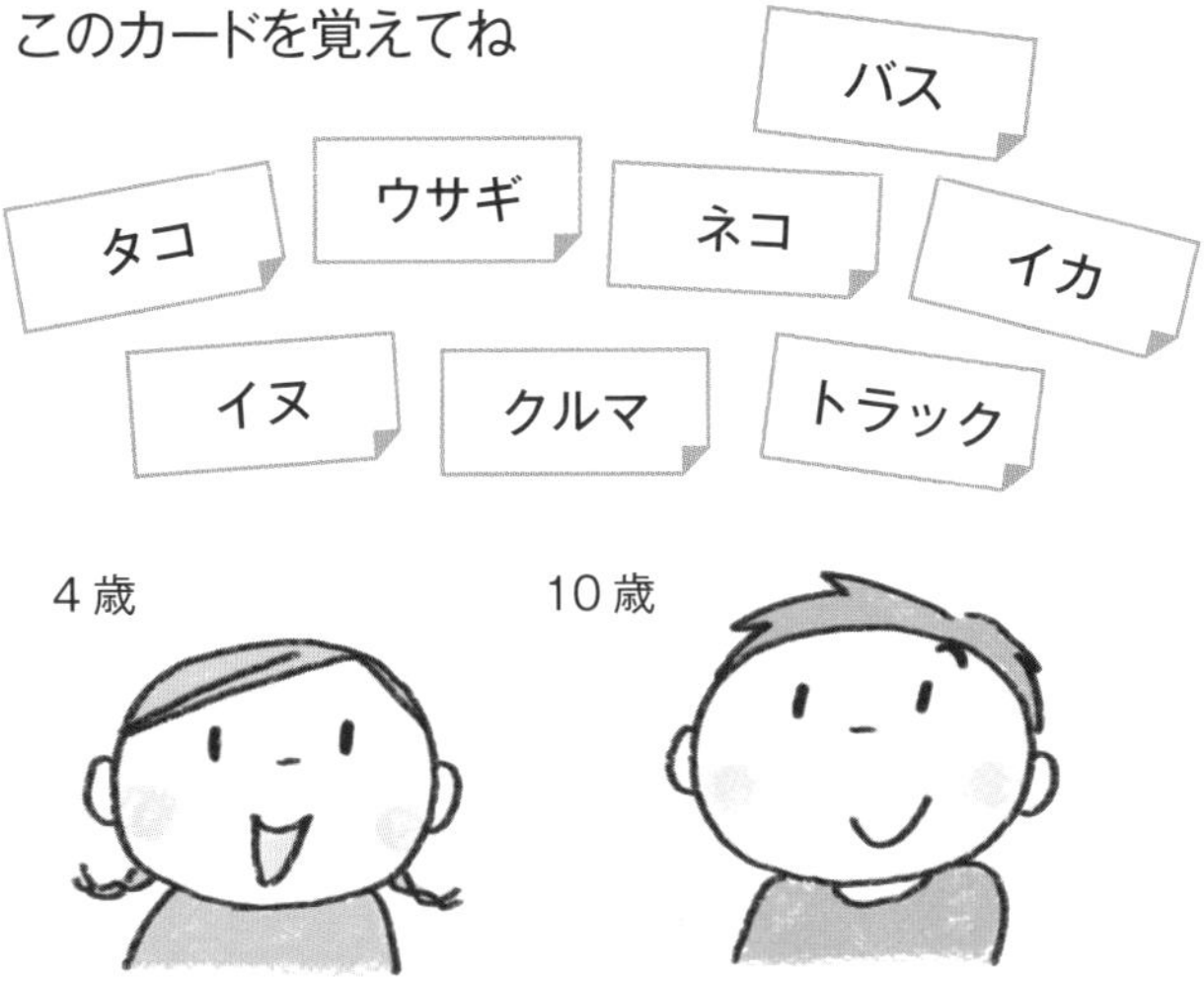

覚えればいいのね
効果的に覚えられず、見たものをそのまま覚えようとする。

グループに分けて覚えよう!
自分の記憶量などを把握し（メタ記憶）、効果的に覚えられるよう工夫することができる。

「前にも来たような……」デジャ・ヴュはなぜ起こる

「初めてなのに前にも来たことがあるような気がする」「同じような状況を経験しているような気がしてならない」などといった現象を「デジャ・ヴュ（既視体験）」といいます。

わたしたちは経験したことを、録画した番組のように、すべて連続して覚えているわけではありません。とくに小さい頃の経験は、場面だけを断片的にしか記憶していないことが多いのです。こうした断片的な記憶と、風景や状況が一致していたり、似ていたりすると、デジャ・ヴュが起こります。デジャ・ヴュは、映画や写真など映像の記憶でも起こります。

周囲との比較で劣等感が生まれる

学校では、友だち同士で勉強や運動などさまざまな比較をし始める。それによって生まれるネガティブな感情の1つが「劣等感」だ。

学校生活は自他比較を生む

劣等感を抱くことは、多かれ少なかれ、誰にでもあるもの。「自分はダメだ、劣っている」という劣等感は、「自分は価値のある存在だ」という**自尊感情**（→P117）の裏返しだとも考えられます。

一般に、**幼児期**では自尊感情が高く、自分を肯定的にとらえています。

しかし、小学校に入学して系統的な学習が始まると、否が応でもほかの子どもと比較されることになります。子ども自身も友だちの状況が気になります。自分だけ授業がわからない、テストの結果が友だちより悪いと、自信を失ってしまいます。そうした中で、劣等感が生まれてきます。

劣等感がマイナスに作用しないためには

劣等感を抱くようになったというのは、自分自身を客観的に見つめられるようになったという証拠。その反面、やる気を失ったり、落ち込んでしまったりと、マイナスに作用する恐れがあります。マイナスの作用を防ぐには、周囲のサポートが大切になります。

まず1つは、親や教師がその子どものよいところをできるだけたくさん見つけてあげること。「友だちに劣るところもあるけど、自分が優れているところもある」と思えれば、自分を全否定しなくてすみます。ほかの人と比べ過ぎないことも大切です。家庭でも、きょうだいと比較するのは、子どもの劣等感を強めることにつながってしまうので注意しましょう。

もう1つは、能力の考え方

キーワード

劣等感
自分の欠点や弱点を意識し、ほかの人よりも劣っていると感じる否定的な感情。周囲の人から受けた否定的な評価から、事実以上に自己評価が低くなって生まれることも多い。劣等感を補うために努力し、人格が形成されるという可能性もあるが、一方で劣等感を隠すために攻撃的なふるまいも生じる。

シェイピング
新しい複雑な課題に取り組む場合、課題をいくつかの段階に分けて、段階ごとに目標を設定し、最終的に大きな課題を達成する方法。

です。劣等感にとらわれていると、「何をしてもダメだ」という考えから抜け出せません。できる限り努力し、工夫していくことで能力は伸びるのだという考え方を示しましょう。さらに子ども自身が「できた！」と思えるような体験をさせることも重要です。他者からほめられたり、認められたりすることは大きな自信につながるからです。

ただ、いきなり大きな目標を設定すると失敗してやる気を失ってしまいます。目標を段階ごとに設定して（**シェイピング**）、取り組むとよいでしょう。小さな目標を達成するたびに満足感が得られ、意欲が長続きします。

レベルアップは少しずつ

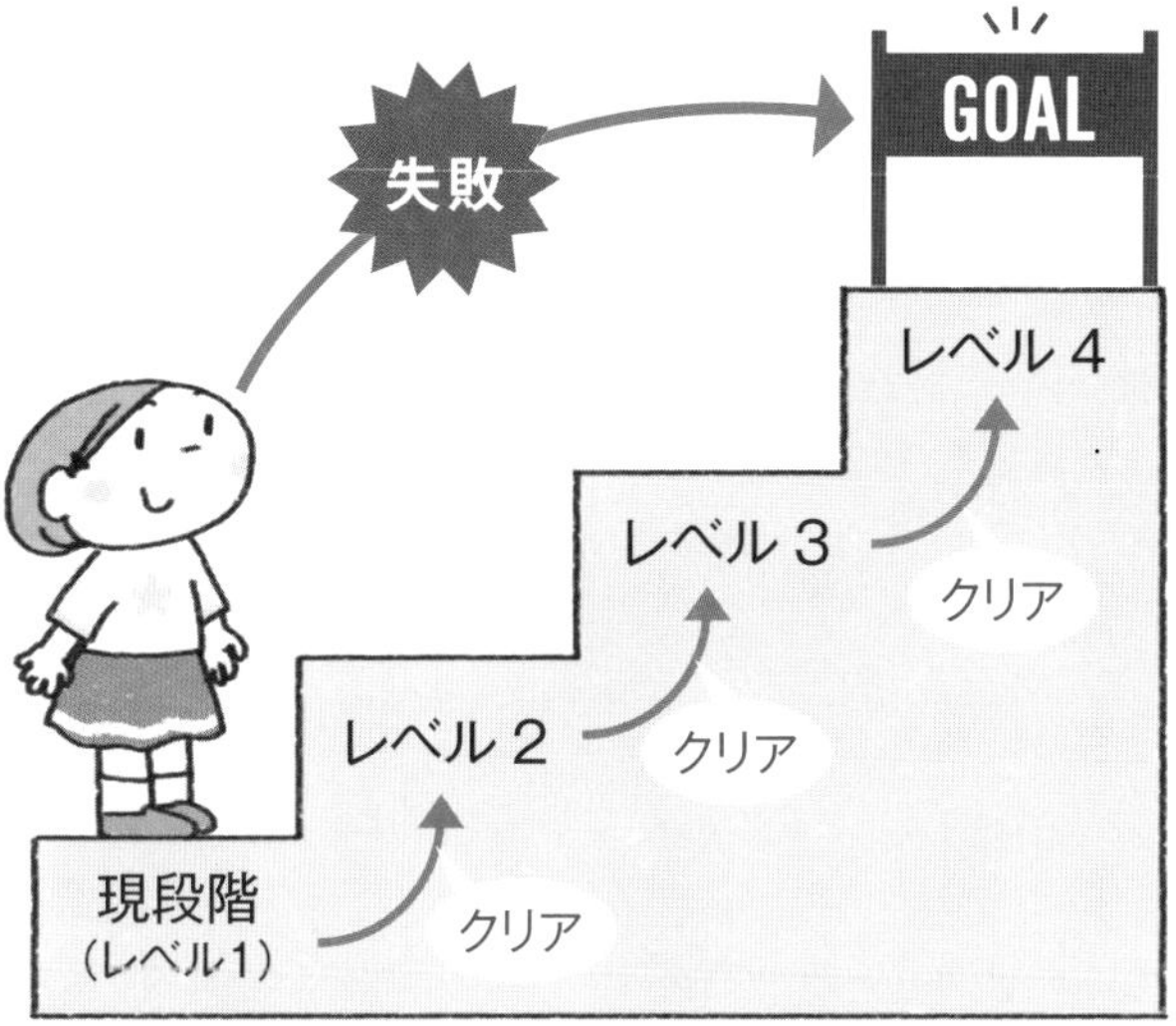

高過ぎる目標を設定してしまうと、失敗する可能性が高くなる。少しずつレベルを上げていくことで、達成するごとに意欲もわき、最終的な目標へ近づける。

幼児期の接し方が劣等感に関わる？

子どもが自分自身をどのようにとらえるかは、幼児期の接し方が大切です。例えば、子どもが何かをやろうとしてできなかったときに、「ほかの子はみんなできるのに、あなただけダメね」などと否定されてしまうと、劣等感が生まれます。場合によっては、一生つきまとうような深刻な劣等感を植え付けてしまうこともあるでしょう。

たとえできなくても「よくがんばったね」などと認めてもらえれば、自尊感情は高くなります。幼児期に自尊感情が十分に育っていれば、小学校でうまくいかないことがあっても、子どもは自分の存在を全否定することなくやっていけるのです。

認められることで子どもの自尊感情が高まる。

TOPIC 04

ネット依存には注意！

ネットは情報を得るためには便利なもの

現代生活においてはほとんどの人が何かの情報を得たり、メールをしたり、買い物をしたりするために、日々インターネットを当たり前のように利用しています。

とくに１９９０年代後半以降に生まれた人たちは、「デジタルネイティブ世代」と呼ばれ、生まれたとき、あるいは物心ついたときから当然のようにネットのある生活を送っています。幼少期からスマホやタブレット端末、ゲーム機などを使うことが生活の一部となっているのです。

近年、小学生以下の子どもでもネットの利用時間は増加傾向にあり、ネットがいかに生活に深く入り込んでいるかがわかります。

依存し過ぎると生活に悪影響を及ぼすことも

子どものネット利用の目的は、動画視聴やゲーム、調べものや宿題などの学習利用、音楽視聴などがありますが、このうちとくに注意したいのがゲームでの利用です。

ネットゲームは夢中になる要素が多く、相手に勝ったり、レベルが上がったりすることを繰り返すうち、それが強い快感刺激となり、ゲームにますます熱中します。そのため、薬物依存と同じように抜け出せなくなり、生活にも大きな

小学生以下の子どものインターネット利用時間

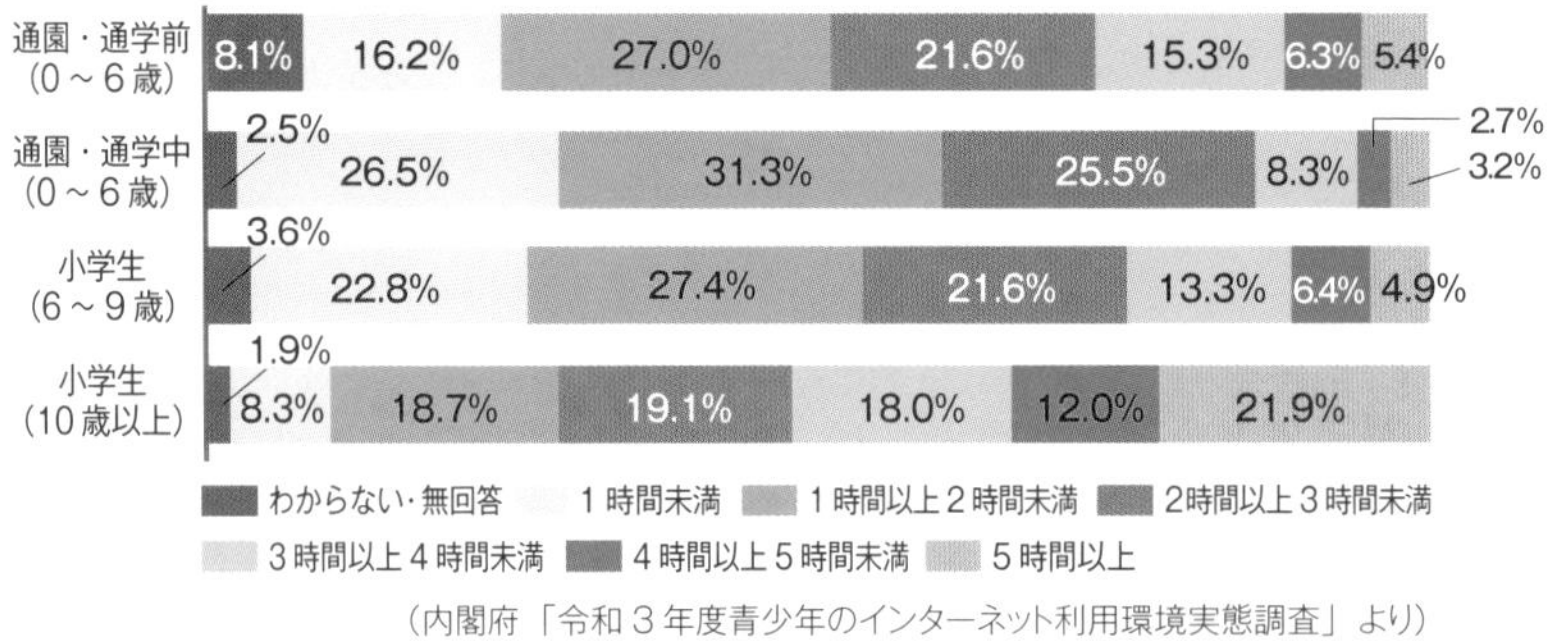

（内閣府「令和３年度青少年のインターネット利用環境実態調査」より）

支障をきたすようになるのです。

近年、ネットゲーム依存を病気ととらえる考えもあり、ゲームに関しては親子間でルールを設けるといった予防対策が不可欠です。

メリットとデメリットを理解させる

ネットには多くのメリットがあります。安全確認や位置情報のチェックなどに使うため子どもにスマホを持たせている家庭も多いでしょう。

一方で匿名性《とくめいせい》の高いＳＮＳは、いじめの温床になりやすく、他者を攻撃したり、犯罪に巻き込まれたりする危険もあります。

子どもが安全にネットを利用するにはメリットとデメリットを十分に理解させ、使用時のルールを守らせることが大切です。

ネットやゲーム依存が生活に及ぼす影響

睡眠時間が減り、昼間眠気を感じる ＝ 生活が不規則になる

夜は睡眠時間を削ってゲームに熱中。そのせいで昼間学校では眠くなってしまう。

- 集中力が低下し、授業に身が入らない。
- 成績が下がる。

ゲームに熱中するあまり食事がおろそかに。ゲームをしながらお菓子を食べるなど食生活の乱れも。

- 目も疲れ、姿勢も悪くなりがちに。
- 運動不足になる。

遅刻したり、休みがちに。ひきこもりになることも

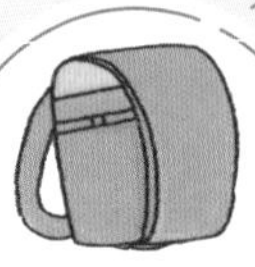

友人関係

「類は友を呼ぶ」は本当？

学校生活の中で、友人関係は広がっていく。子どもたちはどのように友だちを選んでいるのだろうか。

子どもたちは友だちをどう選ぶ？

小学校に入ると、子どもの交友関係も広がってきますが、どのように友だちをつくっていくのでしょうか。

実は子どもでも友だちを選ぶ基準があり、年齢によって変わっていくことがわかっています（↓下図）。

幼児期では家が近い、通学路が同じなど、互いに接近しやすい相手を選びます。小学校に入ると、情緒的な要素が強く影響し始め、高学年くらいからは、スポーツがよくできるといった尊敬の気持ちや、性格や意見の一致（共鳴）などから、友だちを選ぶようになります。また、グループ学習やクラブ活動など集団での活動を通して、友だちになることも増えてきます。成長とともに人格的・内的な要因で友だちを選ぶようになっていくのです。

友だちのできやすさには個人差がありますが、「この子と仲よくしてね」などと親が紹介したような友だちは、長続きしにくいといわれています。

友だちを選ぶ基準の変化

発達とともに、友だちを選ぶ基準は変化していく。

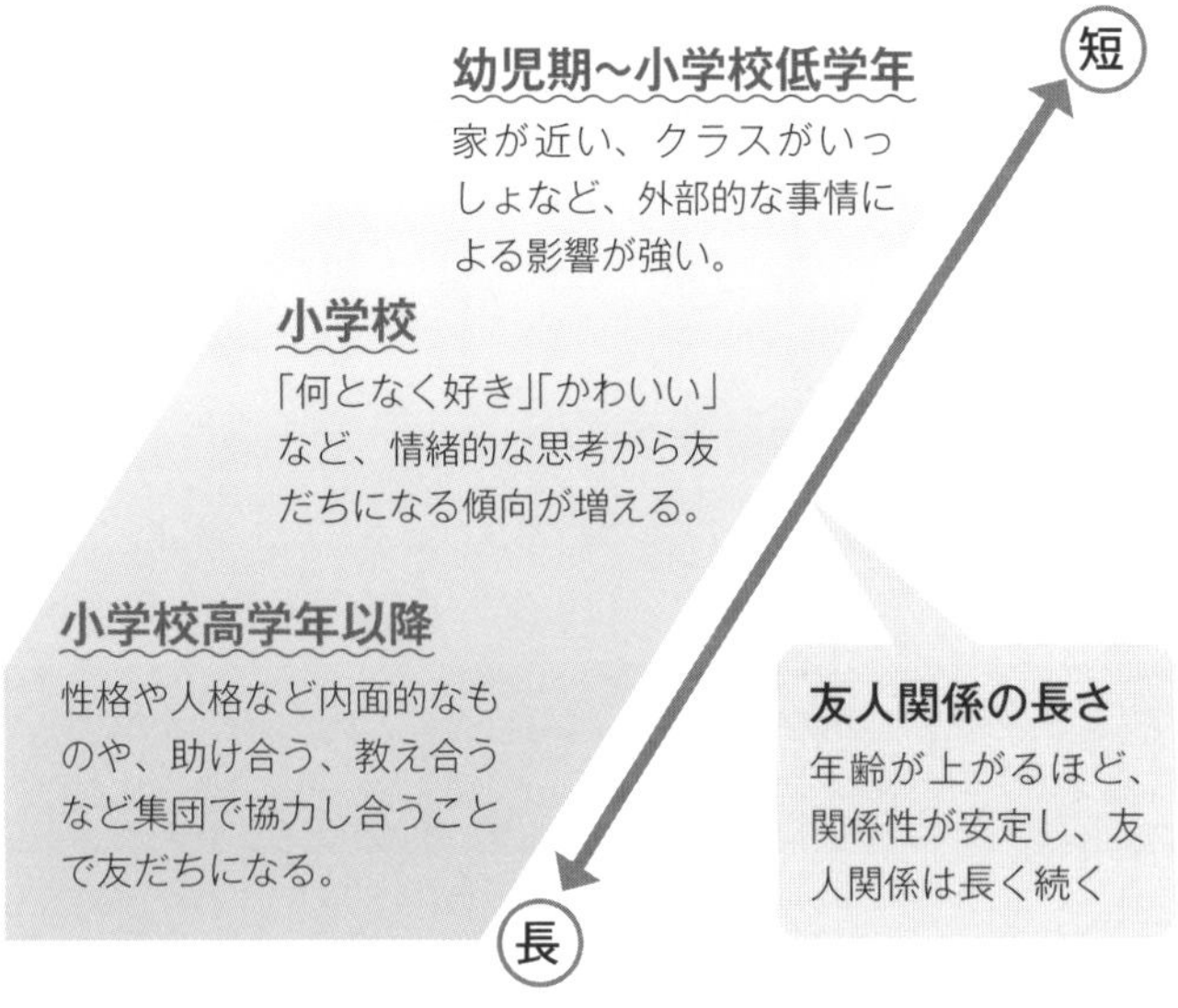
短
幼児期～小学校低学年
家が近い、クラスがいっしょなど、外部的な事情による影響が強い。
小学校
「何となく好き」「かわいい」など、情緒的な思考から友だちになる傾向が増える。
小学校高学年以降
性格や人格など内面的なものや、助け合う、教え合うなど集団で協力し合うことで友だちになる。
友人関係の長さ
年齢が上がるほど、関係性が安定し、友人関係は長く続く
長

まねをすることで行動が似る

子どもは親を見て多くのことを学びますが、同じように友だちからも多くのことを学んでいきます。

例えば、友だちがほめられている（よい結果を得る）のを見て、それを手本に同じ行動を積極的にするようになります。逆に、失敗したり叱られたりする（悪い結果を得る）のを見て、それを避けようとする学習も起こります。これらを「**代理強化**」と呼びます。とくに年齢や性別が近いほど、学習しやすいようです。

こうした代理強化の積み重ねによって、子どもの行動パターンは増えていきます。友だちは身近にいるからこそ、その影響は非常に大きなものだといえるでしょう。

キーワード

代理強化
ある行動をして結果を得た本人が強化されるのではなく、それを観察していた他者が強化されて、積極的にその行動を行うこと。

友だちを見て学ぶ

子どもをなぐさめてほめられている友人を見て、「親切にするとほめられるんだ！」と学ぶ

↓

代理強化

友だちと同じように、積極的にほかの人に親切に接するようになる

子どもの友だちを否定してはいけない

子どもの友人関係は、親としても気になるもの。ときには口出ししたくなることもあるかもしれません。

しかし、「そんなことするなんてひどい子ね」「あんな乱暴な子と遊ぶのはダメよ」などと、友だちのことを悪く言うのはよくありません。子どもはその子のことが好きで友だちになったのですから、親には見えないよい面が見えているものなのです。

子どもにとって友だちはとても大切な存在だということを理解し、子どもの気持ちを大切にしてあげましょう。もし本当に問題があれば子ども自身が気づくはずですから、少し離れて見守ってあげてください。

子どもが群れるのはなぜ？

小学校高学年にもなると、子どもたちは集団をつくって活動するようになる。集団で行動することで社会性が発達していく。

集団ができるのは小学校高学年

児童期になると、子どもたちは学校での生活が中心になります。

子ども自身の関心も、小学校に入る頃から、親から仲間へと向かいます。8～11歳くらいになると、「親友」という強い絆も生まれます。場合によっては、親よりも親友を重視することも出てくるようです。

また小学校5～6年生くらいになると、同年齢の仲間で自発的に集団をつくって遊ぶようになります。学校から帰ったらカバンを放り投げて、一目散に公園に集合するような子どもたちのことで、これを「**ギャング集団**」と呼び、この時期を「**ギャング・エイジ**」と呼びます。

集団で過ごすことでこころが発達する

ギャング集団は4～8人くらいで構成されており、非常に結びつきが強いようです。その分、自分たち以外の人には閉鎖的なのが特徴です。「自分たちのことは自分でする」という意識を持っていて、自分たちでルールを決めたり、活動計画を立てて実行していきます。こうしたギャング集団の活動を通して、子どもは仲間と協力することや仲間に同情すること、集団への忠誠心や責任感、義務感などといった**社会性**を学んでいきます。ギャング集団は「小さな社会」ともいうべきもので、**人格**を形成していく上で、非常に重要な過程の1つです。

しかし最近、こうしたギャング集団が少なくなってきています。その理由としては、

現代の子どもは友だちよりもテレビ？

総務省の調査によると、小学生の休日の過ごし方の第１位は「テレビ、ビデオ、DVDなどを見る」で、「近所で友だちと遊ぶ」は第２位だったものの、以下ゲームをする、マンガを読むという結果に。休日は家でゆっくり過ごしたいという現代の小学生は父母と同様、疲れているのかもしれませんね。

子どもの遊ぶ時間や遊ぶ空間が限られていること、そして少子化の影響が考えられます。ギャング集団を経験せずに大人になると、社会性が乏しく、集団生活に適応しにくくなってしまうのではないかとも心配されています。

ギャング・エイジで何を学ぶ？

社会性
仲間への気遣いや忠義、また役割を果たす責任感や協力などの社会性を身につける。

役割の分担
中心となる子どもが登場したり、集団内での役割を認識したりする。その役割を果たすことで子どもに自信が生まれる。

集団生活を送る技術
どのような行動や言動をすれば集団生活に適応できるかを考えられるようになり、それが後に社会での生活につながっていく。

ルールや計画の実行力
自分たちだけで集団内でのルールや目標などを決め、それをやり遂げるための実行力が養われる。

集団が減っている理由

子どもたちが集団で行動したり遊んだりするために必要な３つの「間」に変化が起きている。

❶ 時間
習い事や塾へ通う子どもたちが増え、いっしょに遊んだりする時間が少なくなっている。

❷ 空間
外で子どもたちが遊べるような空間（場所）が以前より少なくなっている。

❸ 仲間
少子化の影響や、生活環境の変化などにより、遊び仲間が以前よりつくりにくくなっている。

時間や空間（遊び場）が減っていることに加え、「遊び」そのものも変化している。室内で、また、１人でも遊べるコンピュータゲームなどが普及したことも、集団が減っている要因の１つと考えられるだろう。

コラム 06

こころを支えるスクールカウンセラー

近年、学校では、「いじめ」や「不登校」「学級崩壊」など、さまざまな問題が起こっています。こうした状況の中、文部省（現・文部科学省）は1995年度から「スクールカウンセラー」制度を導入。2020年までに3万件が配置されています。臨床心理士・公認心理師を中心とした心理学の専門家を学校に派遣し、学校でのさまざまな問題に対応していこうというものです。

●生徒だけでなく教師や保護者への対応も

スクールカウンセラーが扱う問題は多岐にわたります。「眠れない、食欲がない」などのからだの悩みから、「劣等感」「自信欠如《けつじょ》」「恋愛」などこころの悩み、いじめや不登校、家庭内暴力、発達障害、人格障害などの深刻な問題までさまざまです。

また、スクールカウンセラーは生徒のカウンセリングを行うだけでなく、問題を抱える生徒と関係の深い人、例えば教師や保護者に対して、専門的な立場からアドバイスをするケースもあります。さらに必要があれば、児童相談所や教育センター、病院、家庭裁判所など、学外の関連機関とも連携しながら、問題の解決を目指します。

相談の内容などに合わせて、生徒や保護者、教師へのサポートをしている。

第6章

子どもと大人の間で揺れ動く

～青年期～

第2次性徴で性にめざめる

中学生になる前後から、からだは急速に大人へと近づく。身長・体重の増加だけでなく、性的にも成熟する。

からだの成長がほぼ完成する

児童期を過ぎた12、13歳から22、23歳くらいまでを「**青年期**」と呼びます。20代後半までをこう呼ぶ考え方もあります。青年期の前半（青年期前期）から、2度めの**急成長期**（→P50）に入り、身長や体重が急激に増えてきます。

また、身長や体重などの量的な変化だけでなく、質的にも大きな変化を遂げます。男子はヒゲが生え、声変わりをし、やがて精通が起こります。女子は、乳房やおしりが大きくなり、初経を迎えます。これを「**第2次性徴**」といいます。身体的には成熟し、大人になったといえます。こうしたからだの変化に伴って、男女とも13～14歳くらいになると、半分以上の子どもが性的な関心を抱くようになります。

変化の受け入れ方は男女で違う

第2次性徴というからだの大きな変化は、自分の意思にかかわらず、ある日突然やってきます。「まだ大人になんか

男女でからだの特徴は異なってくる

第2次性徴を迎えるとからだは大きく変化する。

男子

- □ 筋肉や骨格が発達する
- □ 精巣が増大する
- □ 陰毛が生える
- □ 精通（初めての射精）が起こる
- □ 声変わりが起こる
- □ ヒゲが生える
- □ 腋毛が生える

など

女子

- □ 乳房がふくらむ（からだに丸みが出る）
- □ 子宮や卵管が成長する
- □ 陰毛が生える
- □ 初経（初めての月経）が起こる
- □ 腋毛が生える
- □ 皮下脂肪が増大する
- □ 骨盤が発達する

など

女子のほうがからだの変化に否定的

	心理的受容度	男子			女子		
		声変わり	陰毛の発毛	精通	乳房の発達	陰毛の発毛	初経
肯定的	大人になれてとても嬉しかった	2.9	4.4	2.5	11.6	7.0	15.7
↑	大人になる上で当たり前だと思った	26.1	37.8	47.5	17.4	15.5	20.0
中立的	別に何とも思わなかった	56.5	34.4	30.0	58.0	38.0	18.6
↓	嫌だったが仕方ないと思った	10.1	18.9	12.5	11.6	31.0	38.6
否定的	とても嫌でできればそうなってほしくないと思った	4.3	4.4	7.5	1.4	8.5	7.1

※数値は%（斎藤、1995年より一部改変）

なりたくない」と思っていても、その変化を止めることはできず、中には大きな不安を抱く子どもも少なくありません。

小学校5年生から中学校3年生を対象に、第2次性徴の受け入れ方について行った調査があります（→上表）。男子は淡々と中立的に、あるいは「大人になる上で当たり前」と肯定的に受け入れている子どもが多いようです。

一方、女子はというと、乳房の発達については男子同様、中立的な受け入れ方が多いのですが、陰毛の発毛や初経に関しては「嫌だったが仕方ないと思った」という否定的な受け入れ方が多くなっています。第2次性徴の現れる時期は個人差があるものの、一般に男子より女子のほうが早く、普通12歳頃に初経を迎えます。性的な関心を持つより1〜2年も早く、からだが成熟してしまうのです。

こうした気持ちとからだのズレが、〝大人のからだ〟の受け入れを難しくしている一因だと考えられています。

キーワード

第2次性徴
生まれてすぐにわかる男女それぞれの性器や生殖腺（精巣や卵巣）の特徴を「第1次性徴」という。その後、青年期前期に現れる男女の性的特徴を「第2次性徴」といい、からだが成熟したことを示す。

現代の子どもは成長するのが早い？

最近は小学校高学年にもなると、ランドセルが不釣り合いなほど大人っぽい子どもがいて驚《おどろ》くことも。実は子どものからだの成長は世代ごとに早くなっており、これを「発達加速現象」といいます。身長や体重など量的な面での成長が加速する「成長加速現象」と、性的な成熟が早くなる「成熟前傾現象」の2つがあり、地方よりも都市部でみられます。ライフスタイルや食生活の変化が関わっていると考えられています。

しかし現代の子どもは、からだの発達は早いものの、運動能力は低下傾向にあり、精神的にも未熟であるといわれています。

不安定で否定的になりやすい

大きく変化するのは、からだだけではない。
からだの変化はこころにも影響を与えている。

からだの変化がこころにも影響する

第2次性徴（→P158）を迎えることで、からだは成熟し、大人になったといえます。しかし、精神的にはまだ大人とは言い切れないアンバランスな状態なのが、青年期の特徴です。まず、からだが大きく変化することで、自分自身に関心が向きます。自分が独自の存在であると気づくとともに、孤独感や劣等感も生まれてきます。

それとともに、社会的な変化も起こってきます。例えば親や周囲の大人から「もう大人なんだから自分で決めなさい」などと、大人扱いされることも増えるでしょう。所属する団体が中学、高校、大学と移り変わることで行動範囲も広がり、大人や社会に対する認識も変化していきます。

こうした変化を調整しながら適応していくには、非常に多くの精神的エネルギーが必要です。そのため、青年期は精神的に不安定になりやすく、一種の危機的状況にあるといわれています。

さまざまな変化が不安定さを生む

第2次性徴でからだが成熟していく

↓

こころの変化
- 自分のからだに対するイメージの変化
- 独立した自己の認識
- 自分自身の内面へ視点が向く　など

社会的な変化
- 周囲から子ども扱いをされなくなる
- 所属する団体が変わる（小学校から中学校へなど）　など

↓

自分自身や社会的な変化を受け入れ、それに適応することが必要となる

↓

からだだけでなくこころも不安定に

変化が大きく、適応するためには精神的にも大きなエネルギーが必要となり、こころも不安定になりやすい。

思考が発達し考え方は複雑になる

青年期のこころの状態には、思考の発達も深く関わっています。**ピアジェ**によると、青年期は**形式的操作期**（→P138）に入り、抽象的なことや架空のものごとについても、論理的に考えることができるようになります。

例えば、親や教師の意見や指示に対して疑問を持ったり、矛盾点を見つけて反発を抱くようになります。こうした大人や社会への批判的な態度から、青年期（とくに青年期前期）は「**第2反抗期**」とも呼ばれます。

抽象的な思考ができるようになることから、実際には見ることのできない〝自分（内面）〟についても考えるようになります。

また、自分の将来を見据えて進路を検討したり、好きな人とうまくいくにはどうすればよいかなどを考えたりします。これは、未来のことを可能性として把握し、仮説を立てて考えるという思考が発達してきたためです。

さらに、青年期では、ものごとを絶対的ではなく、相対的にとらえることもできるようになります。自分と社会との間に矛盾や葛藤を抱えながらも、相対的な思考によって、それらを解決しようとしていくのです。

思考が成人に近づく

抽象的なことも考えられる

仮説から論理的に考えて、結果を導き出したり、事実と矛盾することでも系統立てて考えられる。

架空のことについても論理的に考えられる

「もし～ならば」というような、空想上のことでも、論理的に考えられる。

医師免許
もしも将来、医師になるとしたら…
ああして
こうして

青年期の初めは思い込みが激しい？

青年期前期は思考の発達が不十分なために、「自己中心性（→ P84）」がみられます。例えば、自分が体重を気にしていると、「周りの人にも “あの子は太っている” と思われているに違いない」と考えてしまうのです。形式的操作期に入れば、他者の考え方も推測できるようになりますが、それまでには少し時間がかかります。

性の多様性

一人ひとり性のあり方は違う

人の性別は男性・女性の2つに分けられるものだろうか。近年では、性の多様性を理解し、一人ひとりの違いを尊重しようという流れになってきている。

「自分の性」に自覚が現れる

思春期にさしかかり、性別に伴うからだの変化（第2次性徴）が現れるようになると、「性」の自覚がめばえ、より自分の性別や性的指向、性自認を意識します。

この時期に、自分の性的指向や**性別違和**に関する悩みや葛藤が生じやすいことが調査で示されています。ゲイ・バイセクシュアル男性を対象とした調査を例にすると、「ゲイであることをなんとなく自覚した」年齢の平均が13・1歳、「異性愛者ではないかもしれないと考えた」のが15・4歳、「ゲイであることをはっきり自覚した」のが17・0歳とあり、中学生〜高校生の学齢期に当たることがわかっています。

性のあり方がそれぞれ違うことを理解する

自分の性自認や性的指向などが多数の人と異なるとき、**性的少数者**は自分の気持ちを隠して抑えつけ、我慢することがしばしばあります。

「友だちに知られたらいじめられたり、仲間外れにされたりする」「親から見放されてしまう」などさまざまな理由がありますが、これはひとえに「性の多様性」がまだ十分に受け入れられておらず、性的少数者が困難な立場に置かれているからです。

性的少数者当事者の調査でも、小学校〜高校の間に約6割の人がいじめを受けた経験があり、トランスジェンダー（→P163図）の人では62％に自殺念慮《ねんりょ》が、10・8％の人が自殺を図った経験があるといいます。また、16・1％

キーワード

性別違和
出生時の性別（戸籍上の性別やからだの性別）と、自認する性別が一致していないこと。そのことによって強い苦痛を感じ、日常生活に支障をきたす場合をさす。以前は、「性同一性障害」と呼称されていたが、精神疾患としての色合いが強く適切でないとされ、現在では性別違和が用いられるようになっている。

性的少数者
性的マイノリティ、またはセクシュアルマイノリティともいう。

性の組み合わせによってさまざまなセクシュアリティがある

性的指向
自分が好きになる対象が男性か女性か、あるいはどちらも当てはまるのか。異性愛、同性愛、両性愛などがある。

性自認
自分は自分の性をどう考えているか、ということ。からだの性別（生物学的な性別）は関係ない。

からだの性別
外性器や内性器、性ホルモンなどによる、生物学的な性別。

↓

L レズビアン
性自認が女性で、性的指向では女性を好きになる人。

G ゲイ
性自認が男性で、性的指向では男性を好きになる人。

B バイセクシュアル
男性・女性どちらも好きになり、恋愛の対象となる人。

T トランスジェンダー
からだの性別（生物学的な性別）に違和感を持ち、異なる性で生きることを望む人。

シスジェンダー
性自認の性別とからだの性別（生物学的性）が一致している人。

ヘテロセクシュアル
異性愛者のこと。性的指向で異性を好きになる人。

が自傷行為《じしょうこうい》を行っています。

日本の性的少数者といわれる人は約8～10％の割合とされ、決して少なくありません。

性的少数者もそうでない人も自分らしく幸せに暮らせるようにするには、性のあり方は人それぞれ異なること、それが当たり前のことだと互いに認め合い、尊重し合う社会であることが求められます。

学校の制服もジェンダーレスが進んでいる

性別違和がある子どもにとって学校の制服は重大な問題です。自分の性自認と合わない制服を着なければならない状況は苦痛であり、不登校のきっかけになることもあります。

現在、性別を問わず選べるユニセックスなデザインや前の合わせを左右自在に変えられる制服が登場し、性の多様性に配慮する動きがみられるようになってきています。

制服が自由に選べると、学校生活もより楽しいものに。

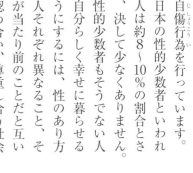

自分自身についての悩みが増える

青年期は、容姿や学業の成績、性格など自分のことを深く考えるようになる。これは、自分についての認識が高まるためである。

青年期は自分自身を見つめるとき

人生に悩みはつきものですが、とくに青年期は多くの悩みを抱えるものです。

第2次性徴（→P158）を迎えるとともに、自分の容姿への関心が高まり、周囲からどのように見られているかが気になってきます。友だちとの関係や恋愛の悩みも生まれてきます。

また、進学や就職など人生の節目となる大きな選択について悩むことも多くなります。

こうした問題に常に直面し、選択を迫られるのが青年期の特徴です。表面上は明るく楽しくふるまっていても、心理的には常に〝悩みの壁〟に囲まれているのかもしれません。

「わたしは何者か」を考える

青年期には、それまでなかった新たな悩みも生まれてきます。「わたしは一体何者なんだろう」「何でわたしはここに存在しているんだろうか」など「自分」に関する悩みです。それまでは全く疑問に思わなかった自分という存在やその起源に対して、疑念や違和感が生じてくるのです。

こうした問題の答えとなるのが、**アイデンティティ**です。アメリカの精神分析家**エリクソン**が提唱したもので、簡単にいうと「自分はほかの誰でもない自分だ」「過去・現在・未来を通して、わたしはわたしのままだ」という感覚をさします。

エリクソンは、このアイデンティティの確立を、青年期の重要な課題として挙げています。アイデンティティの確

キーワード

アイデンティティ
エリクソンが提唱した概念で「自分は何者なのか」「過去・現在・未来はどのようになるのか」という疑問に対して答えようとするこころの動き。さまざまな自己を統一することを目指す。自我同一性、同一性などともいう。

エリクソン
アメリカの精神分析家。精神分析の創始者であるフロイトの人格発達論をライフサイクル論として発展させ、人文・社会科学に多大な影響を与えた。

理想自己
行動や性格、能力、外見などについて、理想的な自分の姿

立は、どのように生きるかを意味し、就職や結婚、宗教などについての選択に大きな影響を及ぼします。
　青年期には、前述のようにさまざまな問題について悩んだり、選択を迫られたりします。また、こうでありたいという**理想自己**と、あるがままの**現実自己**とのギャップに悩むこともあります。そうした経験を積み重ねていくことで、次第にアイデンティティが確立されていくのです。
　しかし現代では、アイデンティティが確立されないまま、大人になる青年も増えています（→P172）。

のこと。

現実自己
本人が、自分はこのように思われているだろうと考える自分の姿のこと。

悩みを越えて自分を知る

青年期は悩みが多い
進学や就職などの進路
友人関係での問題
恋愛
自分の容姿
学業の成績
人生観
常に問題に直面し、選択を迫られる
悩み、自分について考えることを繰り返す
アイデンティティが確立する
「わたしはわたしである」という感覚が生まれる。

アイデンティティは変わるもの

　アイデンティティは青年期に一応確立されますが、一生変わらないわけではありません。積み重ねられる経験や、「わたし」を取り巻く社会的な環境の変化などに応じて、アイデンティティも変わっていきます。

親子関係

親と次第に距離を置き始める

親に守られる存在だった子どもも、1人の人間として自立を目指し始め、親から心理的に離れようとする。

自立を目指し親への反抗や批判が増加

青年期の**親子関係**は、それまでと大きく変わってきます。児童期までは両親の価値観に基づいた規範に従ってきました。それが、青年期に入って自我がめざめてくると、親の規範から離れて自分自身の規範を獲得していこうとするのです。「**反抗期**」ということばで表されるように、子どもの反抗的・批判的な態度に、親は落ち込んだり、悩んだりすることもあるでしょう。

心理学者のホリングワースはこの時期を「**心理的離乳**」と表現しています。親子とも「依存」の関係から「自立」を目指す、葛藤の時期だといえます。

反抗期を越えて新たな親子関係へ

親は、反抗期という嵐がいつやむのかと不安になるかもしれませんが、反抗期はずっと続くものではありません。

子どもは、自分の行動が親との関係に影響していることに気づきます。「あのときはすごく心配してくれていたんだ」と、親の立場でものごとを見られるようにもなります。さらに、個人として認め合える仲間のような関係に至ります。身体的にも心理的にも「依存」した乳幼児期とは違う、独立した個人としての親密な関係を築くことができるのです。

反抗期は、それまでの親子関係を断ち切るために、親子ともに大きな痛みを伴います。その痛みを分かち合い、乗り越えることで、子どもは自立に向かい、新たな親子関係を築くことができるといえます。

キーワード

親子関係
一般的に、子どもが人生で初めて形成する対人関係で、社会性を獲得する基礎となる。親子間の愛着、親密さ、支配と服従の関係は、発達とともに変化していく。

心理的離乳
ホリングワースが、青年期の心理的な自立を表現したもの。親の規範や監督から離れて、自分で新たな規範を獲得し、独立した1人の人間として自立を目指す衝動。

いい子症候群
人前で褒められるのがはずかしく、目立ちたくないと思っている反面、社会に貢献した

親と子の関係は変化していく

幼児期

子どもが親に反発

2歳頃になると、第1反抗期（→P116）を迎え、子どもは自己主張や自己表現をするようになる。一方で、親への依存も強い。

児童期

比較的安定

第1反抗期がおさまり、親子は安定した関係になる。親へ依存しつつ、自立に向けた準備が始まる。

青年期前期

再び子どもが親に反発

第2反抗期に入り、再び親子の距離は離れる。親に依存したい気持ちと、自立したい気持ちで子どもは葛藤する。

青年期後期

互いに頼り合う

反抗期を経て、親子関係は再び安定する。子どもが親に依存するという関係から、互いに独立した人間として頼り合う関係へ変わる。

ただ、反抗期の現れ方は親の態度によって異なります。一般に権威を重視する親では子どもの反発も強くなりますが、子どもの意思を尊重しようとする親では反発が現れないこともあります。

いという気持ちを強く持っている。自尊心や自己肯定感が低い人に多くみられるといわれる。

時代とともに親子も変わる？

青年は反抗期を経て親から自立し、対等な個人としての関係をつくっていきます。庇護《ひご》するものと庇護されるものといった上下の親子関係から、互いに認め合い、頼ったり頼られたりするヨコの親子関係に移行していくのです。

しかし最近は、反抗期がなく、幼少期からの親との関係から、自分の気持ちよりも世間や親、家族、友人等にとって「いい子」であることを優先してしまう、いわゆる「いい子症候群」の大人が増えています。子どものころから、無意識に親の顔色をうかがったり、自分よりも周囲の人が喜ぶことを優先していると、知らず知らずのうちに「いい子」になっているかもしれません。

友人関係

青年期の友人関係は希薄化している？

心身の変化が激しく不安定な青年期は、ほかの年代よりも友だちとの関わりが与える影響が大きい。

親よりも与える影響が大きい

青年期において、友だちの存在は重要な意味を持ってきます。親よりも友だちの言うことを優先したり、仲間内でのルールのほうが、社会的な規範よりも正しいと考えられたりします。

心理学者のオーズベルによれば、親の周りを回る衛星のような状態から脱して自分の軌道をつくる際に、一時的な中心として選ばれるのが友だちだといいます。依存と親からの自立という葛藤の中で、友だちは、情緒の安定をはかる〝精神安定剤〟のような役割を果たしているといえます。

青年期には、「親友」と呼べる友だちもできるようになります。ある調査によると、約7割の高校生が「本当の自分を見せることができる」「お互いに悩みを話せる」ことを親友の基準として挙げています。**自己開示**が深くなることで、関係が深まっていくのです。

しかし、楽しいだけの関係ではなく、互いに内面をさらけ出すことで、傷つけ合うこともあるでしょう。そうした友だちとのさまざまな関係を通して、青年は自己を形成し、成長していきます。

現代の青年は深い関わりを避ける？

しかし現代の青年には、こうした深い友人関係はあまりみられなくなったという指摘もあります。

現代の青年の友人関係について、次のような特徴が挙げられます。

まず1つは、相手に深入り

キーワード

自己開示
自分の個人的な情報をほかの人に示すこと。その内容は①自分の知的な関心事、自信や不安、失敗経験、価値観などの「精神的自己」、②容姿や外見的魅力、体質、性的な悩みなどの「身体的自己」、③友人関係や恋愛の悩み、興味のある仕事などの「社会的自己」、④自分の服装や趣味などの「物質的自己」、⑤家族の悩みなど「血縁的自己」、⑥感じている孤独感などの「実存的自己」の6つに分類される。自己開示の程度は学年とともに高くなり、表面的な開示から、内面的開示へと発達する。

しないこと。これは同時に自分の内面に深入りしてほしくないことを示しています。相手を傷つけたくないし、自分も傷つきたくないために、一定の距離を置くのです。
　その一方で1人になることを極端に恐れ、群れをつくる傾向があるといいます。
　つまり、深くつき合うのは疲れるから避けたいけれど、**孤独**にはなりたくない。こうした二面性は、多くの青年が持っており、適度な距離を求めて揺れ動いている状態なのではないかと考えられます。
　ふだんは冗談を言って周囲を笑わせているような青年が、実は友だちの前で道化を演じている自分に疲れていたりします。そうした人間関係に疲れ果てた結果、**ひきこもり**（→P176）に陥《おちい》る青年も少なくないといわれています。

孤独
他者とわかり合えず、自分は1人ぼっちだという気持ち。つらさや寂しさを伴うが、1人になることで自分と直面し、本当の自分に戻るためのきっかけにもなる。青年期の基本的な感情で、人格形成に重要だと考えられている。

友だちづき合いで社会化が進む

人間関係を学ぶ
けんかやぶつかり合いなども含めて、友だちとの関係を築く中で他者との関わり方を学ぶ。

情緒の安定
激しい葛藤や反発など、不安定になりがちな時期も、友だちに悩みを打ち明けたり相談したりすることでこころが安定する。

自己形成
友だちとの関わりを通じて、自分自身の長所や短所に気づく。また、客観的に自分を見つめることができる。

相反する気持ちで揺れる

群れ
友だちといっしょに過ごしたい、仲間がほしいと思う気持ち。
孤独
深い関わりを避けたい、自分の内面にも立ち入らないでほしいと思う気持ち。

友だちとの距離がうまくつかめず悩む
相反する気持ちの中で、自分にとって「適度な距離」をつかめずに、悩み、葛藤する青年も多い。

恋愛関係

恋愛はどう発達していくのだろう

年齢を重ねるにつれ、恋愛関係も複雑になっていく。最初のうちは、関係が長続きしないことのほうが多いようだ。

特定の人との交際は高校生頃から

恋愛への関心や憧れが高まる時期には個人差がありますが、**第2次性徴**（→P158）と前後して現れることが多いようです。ある調査では、半数以上が小学校時代に初恋を経験していたといいます。

中学生になると、学年が上がるにつれて「好きな人がいる」と答える割合が増えていきます。ただ中学生のうちは、ずっと同じ相手が好きというわけではなく、変化しやすいのが特徴です。また、青年期は性的にも生理的にも興奮しやすく、こうした興奮を相手への恋愛感情ととらえてしまうことも多いようです。

好きな相手がいても、1対1で交際をしている人は少なく、〝好きな人がいてドキドキする〟といった状況を楽しんでいる、恋に恋する状態だともいえます。

最初のうちは関係が続きにくい

高校生くらいになると、1人の相手をある程度想いつづ

青年期は相手からの称賛を求める

アイデンティティがはっきりしない
←
自分に自信がない・不安
↓
称賛されることを求める
- 好きだと言ってほしい
- 相手からの自分の評価が気になる
- 相手からの評価を自信に変えたい

など
↓
交際がつづきにくい
- 相手の行動や気持ちが気になる
- 「ほかの人を好きになるのでは」など不安にのみ込まれる
- つき合うことが重荷になる

など

けるようになります。これは相手の見た目が好みとか、物理的な距離が近いという理由ではなく、相手の人格や価値観にひかれるようになるからです。

1対1の交際も始まるようになりますが、最初のうちはなかなかうまくいきません。

その原因は、アイデンティティが確立されておらず、自分に自信がないことです。相手からの評価を気にして、互いにほめてもらうことを求めつづけていれば、交際は次第に楽しくなくなってしまいます。そして、相手のことを〝嫌いじゃないけど重たく〟感じてしまい、交際が終わるというケースが多くみられます。

こうした恋愛はいわば「アイデンティティ確立のための恋愛」といえるでしょう。

さまざまな感情や経験から学ぶ

恋愛をすると、自分の中にさまざまな感情が生まれます。楽しい、嬉しい、ドキドキするなどのポジティブな気持ちだけではなく、ネガティブな感情も生じます。2人の間に第三者が登場して強く**嫉妬**したり、失恋して「二度と人を好きになんかならない」と落ち込むこともあるでしょう。

しかしこうしたネガティブな感情を経験することは、決して悪いことではありません。嫉妬が2人の信頼関係を強くしたり、「ライバルに負けないようにもっと魅力的になりたい」と自分を向上させるきっかけになることもあります。

失恋で、相手の立場や気持ちをより深く考えられるようにもなります。

こうした経験を重ねることで青年は大人になり、相手に条件を求めず、互いに精神的な支えとなるような大人の恋愛へと近づいていきます。

キーワード
嫉妬
自分のものだと思っていた愛着の対象が、他者に奪われたり、奪い合ったりする状態で生じる攻撃的な感情。恋愛における嫉妬だけでなく、地位や名誉、自分にとって魅力的なものをめぐっても生じる。

嫉妬が強まるのはどんな相手？

「身を焦がすほど嫉妬する」ともいいますが、嫉妬の強さは恋敵によって違うとか。

ある外国の研究によれば、男女ともに人柄や知性が自分より優れている相手に、もっとも強い嫉妬が生じることがわかりました。加えて、男性では自分よりもたくましいからだつきの相手に強い嫉妬を感じ、女性では自分より容姿の美しい相手に対して、強い嫉妬が生じると報告されています。

同様の研究を日本の高校生と大学生を対象に行ったところ、同じような結果が得られ、高校生と大学生の差はほとんどありませんでした。恋敵への嫉妬の条件は、10代半ばからあまり変わらないのですね。

TOPIC 05

人生に悩める若者たち

人生を選べない原因はさまざま

周囲の意見に流される

親や教師、友人などの意見に左右され、自分で決められない。

やりたいことがわからない

自分自身の興味や関心がどこにあるのか、自分ではっきりせずに選べない。

社会情勢の変化

不景気などで雇用が低下し、なかなか思う職業につけない場合もある。

成績重視の弊害

「自分が何をしたいか」ではなく、「どこなら進学できるか」という成績重視で進学してしまい、自分の興味などがわからない。

職業体験の乏しさ

アルバイトが禁止の高校なども多く、仕事に対する認識が現実から離れている。また、学生が経験できる業種も少ない。

決められないことは青年にとって大きな悩み

青年期は、進路や就職など、人生に関わる重大な選択を迫られる時期でもあります。

しかし現代の日本では、すぐに決断しなくても、親の経済的援助があったり、アルバイトをしたりして、ある程度の生計は立てられます。

その結果、「フリーター」や、進学も就職もしない「ニート」になる若者が増えており、社会的にも大きな問題となっています。

若者が選べない、決められない理由は一体、何なのでしょうか。

まず自分が何をやりたいのかがわからない、親や教師の意見に流

「アイデンティティの拡散」で起こる問題

勤勉さが失われる

やるべきことはできず、ゲームなどほかのことに集中する。

社会生活の停滞

組織に属するのを恐れたり避けようとしたりする。

人との距離がうまくとれない

他者との距離を極端にとったり、無理に親密になろうとしたりする。

時間感覚がまひ

不安定さから極度に焦ったり、逆にのんきになったりする。

されてしまうなど、本人自身の問題があります。アイデンティティ（→Ｐ１６４）が確立できずに、「いくら考えても自分がわからない」といった混乱状態（アイデンティティの拡散）に陥《おちい》っているケースも少なくありません。

また、本人の問題だけでなく、成績を重視する風潮や職業体験の乏しさなど、社会的な背景も関わっていると考えられます。

自分で決めることが何よりも大切

何か1つを「選ぶ」ということは、それ以外のものを「捨てる」ことだともいえます。

それがよい選択だったかどうか、はっきりとわかるのは数年後、数十年後かもしれません。ずっとわからないかもしれません。だからこそ、今現在の自分の能力や興味、価値観を十分に把握して、自分で納得して決めることが大切なのです。決断の責任は自分で負わなければなりません。

将来の自分を考えるためのポイントとしては、次の3つが挙げられます。

まず1つは、自分の将来につながる活動に取り組んでみること。ボランティアでもアルバイトでも、実際に経験することでわかることがたくさんあるはずです。

もう1つは過去にさかのぼって考えること。幼い頃は何になりたかったか、振り返ってみることで、自分の興味や動機の一貫性が見えてくるかもしれません。

そして最後に、「こうなりたい」と思える大人との出会いも重要になるでしょう。

きっかけはほんの些細《ささい》なことが多い

現代のいじめは対応が難しくなっているという。大人から見ると取るに足らないようなことをきっかけに起こるいじめも多い。

いじめが起きやすいのは小学校低学年

文部科学省の**いじめ**の実態調査によると、２０１６年度には全国の小学校で23万７５１０件のいじめが認知されていますが、２０２０年度には42万１２８６件と倍増しています。そのためか、いじめによる自殺や殺人は現在でも発生しており、深刻な問題の１つとなっています。

いじめがもっとも多いのは、男女とも小学校２年生、次いで小学校１年生となっています（↓下図）。以前は中学生が圧倒的に多かったのですが、最近ではどんどん低年齢化しています。さまざまな出来事への不安や期待などからストレスを招き、いじめにつながるのかもしれません。

ちょっとしたことに過剰に反応する

中学生頃になると、いつもいっしょに行動するような仲よしグループができるようになります。しかし、グループの１人の「あの子、最近ちょっと調子に乗っててムカつく」な

学年・性別によるいじめの認知件数

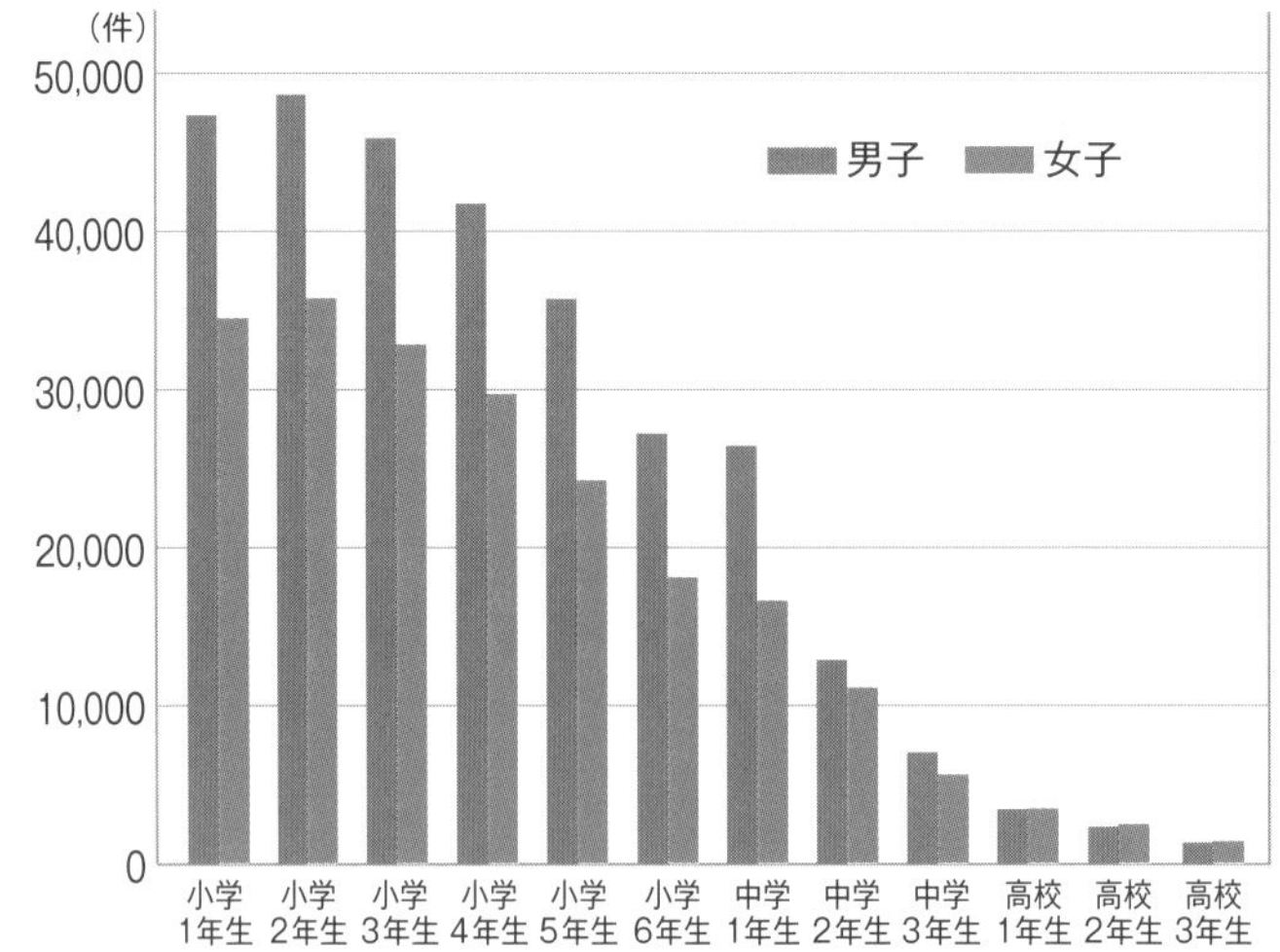

（文部科学省「令和２年度　児童生徒の問題行動・不登校等生徒指導上の諸課題に関する調査」より。数値は、特別支援学校分を合わせたもの）

どのひと言で、突然、あるメンバーを無視し始めます。ほかのメンバーは、同調しなければ自分がその対象になってしまうという恐怖感からいじめに加わってしまいます。最近では、小学生でも同じようなことが起こります。

　いじめのきっかけは、制服の着こなしが変わったとか、返事のしかたとか、非常に些《さ》細《さい》なもの。

　だからこそ、子どもは周囲の対応に過剰に反応するのです。例えば更衣室でいつも自分が使っている場所に、ほかの子が荷物を置いていたとします。大人からすれば「別にいいじゃないか」と思いますが、子どもには大事件で「わたしの荷物を置かせたくないのだ、わたしはいなくてもいいんだ」などと思い悩んでしまうのです。

見えにくい現代のいじめ

　いじめの認知件数が増加傾向にあるのは、「見えにくい」いじめがあるからです。

　代表的なものが「ネットいじめ」です。例えばＬＩＮＥでは、特定の生徒に攻撃的な発言を繰り返したり、グループ外しをしたりします。匿名《とくめい》性《せい》が高く、特定の〝いじめっ子〟によるものではなく、集団でのいじめにつながり、エスカレートしやすいのです。

　また、いじめている本人には罪悪感がなく、「遊んでいるだけ」「からかっただけ」など、平然としていることも現代のいじめの特徴とされています。

　いじめをなくしていくには、幼少期から健全な人間関係を保てる力を養っていく必要があります。また、自分の思い通りにいかないことがあっても、それに耐える力（欲求不満耐性）を身につけることも大切でしょう。

キーワード

いじめ
文部科学省では「当該児童生徒が、一定の人間関係のある者から、心理的、物理的な攻撃を受けたことにより、精神的な苦痛を感じているもの」と定義している。

いじめの経験は乗り越えられる

　いじめる側は軽い気持ちでも、いじめられた側はこころに深い傷を負います。後の人生にまで、その傷が影響を及ぼすケースも少なくありません。不登校からひきこもりのきっかけとなったり、自殺にまで追い込まれることも。

　しかし、いじめを乗り越えられた子どももたくさんいます。いじめられている今はつらくて、苦しくて、死んでしまいたいほどだけれども、乗り越えることができる。「つらい経験をして、たくさんの人に支えられたからこそ、今の自分がある」――これは実際に中学時代のいじめを乗り越えた経験を持つ、大学生のことばです。

一番苦しんでいるのは本人自身

社会との関わりを避け、自宅などにひきこもる青年が問題となっている。ひきこもりの心理状態とは、どのようなものなのだろうか。

ひきこもりの原因はさまざま

子どもが何年も自分の部屋から出てこない――こうした**ひきこもり**（**社会的ひきこもり**）が１９７０年代から徐々に増えており、現在は60万人を超えているといわれています。内閣府と厚生労働省の研究班の調査（２０１９年）では、ひきこもりの平均年齢は36・8歳で、男性が76・6％を占めています。近年ひきこもりは長期化、高齢化しており、社会問題の１つになっています。ひきこもりの原因は、成績の低下や受験の失敗、友だちとのトラブルなどさまざまです。**不登校**（→Ｐ１８６）がきっかけとなるケースも多くあります。

ひきこもりそのものは病気ではありませんが、対人恐怖症や統合失調症などのこころの病気がきっかけで、ひきこもることもあります。

いずれにしても特別な子どもも、特別な家庭に起こるものではありません。不登校や**いじめ**などと同様に、誰でも、どんな家庭でも「ひきこもり」になる可能性があるといえます。

長期化することが大きな特徴

ひきこもりは昼夜逆転した不規則な生活になりやすく、家族との会話や接触も少なくなります。家族からの励ましはプレッシャーとなり、よりひきこもることも。すると、抑うつや退行、対人恐怖などの精神症状が現れることもあります。家族への暴力や**自傷**《じしょう》**行為**《こうい》（→Ｐ１９０）につながるケースも少なくありません。その結果、ひきこもりが長期化していくのです。

キーワード

社会的ひきこもり

一般には、学校や職場など社会的な関わりを長期間断って、自宅や自室に閉じこもることをいう。厚生労働省の研究班によると、「①6か月以上自宅にひきこもって社会参加しない状態が持続しており、②統合失調症などの精神病ではないと考えられるもの。ただし、社会参加しない状態とは、学校や仕事に行かない、または仕事についていないことを表す」と定義されている。それに加えて、家族以外の親密な対人関係があるかどうかを条件とする考え方もある。

では、ひきこもる本人はどのような心理状態にあるのでしょうか。実は、ひきこもりはSOSのサインではないかという説があります。

本当は外に出て人や社会と関わりたいのに、それに対して強い不安や恐怖を感じています。それを家族や周囲に気づいてもらいたいと願い、ひきこもることで訴えているのだと考えられます。

ひきこもりと関わる問題

- ☑ 昼夜逆転の生活
- ☑ 家族への拒否
- ☑ 家庭内暴力
- ☑ 被害的な言動
- ☑ 意欲の低下
- ☑ 自傷行為《じしょうこうい》
- ☑ 孤独感
- ☑ 自殺企図

原因よりも今後のことを考える

子どもがひきこもりに陥《おちい》ると、「どうしてこんなことになったんだろう」と考えがちです。しかし大切なのはこれから先のこと。現在の状態から抜け出す方法を考えていくことが重要です。

そのカギを握っているのは家族です。いきなり社会参加を目指すのではなく、「本人と会話ができる関係」を築いていくことが大切です。わからないことや不安なことがあれば、保健所や精神科などで相談したり、家族会への参加も、心強い支えとなるでしょう。

ひきこもりに対する支援はさまざま

家族は対話を心がけよう。
ただし、プレッシャーを与えたり焦らせたりしないこと。

自助グループに参加する

同じ悩みを抱える人が集まり、助け合いながら社会活動などを行える。

訪問支援を受ける

外出できない場合でも、相談相手に自宅まで来てもらうことができる。

専門家に相談する

医師やカウンセラーなどへ。対面だけでなく、メールや電話で相談できるところもある。本人でなく家族が相談してもよい。

家族会（親の会）に参加する

ひきこもる家族を持つ仲間に相談したり、互いに励まし合ったりすることができ、精神的なサポートとなる。

やめたくてもやめられない状態に陥《おちい》る

ストレスが多い現代社会では、何か特定のもの・行為にすがり、おぼれて依存症になる人が増えている。そのリスクは大人も子どもも同じである。

自分でコントロール不能な状態になる

「**依存症**」とは、アルコールや薬物の摂取、ギャンブルなどによって得た強い幸福感や高揚感が忘れられず、それを繰り返すようになり、やめられなくなる状態です。

幸福感や高揚感は一時的なもので、しばらくすると消失します。すると、イライラや不安、からだの痛みなどの不調がぶり返すため、再びお酒や薬物など依存の対象に手を出すことになります。これを繰り返すうち、自分ではやめられなくなってコントロール不能に陥ってしまうのです。

依存の対象には、アルコールや薬物などの**物質への依存**と、ギャンブルやゲーム（→P150）、買い物など**プロセスへの依存**があります。

依存症が問題となるのは、本人の心身が蝕《むしば》まれるだけでなく、周囲にも悪影響が及ぶ点です。金銭トラブルや家庭の崩壊、職場放棄、交通事故、事件などを引き起こす原因になります。また、**違法薬物**の使用は重大な犯罪行為です。

依存症に共通する悪影響

- □ 体調を崩す
- □ お金を使い過ぎる
- □ 家族とけんかが絶えない → 家庭が崩壊することも
- □ 生活のリズムが崩れやすくなる
- □ やめたくてもやめられなくなる

キーワード

物質への依存
アルコールのほか、覚醒剤やヘロイン、コカイン、マリファナなどへの依存がある。これらに含まれる成分は中毒性が高く、やめられなくなる。身近なところでは、たばこのニコチンやコーヒーのカフェインも物質依存の原因になる。

プロセスへの依存
行為そのものへの依存のこと。ギャンブルや買い物、ゲーム、性行為などが依存の対象となる。仕事に過度に熱中するワーカホリックもプロセスへの依存の一種である。

各依存症患者数は年々増えている

		2014年	2015年	2016年	2017年
アルコール依存	外来	92,054人	94,217人	95,579人	102,148人
	入院	25,548人	25,654人	25,606人	27,802人
薬物依存	外来	6,636人	6,321人	6,458人	10,746人
	入院	1,689人	1,437人	1,431人	2,416人
ギャンブル依存	外来	2,019人	2,652人	2,929人	3,499人
	入院	205人	243人	261人	280人

（厚生労働省「依存症対策について」より）

とくに薬物は依存性が高くほとんどが違法

依存症のうち、患者数が多いのはアルコール依存です（↑上表）。酒類は簡単に手に入り、成人であれば飲酒自体には違法性がありません。そのことが、患者数の多さにもつながっています。

最近では覚醒剤やマリファナ、睡眠薬などの薬物依存も増加しています。SNSを使って簡単に入手ルートを探すことができるため、高校生や大学生など、若い世代にも薬物汚染が広まっています。友だちに誘われたことや薬物への興味本位など軽い気持ちで手を出し、やめられなくなるケースが多々あります。

アルコールや薬物などの物質への依存では、依存物質が切れると**離脱症状（禁断症状）**が出現します。中には薬物による幻覚や妄想などが引き金となった暴力行為や傷害事件、薬物を購入するお金ほしさに強盗や窃盗などの凶悪な犯罪に及ぶケースもあります。

家族にいる場合は専門の機関に相談

依存症は精神疾患の一種のため、本人の意思だけでやめることは困難で、専門家の助けが不可欠です。また、アルコールや薬物の摂取によって臓器障害が起こっていれば、からだの治療も必要になります。

家族や自分だけで抱え込まず、医療機関や公的な相談窓口などを頼るのが最善の方法です。

薬物
覚醒剤（メタンフェタミン）やヘロイン、コカイン、モルヒネ、マリファナ（大麻）、合成麻薬（MDMA）などの違法薬物のほかに、処方薬の睡眠薬や抗不安薬などの向精神薬、咳止めなどの市販薬が原因のことも。シンナーなどの有機溶剤も依存物質となる。

離脱症状（禁断症状）
依存物質によるが、イライラや不快感などの精神症状のほか、発汗や頻脈、手指のふるえなどの身体症状が現れる。

専門の機関
依存症専門の精神科を有する医療機関がある。また、全国各地に設置されている精神保健福祉センター、保健所でも相談できる。治療後のリハビリには民間の施設や自助グループ、家族会などに参加する方法もある。

コラム 07

若者文化はどの時代にも現れる

近年、独自のファッションやことばなど若者独特の文化が、メディアでもよく取り上げられています。特定の集団だけで通じる文化は、「わたしたちは仲間だ」という印であり、それにより集団の結束を高めていると考えられます。

●大人とは違うものをつくり上げたい気持ち

こうした若者特有の文化は今に始まったことではありません。1970 年代には長髪にジーンズで歩く若者が急増し、1980 年代には原宿に独特のファッションで踊る「竹の子族」が登場。1990 年代には「コギャル」現象が起こり、ルーズソックスやガングロが注目されました。感受性が高くて流行に敏感な若者は、一度それが広まるとすぐにまた新たなものを生み出します。「仲間と同じでありたい、でもどこか自分らしくありたい」という微妙なバランスを取りながら、次々に流行が生み出されていくのでしょう。

また、若者特有の文化は、時代によって表現の差はあれど、「わたしたちは大人とは違うんだ」という主張の表れだともいえます。

SNS アプリを活用した動画投稿なども、「大人とは違う」という意識の表れ。

＼発達ルポ／

発達のつまずきをサポートする

\ 発達ルポ /

幼児・児童虐待《ぎゃくたい》

親は子どもを愛し、守るもの――そう思う人は多いだろう。しかし、子どもへの虐待は深刻な問題になっている。

虐待《ぎゃくたい》についての相談は増えている

幼児・児童虐待《ぎゃくたい》による悲惨《ひさん》なニュースが後を絶ちません。

虐待は年々増加する傾向にあり、2020年度の虐待件数は20万5044件にも上ります（↓下図）。これは児童相談所で対応した件数で、実際の虐待件数は、この数倍に上るのではないかと考えられます。

虐待の中でもっとも多いのが「身体的虐待」、次いで多いのが「ネグレクト」です。ネグレクトとは、衣食住や健康の管理など、子どもの発達に必要なケアをしないことで、育児放棄とも呼ばれます。これらの件数が多いのは、虐待による子どもへの影響が他人の目につきやすく、発見されやすいことも関係していると考えられます。

そのほかには、子どもを性的な対象として扱う「性的虐待」やこころを傷つける「心理的虐待」があります。これらは表面化しにくく、長期化しやすい傾向にあります。また、家庭内暴力（DV＝ドメスティックバイオレンス）を虐待の1つとする

児童相談所での対応件数

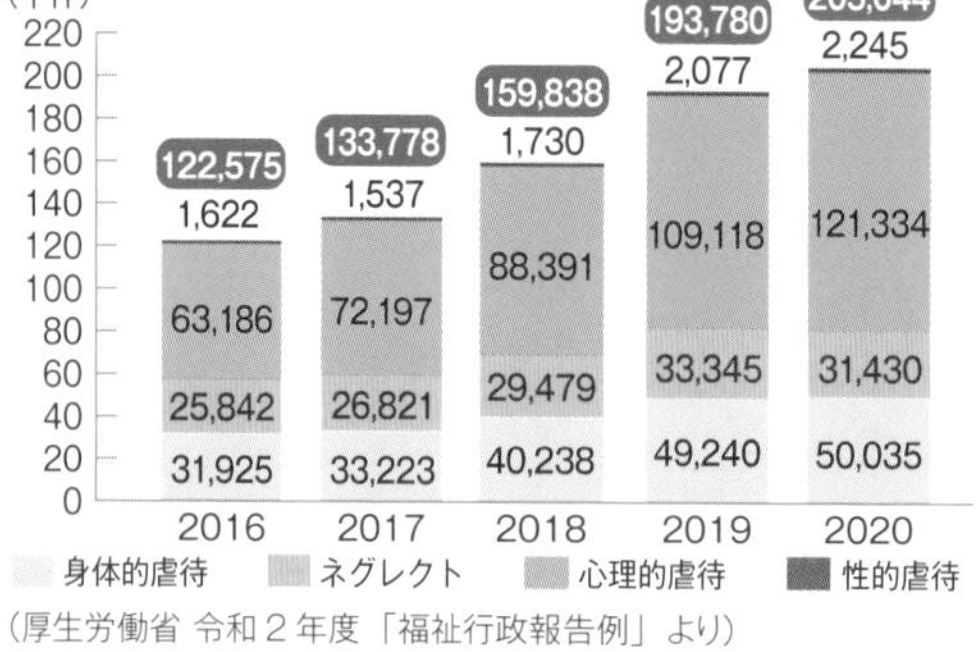

（厚生労働省 令和２年度「福祉行政報告例」より）

虐待《ぎゃくたい》の分類

●身体的虐待
たたく、けるなど直接的に、また、道具や薬物などを使って間接的に子どものからだに外傷を与えること。

●ネグレクト
食事や病気のケア、愛情に応えるなど子どもの心身が発達する上で必要なことをしないこと（育児放棄）。

●心理的虐待
ことばの暴力や無視・拒絶など、子どものこころに傷を与えること。

●性的虐待
子どもを性的な対象としてとらえ、性行為の強要や性的暴行などをすること。

虐待が起こりやすい要因

子ども

子育てにおいて、精神的・身体的に負担がかかると養育者が感じていたり、親になつきにくかったりする。

家庭

地域や親戚などから孤立していたり、夫婦関係がよくない場合が多い。経済的な問題を抱えている場合も。

親・養育者

体罰を必要悪だと思っているなど子育てについての認識が誤っていたり、子どもの人権を無視していたりする。また、社会性が乏しい場合や養育者自身が虐待経験を持つことも。

考え方もあります。

虐待は複数の原因が重なって起こる

虐待の起こりやすい要因は大きく3つに分けられます（↓上図）。

まずは親や養育者側の要因です。人格的な発達が未熟だと相手の立場でものを考えることができません。泣く子どもや言うことを聞かない子どもにいらだって、虐待に走ってしまうのです。また、虐待されていた経験を持つ人にもみられます。ただし、虐待経験を持つすべての人が虐待を繰り返すわけではありません。

そのほか、家庭や子どもが抱える要因もあります。病気などで長期間、母子が離れていると、子どもが親になつきにくくなることがあります。それが原因の1つとなって虐待が起こる場合もあります。

虐待は、さまざまな原因が重なって起こるのです。

子どもへの影響は重大。早期発見とケアが必要

どのような要因で起こっているにしても、虐待が子どもの心身に与える影響は非常に深刻です。

脳の構造や機能に影響を与えて、身体的・知的発達の遅れを引き起こすほか、自信喪失、愛着の障害、PTSD（心的外傷後ストレス障害）、反社会行動などさまざまな影響がみられます。こうした虐待被害に対しては、カウンセリングをはじめとするケアが行われます。

しかし何より大切なのは、虐待を早期に発見することです。近所の人や学校関係者など周囲が虐待のサインを見逃さないことが大切です。また、虐待を防ぐ対策、例えば親になる前の虐待防止教育や育児で孤立しないための支援も必要でしょう。

＼発達ルポ／

神《しん》経《けい》性《せい》習《しゅう》癖《へき》

指しゃぶりや爪をかむなど、子どものクセを気にする人も多い。クセの中には心因性のものもある。

気になるクセも一過性なら問題なし

ある調査によると、親から見て「気になるクセのある」2歳児は約34・6%。もっとも多かったのは指しゃぶりでした。子どものクセ（習《しゅう》癖《へき》）を気にしているお母さんやお父さんは少なくないようです。

しかし、指をしゃぶったり、爪をかんだり、性器を触ったりするなどの動作は、子どもにはよくみられるもの。一過性のものであれば、とくに心配はいりません。

ただ長期間にわたって続く場合は、何らかの心理的な原因が隠れている可能性があります。このようなものを「**神経性習癖**」と呼んでいます。

指しゃぶりでこころを落ち着かせている？

指しゃぶりは生後2～3か月頃の赤ちゃんによくみられます。赤ちゃんの指しゃぶりは手と口の協応《きょうおう》を促《うなが》し、離乳の準備となるという、重要な意味を持つ行為です。

一般に、指しゃぶりは2歳を過ぎると次第に減っていき、5歳くらいではほとんどみられなくなります。

とくに眠たいときに行う就寝儀式としての指しゃぶりであれば、年齢とともにみられなくなるのが普通です。歯並びへの影響を気にする人もいますが、永久歯の前歯が生える以前の5歳くらいまでなら、それほど問題はないでしょう。

5歳を過ぎてもおさまらない場合は、単に生理的な習慣が残っている場合と、心理的なサインとして現れ

ケーススタディ04 指しゃぶりが再び……

Dちゃんは5歳の女の子。以前は指しゃぶりをしていましたが、3歳頃からみられなくなりました。

ところが、最近になって指しゃぶりが復活してきたのです。実は少し前に妹が生まれ、Dちゃんはお母さんにあまりかまってもらえません。指しゃぶりの復活は、Dちゃんが不安や寂しさを感じているサインだと考えられます。

ている場合があります。

そのどちらかを見極めるポイントは、子どもが一日中指しゃぶりばかりしていて、人とのコミュニケーションが妨《さまた》げられていないかどうかです。こうした様子がみられる場合は、子どもが何らかのストレスを抱えている可能性があります。例えば妹や弟の誕生、幼稚園・保育所への入園など突然の環境の変化や、不適切な親子関係などが原因となります。

指しゃぶりには不安感を和らげる効果がありますから、無理にやめさせようとすると、かえってストレスが強くなることもあります。

今まで以上に「子どもを丸ごと受け入れること」が大切です。子どもの話をよく聞いたり、スキンシップを増やしたりするなどを心がけてみてください。

きょうだいの誕生がストレスとなって指しゃぶりが復活することもある。

ケーススタディ 05 性器いじりにショック

最近、E君（2歳）はお風呂上がりなど裸《はだか》のときや、眠りにつくときなどにオムツの中に手を入れて、おちんちんを触っていることがあります。

お母さんは驚《おどろ》いて、やめさせようとしましたが、泣いて嫌がります。近所の先輩ママに相談したところ、「そのうちおさまるわよ」と言われたので、しばらく様子を見ようと思っています。

過剰な反応は逆にクセを意識させる

クセは無意識にやっている行為ですから、自分自身は気づかないものです。

子どものクセに周囲が過剰に反応すると、逆に子どもがそのクセを意識し過ぎて、ますます習慣化するケースも少なくありません。指しゃぶりをやめさせようと、指に包帯を巻いたりするのは逆効果です。

とくに性器をいじる行為は気になるものですが、男女問わず、子どもによくみられます。性的な意味はなく、心身の発達にも悪影響はないので、ほうっておいて大丈夫です。

クセは暇を持て余しているときに現れやすいものです。「やめなさい」などと注意するのではなく、子どもが集中できる遊びに誘ってみるとよいでしょう。

＼発達ルポ／

不登校

学校に行きたくない、行きたくても行けない――不登校になる子どものこころはどのようなものなのだろうか。

小中学校における不登校児は約19万人

子どもにとって学校は、勉強をしたり、友人をつくったり、熱中するものを見つけたりするなど、大きな意味を持つ場所です。

しかし、現代の日本では、学校に行けない、あるいは行かない**不登校**の子どもが非常に多く、社会的な問題となっています。

文部科学省は「不登校児童生徒」を「何らかの心理的、情緒的、身体的あるいは社会的要因・背景により、登校しないあるいはしたくともできない状況にあるために年間30日以上欠席した者のうち、病気や経済的な理由による者を除いたもの」と定義しています。

不登校の子どもは１９９０年代から徐々に増え始め、２００１年度には小学校中学校合わせて、約13万９０００人にも上りました。その後は少し減少傾向になったこともありましたが、２０２０年度では19万６１２７人と急激な増加傾向にあります（↓下図）。

不登校の問題の１つは、長期化しやすいこと。前年度から不登校が続いている子どもの割合は、小学校で約40％、中学校では50％を超えます。**ひきこもり**（↓Ｐ１７６）につながることも少なくありません。

不登校の子どもの数

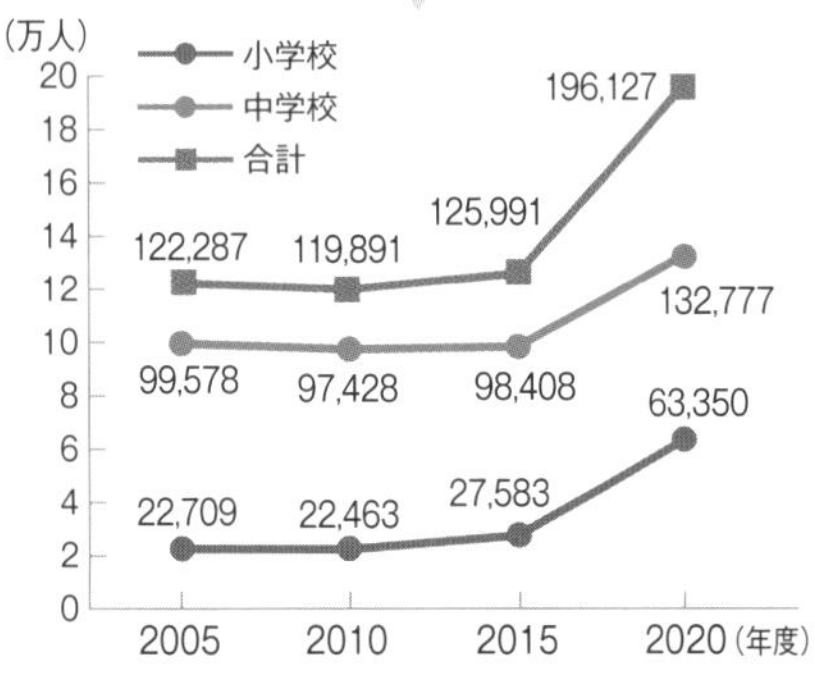

（文部科学省「令和２年度児童生徒の問題行動・不登校等生徒指導上の諸問題に関する調査」より）

きっかけはさまざま。原因の特定は難しい

かつて不登校は病気と考えられており「学校恐怖症」と呼ばれていました。その後「登校拒否」から「不登校」へ名称が変わり、教育問題から社会問題へと広がっています。

では、不登校はなぜ起こるので

不登校の主なきっかけとは

- 学業の不振（5.4%）
- 入学・転編入学などによる不適応（3.3%）
- クラブ活動などへの不適応（0.4%）
- いじめ（0.2%）
- いじめを除く友人関係をめぐる問題（10.6%）
- 教職員との関係をめぐる問題（1.2%）
- 進路にかかわる不安（0.8%）
- 親子関係をめぐる問題（8.9%）
- 家庭環境の急激な変化（2.9%）
- その他本人に関わる問題（58.9%）

（文部科学省「令和２年度児童生徒の問題行動・不登校等生徒指導上の諸問題に関する調査」より）

しょうか。きっかけとしては、「友人関係をめぐる問題」や「親子関係をめぐる問題」「学業の不振」などが挙げられており、学校生活だけでなく家庭生活での問題もきっかけとなっています（→上図）。ただ、きっかけはあくまでもきっかけに過ぎず、特定できないことも多くあります。実際、きっかけとしてもっとも多いのは、「その他本人に関わる問題」で、58・9%を占めていました。不登校の要因や背景の特定は難しく、さまざまな要因が複雑に絡《から》み合って起こると考えられます。

子どもの状況に応じた対応が必要

現代において不登校は、特別なものではなく、どの子どもにも起こりうるものだといえます。

不登校の子どもは「学校へ行きたくない」と思う反面、「学校に行かなければならない」という思いも強く、罪悪感を感じています。

不登校の初期や子どもの年齢が比較的低い場合は、友だちの誘いや先生のお迎えによって、登校できるようになるケースもあります。しかし、そうした積極的な働きかけによって、逆に登校しにくくなることもあります。本人の状況に合わせて、環境を見直したり、こころの問題を整理したりしながら、個別に対応していくことが重要になります。

不登校の解決は簡単なものではありません。単に登校できればよいというものでもないでしょう。子ども自身が生きるための前向きなエネルギーを蓄え、自立へ向かうための手助けをするという姿勢が大切ではないでしょうか。また「学校に行くのはなぜか」ということを、わたしたち大人もいっしょに考える必要があるのかもしれません。

\発達ルポ/

摂食障害《せっしょくしょうがい》

過度に食べたり、食べなかったりという食の異常を示す摂食障害は、男性よりも女性に多くみられる障害だ。

10代・20代の女性に多く拒食症《きょしょくしょう》と過食症《かしょくしょう》に大別

摂食障害《せっしょくしょうがい》とは、心理的な背景を持つ食行動の異常をさします。食事量が極端に少なかったり、逆に食べ過ぎたりすることで、脳の摂食調節システムに異常をきたし、心身にさまざまな問題を引き起こします。その背景には、「やせている＝きれい」ととらえがちな社会的な風潮も深く関わっていると考えられます。

摂食障害は、食べないことで極端にやせてしまう「拒食症《きょしょくしょう》（神経性《しんけいせい》無《む》食欲症《しょくよくしょう》）」と、食欲を抑えられず大量に食べてしまう「過食症《かしょくしょう》（神経性大食症《たいしょくしょう》）」とに大別されます。

年代としては、10代から20代の女性に圧倒的に多いものです。この時期は2度めの急成長期（→P50）に当たり、からだが著《いちじる》しく成長する時期です。しかし、摂食障害で成長が妨《さまた》げられると、低身長や第2次性徴の遅れ、骨粗鬆症《こつそしょうしょう》、不妊症《ふにんしょう》、精神障害など、心身ともに深刻な障害を招くことになってしまいます。

やせても満足できないのはこころのゆがみのため

やせてきれいになりたいというのは、年頃の女の子が抱きがちな願望

食べないことでさまざまな問題が起こる

月経周期が乱れる、月経が止まる
栄養失調《えいようしっちょう》になる
背中に産毛が生える
もっと やせなきゃ！
便秘になる
体力・気力が低下する（抑うつ）
日常生活を送ることが困難になる

でしょう。拒食症は多くの場合、こうした願望が非常に強く、ダイエットをきっかけに起こります。

通常は、ある程度の体重になれば満足して、ダイエットをやめるものです。しかし拒食症では、どれだけやせても満足できず、食欲がない状態がずっと続きます。

これは、こころの異常やゆがみで、自分のからだのイメージを正しく認識することができないためです。標準体重より20％以上やせていても、まだ太っていると思ったり、鏡を見ては「ウエストが太い」「脚が太い」などというように、一つひとつの部位にこだわったりします。

その結果、栄養失調《えいようしっちょう》や月経周期の乱れ、便秘などさまざまな問題が現れてきます（→P188図）。一時的には意欲が増し、スポーツや勉強、趣味などを積極的に行おうとしますが、次第に体力や気力が低下して、日常生活にも支障が出てきます。

拒食の反動から過食になることも

過食症は拒食の反動から「むちゃ食い」を繰り返すものです。その後に大量の下剤を服用したり、自分でのどに指を入れて吐いたりするなどといった「代償行動《だいしょうこうどう》」がみられるのが特徴です。そのため、過食症でも太っているわけではなく、体重は正常範囲の下限か低いのが普通です。

過食症の背景にも、拒食症と同様に、太ることへの恐怖感があると考えられています。拒食と過食は表裏一体の関係にあり、繰り返すケースも少なくありません。

過食症《かしょくしょう》の特徴

過食

同じ時間・環境下でほかの人よりも食べ過ぎる。食べつづける。何をどれだけ食べたか把握できない。

不適切な代償行動《だいしょうこうどう》

過食による体重増加を防ごうと、自分で吐いたり、下剤や浣腸《かんちょう》などを使用したりする。

こころとからだ両方からのケアが必要

摂食障害は進行するほど、治療が難しくなりますから、家族が早期に発見することが大切です。早期発見のサインとしては「食事を大量に残す、家族に隠れて食べている、トイレにこもる時間が長い、顔色が悪い、爪が白っぽい」などがあります。

摂食障害には「やせたい」という願望だけでなく、思春期特有の不安やストレス、家庭や学校での問題など、さまざまな要因が関わっていると考えられます。そのため、体重管理などからだのケアはもちろん、こころのケアも欠かせません。また家族への対応も重要になります。

＼発達ルポ／

自傷行為《じしょうこうい》

カッターナイフで手首を切る、壁に頭をぶつけるなど、自分を傷つける行為が若者に増えている。

若者に多い からだを傷つける行為

「リストカット」を略した「リスカ」は、すっかりメジャーなことばになりました。

リストカットは、自分で自分のからだを傷つける**自傷行為**《じしょうこうい》の代表的なものです。そのほかにも、皮膚をかきむしる、壁を殴ったりけったりするなど、さまざまな自傷行為があります（↓下図）。

自傷行為は、うつ病や**摂食障害**《せっしょくしょうがい》、**自閉**《じへい》**スペクトラム症**などの**発達障害**に伴ってよくみられるものです。PTSDのほか、しかし、内閣府の調査によれば、一般の中高生の約1割に自傷行為の経験があるといわれています。最近では、SNSやインターネットなどでさまざまな情報を得ることで、孤独感や疎外感、精神的な重圧から逃れるために安易に行う傾向がみられます。

現代の若者にとって、自傷行為は特別なものではなくなっているといえるでしょう。

自傷行為《じしょうこうい》は こころの不安をとるため？

自傷行為は、自殺を意図《いと》として行われるものではありません。多くの場合、怒りや恥辱感《ちじょくかん》、孤立感、不安、緊張などの不快な感情を取り除くために行われます。

また、自傷することで快感物質が出ることもあります。そのほか、失恋や受験の失敗、人間関係のトラブルなどから、食事がのどを通らない、夜は眠れない日々が続く――こうしてたまったストレスが自分自身に向かい、それを解消するために自傷に至るのです。

しかし、自傷行為を繰り返すうち

自傷行為《じしょうこうい》はさまざま

- □ リストカット（カッターナイフなどで手首や腕を切る）
- □ その他のからだの部位を切る
- □ 皮膚をかきむしる
- □ 手や指などを激しくかむ
- □ 壁を殴ったりけったりする
- □ 壁に頭をぶつける
- □ 火のついたたばこを皮膚に押し当てる　など

に、致命的な自傷に発展したり、消極的な自殺願望につながったりする危険性があります。

また、自傷行為では痛みを感じなかったり、自傷の記憶がない人が少なくありません。

これは、自傷中に「解離《かいり》」状態になっているためだと考えられます。解離とは、意識や記憶が一時的に失われるものです。からだの痛みというストレスから身を守るための防衛反応だといえるでしょう。

こころのメッセージを受け止めよう

自傷行為は、こころの苦痛をうまく表現できないがゆえに起こるものです。

自傷を繰り返す人の多くは、「誰も自分をわかってくれない」「誰も助けてくれない」という気持ちを抱いています。

しかし、自傷は孤独で一時しのぎの行為にすぎず、繰り返していると他人に助けを求められず、ますます感情表現ができなくなってしまいます。

さらに、自傷によるこころの苦痛の緩和効果は次第に弱くなっていくために、自傷の程度はエスカレートしていきます。

大切なのは、こころの苦痛を受け止めてあげること。そして、こころの苦痛を自傷ではなく、ことばで表現できるようにサポートしていくことです。

自傷行為を無理にやめさせようとしたり、家族が過敏に反応したりすると、ますますひどくなるケースもあります。専門家の治療を受けるとともに、家族関係の見直しも必要でしょう。

自傷行為の特徴

目的は感情への対処

多いのはイライラの解消など、不快な感情への対処で衝動的。精神的な悩みなどに気づいてほしいという思いから至ることもある。

痛みを感じない人もいる

自傷中に痛みを感じなかったり、行為中の記憶があいまいな人も少なくない。苦痛から意識を遠ざけようとしているともいわれる。

\ 発達ルポ /

適応障害

近年、子どもが適応障害を発症するケースが増えている。環境の変化などのストレスにうまく順応できず、心身に不調をきたすものである。

大きなストレスが原因で3か月以内に発症

進級や進学、引っ越しや転校、親の離婚などのライフイベントは、環境や人間関係などに大きな変化をもたらし、ストレスとなります。たいていは徐々に新たな環境に順応しますが、なかなか適応できず、心身にさまざまな症状が現れることがあります。これが**適応障害**です。

適応障害の特徴は原因となるストレスがはっきりしていることで、診断基準にも原因ストレスから3か月以内に発症するものとあります。

うつ気質や発達障害、対人関係が苦手などの要因があると、適応障害になりやすいとされています。

特有の症状はなく、こころとからだに不調が出る

適応障害には特有の症状はありません。症状はこころとからだ、そして行動面に現れます。

精神症状としては、抑うつや不安、焦燥感《しょうそうかん》、過敏、混乱、絶望、意欲や気力の低下・欠如《けつじょ》などがあり、うつ病の症状とよく似ています。

また、感情のコントロールができず急に泣き出すこともあれば、強い不安からパニック発作や呼吸困難を起こすこともあります。

からだに現れる症状は、倦怠感《けんたいかん》や頭痛、腹痛、不眠などさまざま。

こうした症状もあって勉強が手につかず学校を休みがちになり、ひきこもりや不登校に至ることもあります。イライラから暴力的・攻撃的なふるまいをする子もいます。

適応障害になりやすい人の特徴

- □ うつ気質
- □ まじめ過ぎる
- □ 発達障害がある
- □ 対人関係が苦手
- □ 友人関係、学業・部活・教師との関係がうまくいかない

うつ病や依存症になってしまうことも

適応障害と診断されたら、原因となっているストレスを減らす、あるいは遠ざけることが第一です。

学校や友人関係が原因なら休学や保健室登校、リモート授業などの方法をとりながら、原因となっているストレスから物理的にも心理的にも距離をとるようにします。

また、ストレスのある状況に適応できるように精神療法や心理療法を受けることも効果的です。必要に応じて薬による治療も行います。

適切な治療を受けずに放置すると、症状が悪化して**うつ病**に至ることがあります。そうなると治療にさらに時間がかかります。

また、つらい気持ちをまぎらわせるためにゲームや薬物、アルコールなどの**依存症**（→P178）に陥《おちい》るケースも少なくありません。依存症になると、その離脱にも時間がかかります。

適応障害は症状によっては怠《なま》けていたり甘えていたりするように見えるため、よく誤解されがちです。こうした理解されない苦しみが、さらに強いストレスとなって症状を悪化させます。家族や教師ら、周囲の人たちは適応障害という病気をよく理解し、寄り添うことが大切です。

適応障害とは

↓ 1か月以内に*

- 他の子に暴力をふるう
- 成績が下がる
- 遅刻を繰り返す
- ひきこもる
- 不登校になる
- うつ状態になる

＼上記のような症状が出ると／

適応障害 と診断

ストレスが解消されると
6か月以内に症状が
改善する

＊ICD-11（世界保健機関の診断ガイドライン）による。DSM-5（アメリカ精神医学会のガイドライン）では3か月以内とされている。

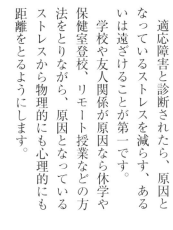

\ 発達ルポ /

ストレス

ストレスは生きていく上で避けられないものだ。しかし、ストレスによって心身に影響が出ることも少なくない。

ストレスとは、医学的には「何らかの刺激（ストレッサー）がからだに与えられたことで、からだに生じるゆがみや変調」をさします。

人間が生きていく上で、ある程度のストレスは避けられないもの。ストレスに適応することで、人間は成長する面もあります。問題なのは過剰なストレス。強いストレスが長く続くと、年齢を問わず、こころやからだに負担がかかり、さまざまなトラブルを招いてしまうのです。

ストレスを予防する取り組みが始まっている

ずいぶん前から「ストレス・マネジメント」という考え方が注目を集めています。ストレスをコントロールして、心身の健康を保つというもので、学校や職場などでも、そうした取り組みが少しずつ広まりつつあります。

ストレス・マネジメントでまず大切なことは、ストレスがかかったときに現れるサインを知っておくことです。とくに幼い子どもは自分で表現することはできないので、日頃から親がよく観察しておくことが大切です。その上で、何がストレスの原因になっているかを検討します。取り除ける原因であれば、できるだけ取り除くのがベストです。難しい場合はリラックス法によって、ストレスを和らげていきます（↓下図）。

ストレスをコントロールしてこころの健康を保つ

ストレスの原因を知る
自分にとって、何がストレスになっているのか、その根本を知る。

＋

ストレスによる反応を知る
頭痛や不眠、抑うつ気分など、ストレスを受けた際に自分にどのような反応が現れるかを知る。

＋

リラックスの方法を学ぶ
食事や運動など、ストレスを解消するために、自分にとって効果的な方法を探る。

⇦

ストレスの予防・対処法がわかる
原因などを知ることで、ストレスを避けたり抑えたりすることができる。また、実際に反応が出たときの対処がわかることで、心身への悪影響を避けられる。

第7章

変化しつづけるこころとからだ

～成人期以降～

成人期の発達

いくつになっても人は発達する？

子どもと比べて、大人はさほど変化せず安定しているように見えるもの。しかし、こころやからだはいつでも変化するものなのだ。

大人になっても変化は続いていく

生まれたばかりの赤ちゃんは、からだが小さく、自分で動くことができません。やがて、自分で歩くようになり、ことばを話すようになります。こころもからだも著《いちじる》しく発達し、その変化はめざましいものがあります。

では、大人はどうでしょうか。30歳の人と40歳の人を比べてみると、一見同じように見えるかもしれません。しかし両者のこころのあり方は大きく違います。からだが成熟しても、こころは常に変化しつづけているのです。

その1つが**アイデンティティ**（→P164）の変化です。**青年期**まではアイデンティティを確立する、つまり「自分自身をつくる」ことが課題でしたが、**成人期**以降は「次世代や将来世代を育てる」ことが課題となってきます。

子どもは年齢に応じて変化していきますが、大人は、その人が置かれた立場や個人的な経験によって変化することが多いと考えられています。

体力は衰えても知能は衰えない

年を重ねるにつれて、からだは衰えていきます。老眼になったり、筋力が衰えたり、柔軟性や瞬発力、バランス能力なども低下していきます。こうした変化を「**加齢性変化**」と呼んでいます。

しかし、年をとることで失うものばかりではありません。ある種の**知能**は、年齢とともに高くなるというデータもあります。ホーンとキャッテルという研究者によれば、人間の

キーワード

加齢性変化
赤ちゃんが大人として成熟するまでの上り坂の発達に対して、それ以降の下り坂の発達を「加齢性変化」という。発達心理学は、この2つの方向の変化を含んだ、人間の一生におけるこころとからだの変化を研究対象としている。

流動性知能
推理や推論、関係性の把握、問題解決などをつかさどる能力のこと。新しい情報を獲得して情報処理する能力ともいえる。30代から50代でピークを迎え、その後は急速に低下していく。

アイデンティティは生涯を通じてつくられるもの

アイデンティティは青年期に確立されて終わるものではなく、
年代に応じて変化していく。

青年期まで
自分自身を確立する

「自分とは何者か」「どう生きていくか」という問いに答えるため、悩み葛藤しながら自立をしていく。

成人期以降
次世代を育てる

家族を持ち、子どもを育てたり、後輩を教えたりと若い世代を導き、保護することに意義を見出す。

知能は**流動性知能**と**結晶性知能**に分けられます。流動性知能は青年期以降衰えていきますが、結晶性知能は年齢とともに上がっていくといいます。大人になっても老人になっても、人間は常に発達しつづけているのです。

結晶性知能
自分の国の生活や文化に適応していく過程で身につく知識、社会的技能、実際の生活の中での問題解決能力をさす。若い頃は低いが、年齢とともに上がっていく。

経験を行動に生かすことができる？

年をとることは「経験を積み重ねる」ことでもあります。ソルトハウスという研究者が、19～72歳までのタイピストにさまざまな課題を与えたところ、指の動きのスピードを競う課題では若いタイピストが勝っていました。しかし、文章を打ち込む課題では、年齢による差はみられませんでした。

年をとると素早い動きは苦手になりますが、単語や文章を先読みするなどで、その遅れをカバーしていたのです。こうした長年の経験や学習によって得られる高度な技能や技術を「熟達性」と呼んでいます。

仕事

働くことに求めるものは年代で変わる

働くことへの意味づけは人それぞれ違うものだ。また、年代や性別でも違いが現れるという。

仕事をすることの意味はさまざま

学校を卒業すると、多くの人は、社会人として仕事をすることになります。成人期以降、1日のうち大半の時間やエネルギーを費やす仕事は、社会的にも心理的にも大きな意味を持ちます。

仕事を通じて自分のやりたいことを実現したり、自分らしい生き方を目指していく人もいます。働くことの意味(価値)をどのようにとらえるかは、人によってさまざまです。

一般に仕事を中心とした経歴を「**キャリア**」といいます。仕事を選択したり、それに適応していくには、自分の適性や能力、その仕事の現実を把握する必要があります。こうした能力や知識、行動様式などの発達を「キャリア発達」といいます。キャリアの発達は、就職すれば終わりというわけではありません。就職してからも、その仕事が本当に自分に合っているのかどうかの検証が必要になります。アメリカの心理学者スーパーは、キャリアの発達は生涯にわたるものと考え、年齢に応じて「成長期」「探索期」「確立期」「維持期」「下降期」の5つの段階に分類しています。

キーワード

キャリア
広い意味では人生の中で果たす役割の変化をさすが、一般には仕事上の地位と役割の変化(経歴)のことをいう。

職業への意識の変化

成長期(0～14歳)
欲求や興味が重視される(0～12歳)。仕事に必要な能力を考える時期(13～14歳)。

探索期(15～24歳)
経験や他者との会話などを通じて志望の職業を見出し(15～17歳)、現実的に自分に適した職業を選ぼうとする時期(18～24歳)。

確立期(24～44歳)
本当に自分に合った職業なのかを検証する(24～30歳)。また、働き方が安定し、地位を固めようとする時期(31～44歳)。

維持期(44～64歳)
仕事の地位が安定している時期。

下降期(65歳)
仕事から身を引いていく時期。

す（↓P198図）。

大人になるほど経済的な安定を重視

仕事に対する価値観は、年齢によって変化します。とくに、20代と30代以降では大きく変わるといいます。

これにはキャリアの発達が深く関わっています。20代前半は、自分に合う仕事を選択しようとする探索期。後半は確立期に突入しますが、本当に自分に仕事が合っているかを検証する時期で、仕事を通じてアイデンティティを確立する時期ともいえるでしょう。30代以降は働き方が安定し、仕事での地位を固めようとする時期に入ります。そのため安定志向がめばえてきます。

価値観の変化

職業に求める価値観は？

①自分の能力の活用	⑦自立性	⑭社会的交流
	⑧創造性	⑮社会的関係
②達成	⑨経済的報酬	⑯危険性
③昇進	⑩ライフスタイル	⑰多様性
④美的追求	⑪人間的成長	⑱働く環境
⑤愛他性	⑫身体的活動	⑲肉体的能力
⑥権威	⑬社会的評価	⑳経済的安定

※対象は成人男性（中西、1995年より）

20代

自分の能力を活用して人間的に成長したい

「ほかの年代よりも重視するものは7項目で（①⑧⑩⑭⑮⑯⑰）、自身の成長や人間関係を重視。

30代

安定したい

20代より重視するのは⑳のみ。多様性や人間関係を重視する傾向も減り、全体的に安定を求める。

男女による仕事の価値観の違い

仕事の価値観は、性別でも違いがみられます。男性は女性よりも「昇進」「愛他性（他者の利益を目的とすること）」「権威」「創造性」を重視しており、仕事を通じた自己実現を目指す傾向があります。一方、女性は男性よりも「社会的関係」を重視していますが、近年、男女差は減少しつつあります。

結婚

してもしなくても、個人の自由

結婚することが当たり前ではなくなりつつある。結婚の意義や結婚に求めるものはどういうものなのだろうか。

結婚は成人期の目的の1つ?

30歳くらいになると、「まだ結婚しないの?」と言われることが多くなります。**晩婚化**をはじめ、ライフスタイルが多様化した現代でも、結婚して家庭を持つのが「普通」だという意識は根強いようです。

結婚には、どのような意味があるのでしょうか。精神分析家エリクソンによれば、結婚によって一生をともにするパートナーとの人間関係をつくり上げることが成人期前期の重要な課題だといいます。

社会学的な立場から見ると、生まれ育った家庭(定位家族)から脱して、自ら選んだパートナーと新しい家庭(**生殖家族**)を築いていくことになります。社会的な最小集団をつくる基礎となるのが、結婚だといえます。

多様化の時代。自由に選択できる

一方でかつてのように結婚適齢期やある程度の年齢になったら結婚するとか、結婚を考えるのが当たり前といった風潮は薄まっています。

その背景には、多様性が認められやすくなったことが挙げられます。女性の社会進出が増え、年齢にしばられず、晩婚化が進んでいること、また、あえて結婚しない選択をする人も増えています。同性同士の結婚(自治体のパートナーシップ制度など)も広がりつつあります。

人々の多様性に応じて、結婚してもしなくてもよい、自由な生き方を選べるようになった社会背景が結婚観に深く影響しています。

キーワード

晩婚化
初めて結婚する年齢が高齢化する現象をさす。日本では1970年代後半から晩婚化が進んでおり、世界の中でもその傾向が強い。厚生労働省の調査では2020年の平均初婚年齢は男性31・2歳、女性29・4歳となっている。少子化を招く大きな要因の1つと考えられている。

生殖家族
自分が生まれ育った家庭(定位家族)に対して、パートナーとともに築く新しい家庭をさす。パートナーや子どもの人数など、自分の選択が関わって築かれるもの。

結婚相手を選ぶときに重視するもの

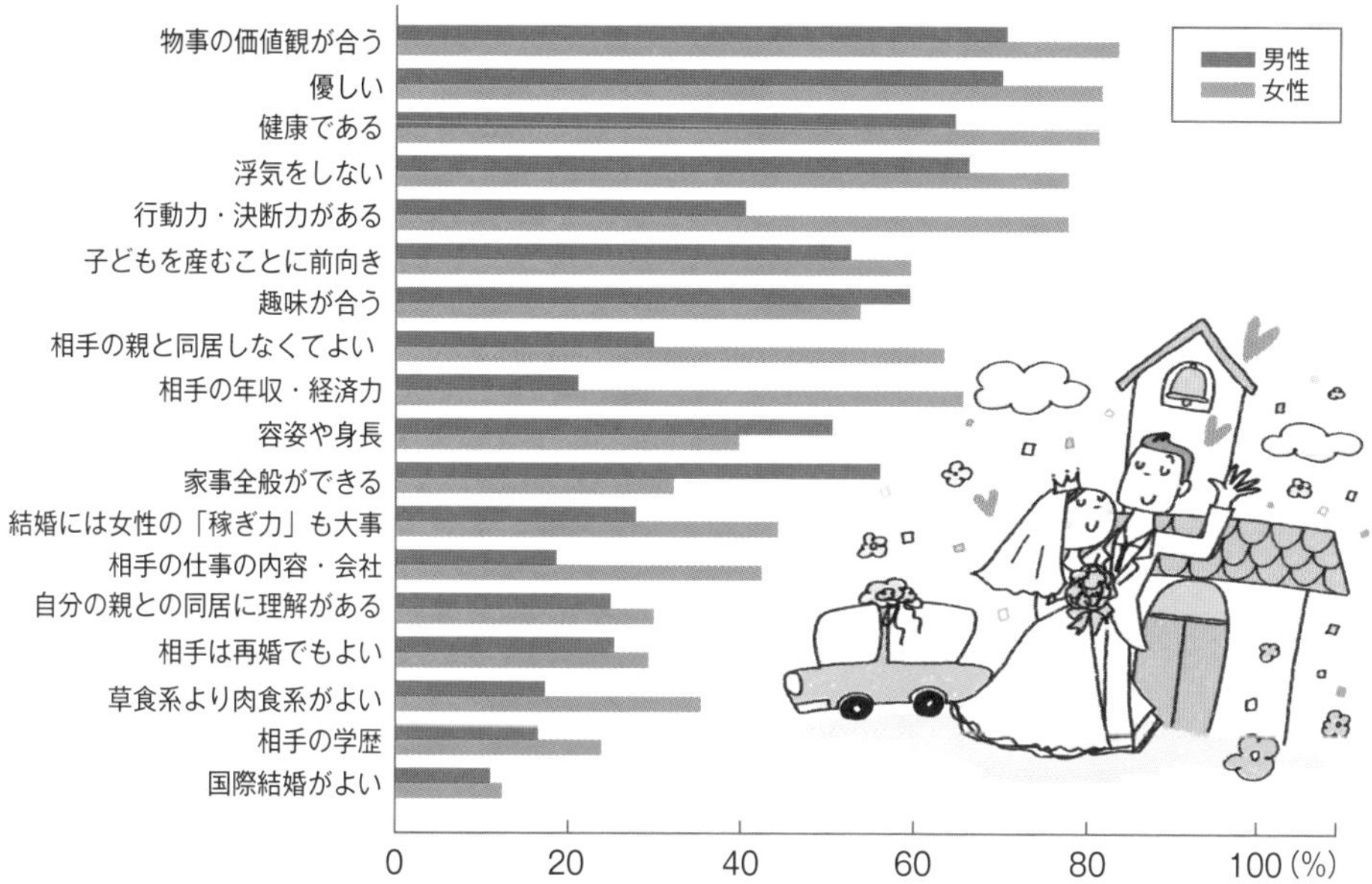

＊20・30代の独身男女の回答（明治安田生活福祉研究所 2016年「20～40代の恋愛と結婚」より）

結婚に夢や希望が持てないことも

近年の社会情勢では右肩上がりの経済は望めず、収入を考慮すると結婚して家庭や子どもを持つのは大きな負担やリスクだと考える人も増えています。また、将来の夢や希望が持てなくなった人も少なくありません。

女性では、出産・育児によって積み上げてきた仕事のキャリアが中断され、収入が減少するなど、結婚に対してマイナス評価をする人もいます。

このように結婚観は大きく変化しており、自分が結婚に何を求めるのか、また結婚してもしなくてもどう生きていくのか、生きていきたいのかを考える必要があります。

結婚しない理由は？

独身者に結婚していない理由を尋ねたところ、女性は「結婚したいと思える相手がいない」、男性は「家族を養うほどの収入がない」という答えが一番多くみられました。（明治安田生活福祉研究所、2016年）。そのほか、男性・女性とも「精神的に自由でいられなくなる」「時間的に自由がきかなくなる」などの理由もみられました。

親の発達

子どもを持つと人はどう変わる？

「子どもが生まれてから性格が丸くなった」など、親となることで人格などに変化が現れる人は多い。

親の愛情は育っていくもの

子どもを持つと、「親」という新たな役割が生じます。しかし、親として子どもを慈《いつく》しむ気持ちは、持っているものではありません。

母親の場合は、おなかが大きくなったり、胎動《たいどう》を感じたりするにつれて、子どもの存在を認識し、「かわいい」と思うようになります。父親は、妻のおなかが大きくなる様子や赤ちゃんのエコー画像を見たり、妻から胎動について聞いたりすることで、子どもの存在を認識していきます。

そして出産後は、母親も父親も赤ちゃんとの**相互作用**（↓P57）を通して、**愛着**（↓P58）を形成していきます。親としての気持ちは本能的なものではなく、子どもと関わる中で、慈しむ気持ちが高まり、それにしたがって行動できるようになるのです。こうしたことから、子への愛情を表すことばとして「母性・父性」ではなく、「**養護性**」ということばが用いられるようになりました。

親となることによる人格の変化

自己抑制
他者の迷惑にならないよう心がけるようになった。

生きがい
自分はなくてはならない存在だと思うようになった。

自己の強さ
自分の立場や考えをきちんと主張しなければと思うようになった。

柔軟性
考え方が柔軟になった、他者へ寛大になった。

視野の広がり
環境や教育についての関心が増した。

運命と信仰の受容
信仰や宗教が身近になった。

（柏木・若松、1994年より）

子育てを通じて親自身も育つ

ハヴィガーストという教育学者は、18～30歳頃の課題として「第一子を家族に加えること」を挙げています。達成するかどうかは別にしても、子どもを育てることが、人生の一大事業であることは間違いないでしょう。子育ては、1人の「ヒト」を「人間」として社会に送り出すという大きな意味を持つのですから。

また「育児は育自」といわれるように、親自身の人格も大きく成長します。親になる以前の自分と比べると、「柔軟性」や「自己抑制」「自己の強さ」など、さまざまな変化を感じるといいます（→P202図）。子育ては勉強や仕事とは全く異なる経験で、思い通りにならないことも多く、それが親自身の成長につながっていくのでしょう。

夫婦の関係よりも親子の関係を重視

子どもの誕生は、母親、父親それぞれに人格的な変化だけではなく、夫婦関係にも影響をもたらします。例えば、お互いのことを「ママ」「パパ」と呼んだり、母親は子どもと添い寝し、父親は別室で寝るといったケースが日本ではよくみられます。

日本では一般に、父親の育児参加が少なく、子どもが生まれることで、一家の大黒柱としていっそう仕事に励むという人が多いため、母親は時間的にも心理的にも、子どもにかかりきりになります。

その結果、夫婦としての関係は後退して、親子関係が前面に現れた家族になっていくと考えられます。

キーワード

養護性
幼いものやか弱いものを慈《いつく》しみ、育てようというこころとそれに基づく行動をさす。男女問わず、子どもと関わることで生まれてくる。幼い頃から、その準備が始まっているという説もある。

次世代を育てることは子育てだけではない

アメリカの精神分析家エリクソンは、「次世代の確立と指導に対する興味・関心」を「世代継承性（生殖性）」と名づけ、35～60歳頃の重要な課題だと言っています。

この課題の達成としてもっともわかりやすいのが、自分の子どもを産み育てることですが、それだけではありません。養子を育てたり、地域社会の子どもを見守ることや、発展途上国の子どもたちの援助をすることも、それに当たります。職場の後輩を指導したり、作品や建築物などを次世代に残すことなども含まれるでしょう。決して出産・育児をしなければ、人間的に成長しないというわけではありません。

育児不安

子育てに自信のある人はいない

親にとって子育ては一大事業。
親はときとして不安や悩みを抱えながら子どもと向き合っている。

子育ては楽しいけれどつらい

この30年ほどで、**育児不安**を抱える親が増えているといわれています。

文部科学省の調査（2020年）では、子育てをしていてよかったと感じるのは、「子どもが喜んだ顔を見るとき」が74・3％ともっとも高く、「子どもの成長を感じるとき」「子どもと話したり、遊んだりするとき」と続きます。

一方、子育てをしていて「よかったと感じたことはない」と答えた人も1・7％いました。

男女別では「楽しいと感じることのほうが多い」という人の割合は、男性より女性のほうが多かったとか。

実際に負担を感じることとしては、男女ともに「経済的な面での負担」がトップを占めています。さらに女性は「自分の体力面」「精神的にキツい」「時間に余裕が持てない」などという回答が多くみられました。女性は子育ての楽しさとともに、つらさも強く感じているといえます。

子育てについての悩みや不安

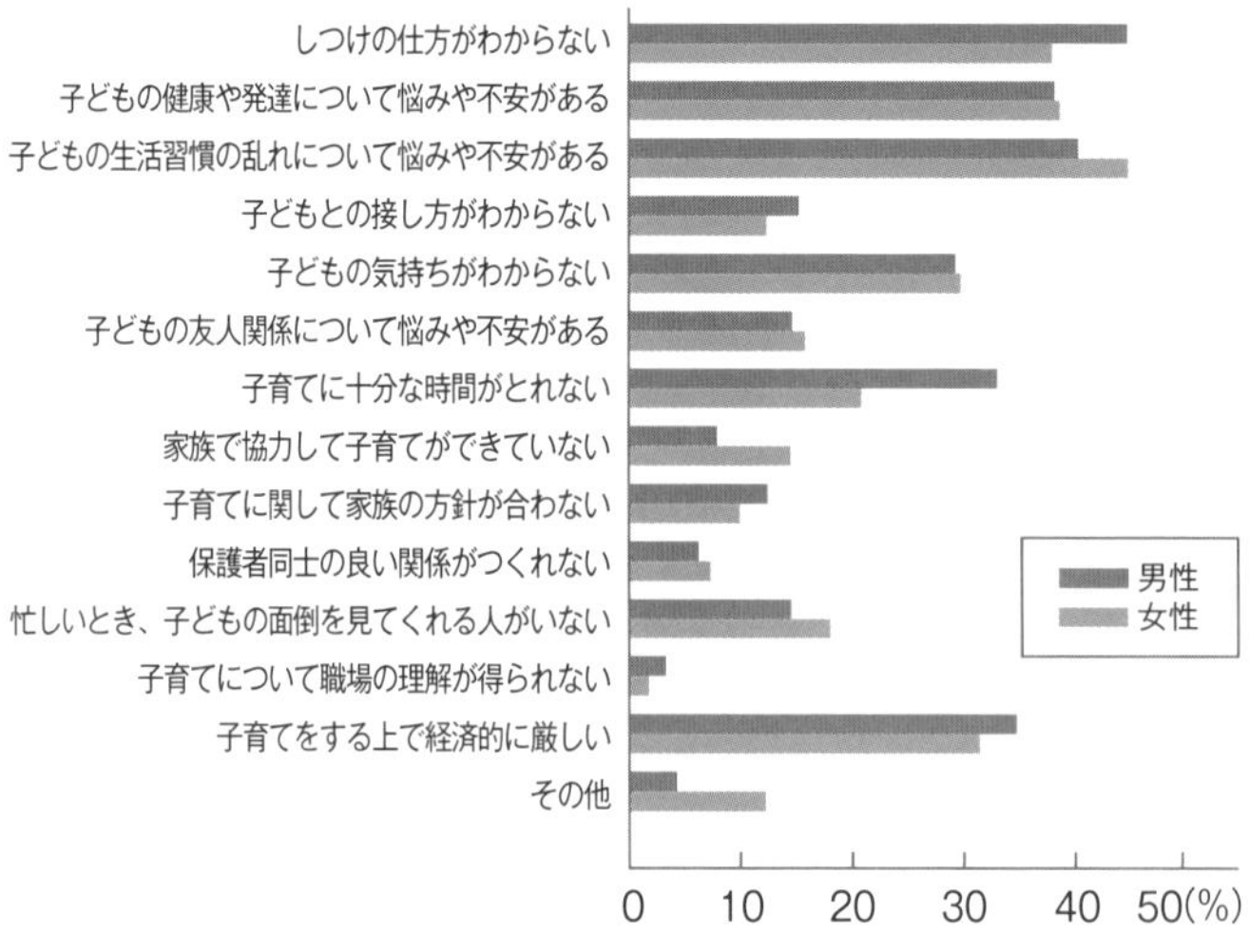

（文部科学省令和２年度「家庭教育の総合的推進に関する調査研究～家庭教育支援の充実に向けた保護者の意識に関する実態把握調査～」より）

育児不安は どうして起こる?

育児不安はなぜ生まれてくるのでしょうか。その理由の1つに、子育てのイメージと現実とのギャップがあります。子育てというと一般に〝子どもはかわいくて愛すべき存在〟〝結婚して子どもができれば幸せになる〟というポジティブなイメージが強調されがちです。

しかし、すべての人が子どもを愛せるとは限りません。また子どもができたからといって、必ず幸せになれるわけでもありません。こうした現実とのギャップが、育児不安を招く一因になっていると考えられます。

また、父親の育児参加の少なさが、母親の育児不安を助長するという面もあります。父親がほとんど育児に参加していない場合、母親の育児に対する否定的感情が強くなることが、日本の研究で明らかになっています。

完璧を目指さないで 周囲にも相談を

子育ては、人生における一大事業です。だからといって「完璧にしなければ」とがんばり過ぎると、自分が苦しくなってしまいます。〝ほうっておいても子どもは勝手に育つ〟というような開き直りも、ある程度は必要なのかもしれません。大切なのは、自分1人でイライラや不安な気持ちを抱え込まず、自分の気持ちを受け入れてくれる機会や場所を見つけること。

パートナーと十分話し合ったり、親同士のサークルやネットのコミュニティ、幼稚園や保育所などで相談するのもよいでしょう。公的な機関の育児サポートや情報提供なども役立ちます。

キーワード

育児不安

育児に伴う不安感や負担感、イライラなどをさす。育児ノイローゼやうつ、さらには虐《ぎゃく》待《たい》、親子心中など深刻な問題につながることもある。日本の親はほかの国に比べて、育児不安が強い傾向があるといわれている。

働く母親のほうが育児に肯定的

育児不安の強さには母親が働いているかどうかも関係しています。文部科学省の研究（2001 年）では、フルタイムの仕事をしている母親の育児不安が 40%未満なのに対し、無職の母親の育児不安は 60%を超えていると報告されています。

女性にとって育児不安は、育児そのものに対する不安や悩みだけでなく、自分自身の将来に対する焦りや不安でもあります。育児に専念しようと仕事を辞めたのに、生きがいや充足感を見出せない――その葛藤が育児不安として現れるのではないでしょうか。

夫婦関係はなぜ壊れてしまうのか

結婚生活が一生続くとは限らない。結婚生活5年以内に別れる夫婦もいれば、長く連れ添った末に別れる夫婦もいる。

離婚の理由で多いのは性格の不一致

「運命の人だ!」と思って結婚しても、**離婚**に至ることはあります。厚生労働省の統計によると、１９７５年頃から上昇していた**離婚率**は、２００３年からやや減少傾向にあるものの、２００８年には約25万組が離婚をしています。約2分に1組が離婚している計算です。「バツイチ」「バツニ」ということばが広まっているように、離婚は身近な問題になっているといえます。

離婚に至る理由は何でしょうか。家庭裁判所に離婚調停を申し立てたケースでは「性格の不一致」が一番多いようです。性格が合わないだけでなく、価値観や生活習慣、行動パターン、金銭感覚など、夫婦間のさまざまなズレを表していると考えられます。

ものごとの価値感が合うことで相手を選んでいても（↓P２０１図）、いっしょに暮らすうちに嫌な面が見えてきたり、「これくらいなら」と目をつぶっていた違和感が許せなくなったりするのでしょう。

どうして離婚をしたのか

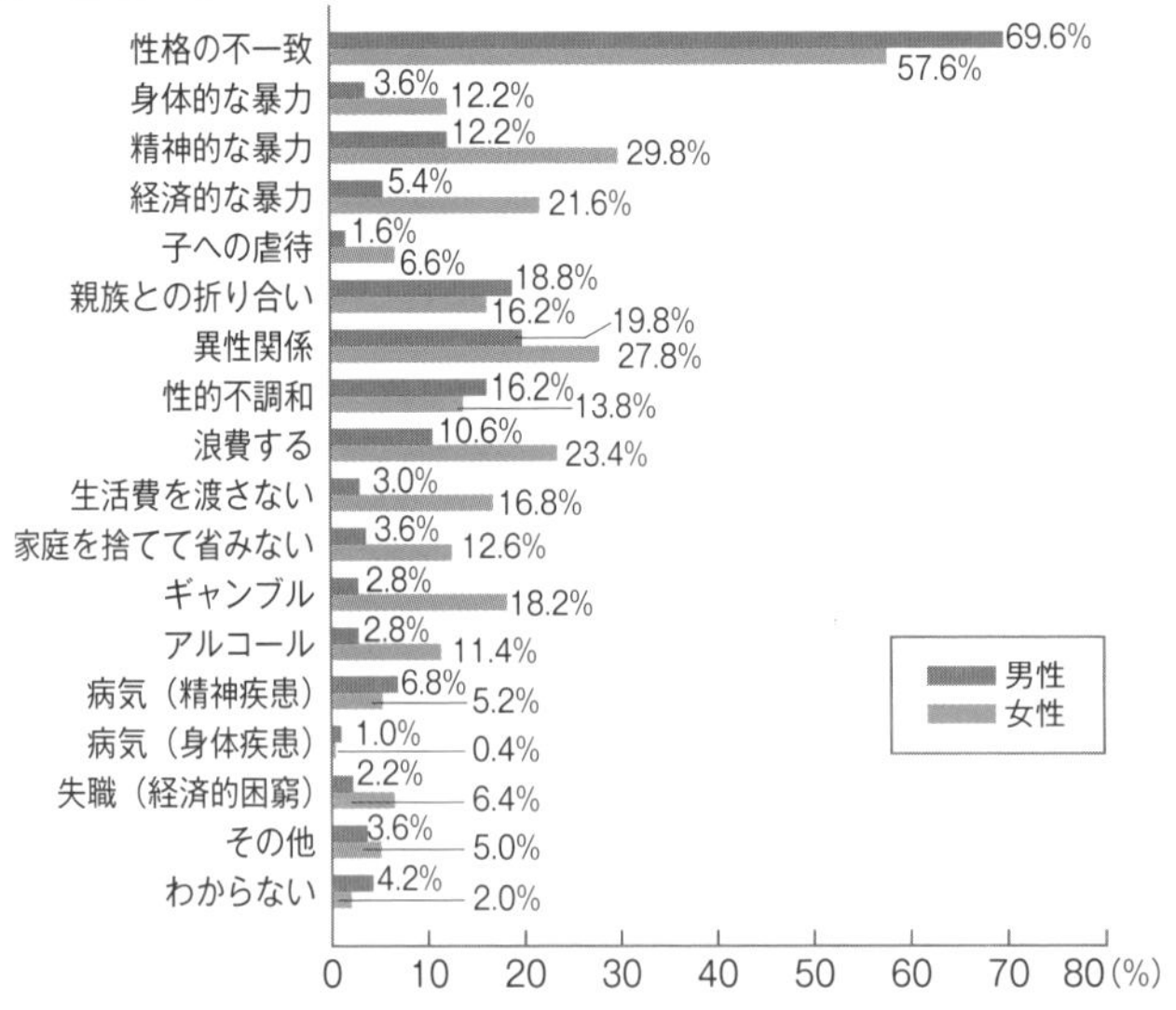

（令和２年度法務省委託調査研究「協議離婚制度に関する調査研究業務」報告書より）

長く続いても別れることもある

離婚に至るまでの同居期間を見ると、5年未満というケースが31・7%ともっとも多いです。しかし、結婚年数が長い夫婦の離婚の割合も増えてきています（↓左図）。「熟年離婚」の申し立ての大半は、妻からです。寿命はのび、夫の定年退職後10年以上も生活をともにすることになります。そこに自分の幸せが見出せないことが、離婚を決断させる一因になるようです。

また最近では、子育ての終わった夫婦が、円満に離婚を選択するケースも増えています。個人としての人生をまっとうしたい考え方に基づき、「卒婚」ともいわれます。それぞれが自分の幸せを求めることで、ライフスタイルは多様化していきます。

離婚に至るまでの年数

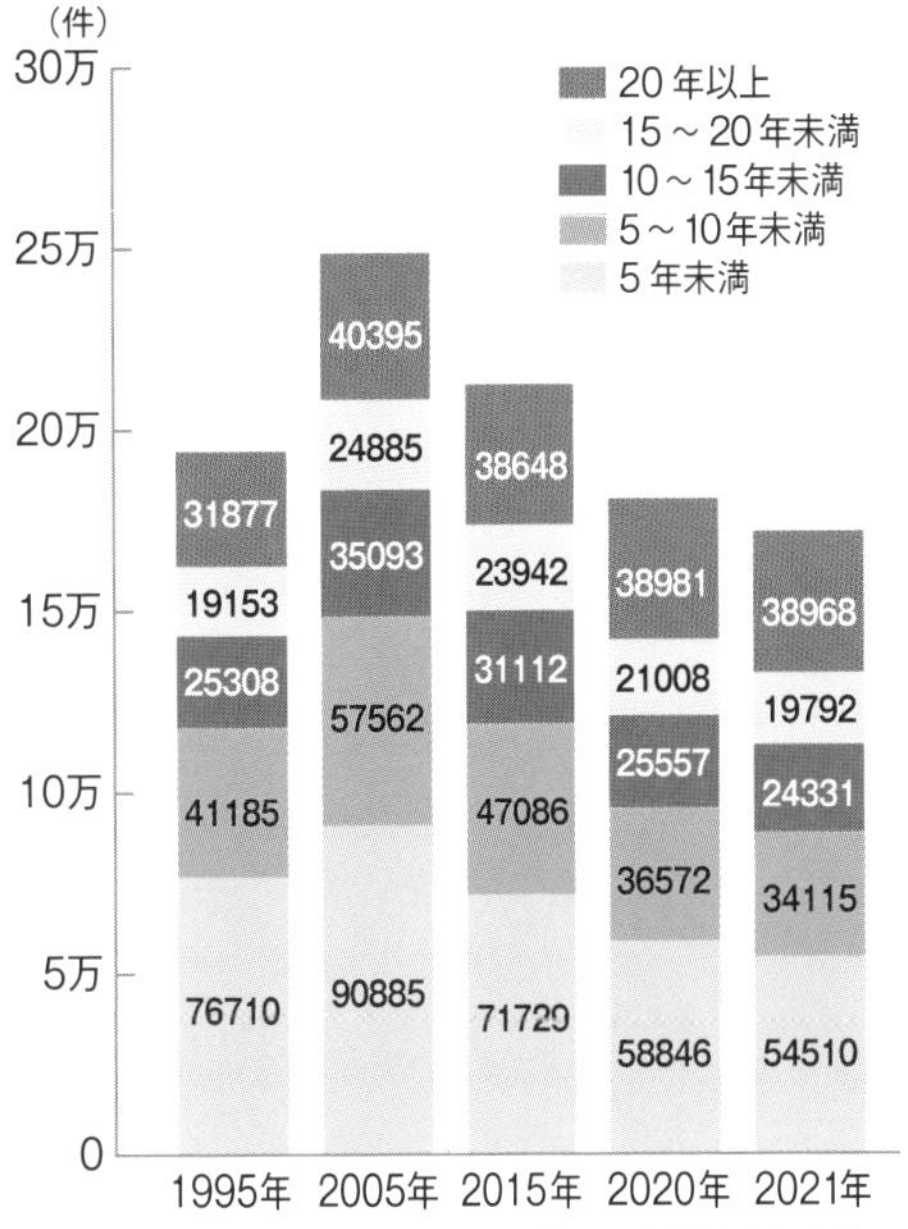

（厚生労働省 2021年「人口動態統計」より）

キーワード

離婚率
1000人の人がいた場合に、そのうちの何組の夫婦が離婚しているかを示したもの。

離婚は子どもにも影響する

離婚すると、妻、あるいは夫である自分ではなくなり、アイデンティティは大きく変化します。また本人だけでなく、子どもにも大きな影響を与えます。

例えば離婚の原因は自分ではないかという罪悪感を抱いたり、父母とのつき合い方に悩んだり。離婚に伴う引っ越しや転校も子どもにとっては大きな事件です。

ただし、必ずしも悪い影響ばかりというわけではありません。両親の葛藤に巻き込まれていた場合は、離婚したほうがよかったと子どもが思っているケースもあります。

大切なのは、なぜ離婚したのかを子どもが子どもなりに理解できるよう伝えることです。また夫婦が離婚しても、子どもにとっては父であり母であることに変わりありません。離婚した相手のことを悪く言うのは、できるだけ避けるほうがよいでしょう。

中年期

「人生の正午《しょうご》」は危機がいっぱい？

中年期は人生の折り返し地点とされる。身体的な衰えや家庭・職場での変化もあり、心理的な危機が起こりやすい。

働き盛りは問題が生じやすい

中年期は働き盛りの労働者であり、子どもがいれば親としての役割もあります。また、地域社会でも中心を担《にな》うべき年代です。人生で多くの役割を担う時期ですが、その一方、内面的に危うさをはらむ時期でもあります。

誕生してから成人するまでは、こころもからだも坂を上るように発達していきます。しかし、**老年期**に入ると、坂を下るように衰えていくのです。中年期は、ちょうど人生の折り返し地点で、さまざまな問題が生じやすいのです。

からだや仕事などさまざまな変化が

まず現れてくるのは、からだの変化です。中年期になると、多くの人が体力に不安を感じるもの。女性では更年期を迎え、心身ともにバランスを崩しやすいようです。

こうしたからだの変化から、自分の人生の残り時間が少なくなってきたことにも気づきます（**時間的展望**の変化）。

また、終身雇用制度や年功序列制度が崩れる中で、挫折を経験したり、リストラにあう人もいるでしょう。

さらに、子どもの親離れによって、夫婦の関係にも変化が生じます。女性は**空《から》の巣《す》症《しょう》候群《こうぐん》**に陥《おちい》るケースも少なくありません。

こうした問題に直面することで「自分の人生は間違っていたのではないか」と、**アイデンティティ**（→P164）が揺らぎ始めます。このアイデンティティの危機を「**中年期クライシス**」といいます。

キーワード

中年期
年齢による区分には諸説あるが、本書では40代から50代を中年期としている。

時間的展望
こころの中での時間のとらえ方。過去、現在、未来という時間軸の中で、自分と自分の置かれている状況を関連づけて理解すること。

空《から》の巣症候群《すしょうこうぐん》
子どもの自立に伴って、中年期の女性に見られる空虚感、無力感、抑うつ感などをさす。母親の役割を失う、つまり「空の巣」状態になることからくる不安定感が原因。

自分の人生について再び考える

アイデンティティが揺らぎ始めると、改めて、自分自身のあり方や生き方などを振り返ることになります。

そして、人生の目標を再設定したり、目標までの道のりを変更したり、配偶者との関係を再構築したりと、生き方の軌道修正を試みるのです。軌道修正がうまくできれば、アイデンティティを再構築し、自分に対する自信を取り戻すことができます。

人は、誰でも年をとります。時間や体力、能力に限界があることを頭ではわかっていても、若いうちは実感できません。

しかし、中年期では自分の能力の限界を突きつけられます。**うつ病**などこころの病につながることも。「若くない自分」「能力に限界のある自分」を受け入れ、後半の人生の舵を取っていくことが重要です。

うつ病
精神障害の1つ。脳内の神経伝達物質が減少することで起こると考えられている。気分が落ち込んでやる気が出ず、不安感、絶望感などのほか、睡眠障害や食欲異常なども現れる。自殺につながることも多い（→P215）。

中年期の危機

身体的な変化
体力の衰え、老化、病気の増加、性機能の低下など。

職業上の変化
昇進や挫折、仕事上での限界の認識、新たな技術への対応など。

家族関係の変化
子どもの自立、親としての役割の減少、老親の介護など。

↓ さまざまな変化への対応が求められる

アイデンティティの再構築が必要

危機を乗り越えるプロセス

1 からだの変化を認識する
加齢に伴う体力の衰えを認識し、危機に陥《おちい》る。

2 人生を振り返る
これまでの人生を振り返り、これからの生き方を模索し始める。

3 目標などの軌道修正をする
将来に向けて、生活や価値観、他者との関わり方などを修正する。

4 アイデンティティを再確立する
自分自身を肯定的にとらえられ、納得した生き方を獲得する。

自分の生き方

環境の変化に合わせて柔軟に対応する

中年期は仕事や家庭、地域ともっとも深くつながり、安定した時期とされる。しかし、不確定要素の多い現代では、中年期のあり方にも変化が訪れている。

自分の置かれている立場を考える

中年期は、それまでの人生の積み重ねによって家庭も仕事も円熟期に至り、充実した時期とされています。個人差はあるものの、プライベート面では多くの人が子どもの自立や結婚、さらには自分たちの老後を見据えた準備を始める頃でもあります。

仕事の場では部下を持ち、上役との板挟みになって何かと気苦労の増える時期でもあります。各種のハラスメントなど職場のトラブル、働き方改革による長時間労働や正規・非正規雇用の問題の改善などに頭を悩ませることも多いようです。

さらに近年では社会変動が大きく、何が起こるかわからず、先の見通せないことが増えています。大企業であっても倒産の危機に見舞われたり、世界的な感染症の流行などによって、これまで通りの生活や社会システムが通用しなくなっています。

こうした社会変動の中で、どう生きていくのかを考えな

気を使うこともときには必要

40～50代
自分の立場を考え、周囲に気を使う
いつもご苦労さん
さすがですね
部下
上司
これたのむぞ
できません
20代
言いたいことを言い、やりたいことをやった

相手の立場や気持ちを考えて発言・行動する。これは夫婦間・親子間でも同じ。

ければならなくなっています。

柔軟な考え方が求められる

社会変動やトラブルなど予測不能な事態が起こったとき、これまで通りの生き方や自分のやり方を押し通そうとすると軋轢《あつれき》が生じやすくなります。

人生は自分の思い通りにはならないものであり、青年期に抱いていた理想やイメージ通りにはいかないことも多いのです。そんなとき、自分を変えられず、柔軟性の乏しいアイデンティティのままでは生きづらくなる一方です。

仕事でも家庭でも対人関係を良好に保ち、協調関係を築けるか、相手の気持ちを考えられるかが、重要となってきます。

つまり、中年期なりのコミュニケーション能力や対人スキルの向上が必要になるということ。とくに男性はなかなか変われない、変えられない傾向があるため、意識して取り組むことが大切です。

子どもの独立や更年期にも柔軟に

中年期には、家庭内でも子どもの就職や自立、結婚など大きな変化があります。このとき、意見の対立が起こりやすいのですが、子どもの人生を尊重し、やはり柔軟なアイデンティティでのぞむことが求められます。

また、男女ともに更年期を迎える時期です。とくに女性ではさまざまな不定愁訴に悩まされることが多くなります。

予期せぬ出来事が起こったら

どうしていいかわからない!
状況に応じて対応できることが大事
あれはどうか?
これはどうか??
そのためには、積極的にいろいろなことを学ぼう

従来のやり方にこだわらず、柔軟な考え方・姿勢で取り組む。

親の介護

本人の希望を生かしつつ、周囲と協力も

中年世代にとって介護問題は、近い将来自分たちが果たすべき課題であり、さらにその先に自分たちの老護問題をどうするのかということにもつながっている。

きょうだいの数で介護のしかたが変わる

近年、日本では高齢化に伴って介護生活が長期化する傾向があり、介護する側にとって経済的にも肉体的・精神的にも大きな負担がかかりつづけることが予測されます。

介護問題は各家庭によって事情が異なり一概にはいえませんが、その負担をどのように分散し、軽減するかが重要です。きょうだいがいれば役割分担が可能ですが、金銭問題が絡《から》むときょうだい間でも押しつけ合うことがよくあります。また、現在ではひとりっ子の家庭も多く、そうなると自分と配偶者の両親を少ない人数で介護する事態も発生します。

従来、介護といえば女性がその役割を担《にな》うことが多かったのですが、最近では女性もフルタイムの仕事を持つ人が多く、それもできなくなっています。

大切なのは、誰か1人に介護の負担が偏《かたよ》らないようにすること。そのためには専門家に相談し、公的介護サービス

要介護者と介護者の関係

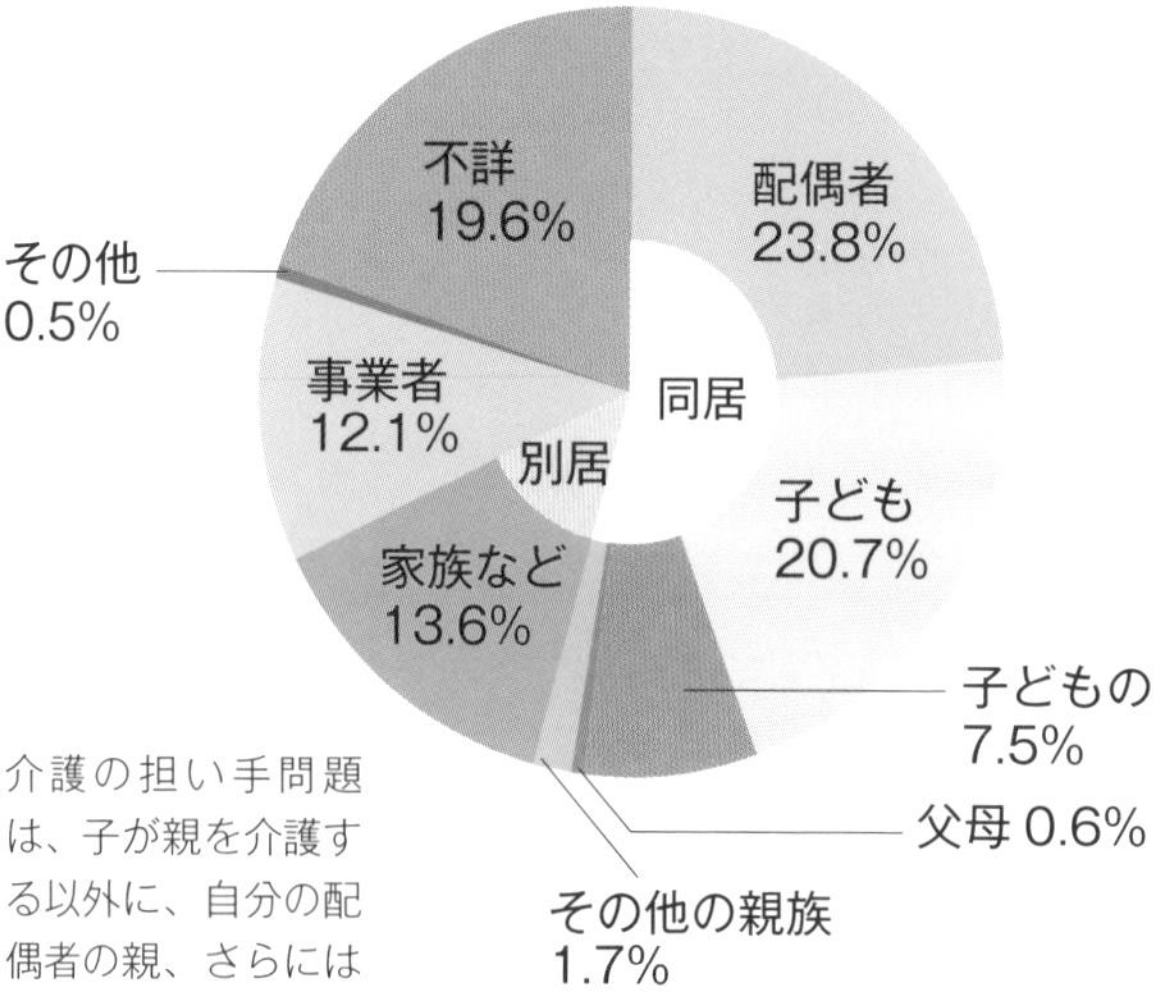

介護の担い手問題は、子が親を介護する以外に、自分の配偶者の親、さらには配偶者同士の老老介護もある。

（厚生労働省 2019 年「国民生活基礎調査の概況」より）

親に介護が必要になったとき考えることはたくさんある

誰がどういうふうに？
経済的な面は
どうする？
親はどう
考えている？
在宅で？
それとも施設入所？
自宅なら改装？
施設ならいろいろ
調べないと！

を利用するなど負担を軽減する対策をとる必要があります。

ところで、介護というと苦労するとか大変だとか、つらく苦しいといったマイナスイメージが強いのですが、実は心理的には**肯定的影響**があることも調査で明らかになっています。

親の希望に子どもが協力するのがベスト

介護をするとき、第一に考えたいのが介護される側の希望に寄り添うこと。

もちろん、経済的・人的事情によってすべて希望通りにならないこともあります。施設に入所するのか、在宅での介護か、また延命治療をどうするかといったことなど、本人が何を望んでいるのか話をよく聞き、お互いに後悔しないようにしておきましょう。

介護にかかる費用については、要介護者の多くが年金生活者であるため、貯蓄などの蓄えがないかぎり費用の不足分を誰かが負担することになります。この場合、誰かに負担を強いると、トラブルや遺産相続などでこじれやすいため、あらかじめ決めておきます。

キーワード

介護の肯定的影響

介護は困難なことが多く、マイナスイメージが強いが、介護することで相手の立場や気持ちをくみ取ること、柔軟さや自己抑制が身につくこと、また福祉や環境などの社会問題に意識が向くようになるといった、介護する側のこころの発達がみられ、プラスの影響もあることがわかった。

親の介護をしながら自分の老後を考える

親の介護をするうちに、自分たちもいずれ同じ道を通ることに気づきます。すると、親の介護時に生じた問題を自分たちはどうすれば避けられるのか、自分の子どもには同じ思いをさせたくないと考えるようになるものです。

これをよいきっかけとして、早い時期から終活をはじめ、貯蓄や保険の見直し、終《つい》の住処《すみか》をどうするかといったことを考えてみましょう。何より、自分は人生の最後をどう過ごしたいのか、家族で話し合って決めておくと安心です。

TOPIC 06

中年期に起こりやすいこころの病

うつの症状はこんなところに現れる

からだの不調
- 眠れない
- 夜中に目が覚める
- 肩がこる
- 性欲の低下

など

意欲の低下
- やる気が起きない
- 衣服や髪型などを気にしなくなる
- 人と話をするのが面倒
- 何かをするのがおっくう
- 好きだったことに関心が持てない

など

感情の変化
- イライラしやすい
- 落ち込む
- ゆううつになる
- 不安や焦りがある
- 涙もろくなる

など

アイデンティティの危機はこころの大きな負担

中年期では、アイデンティティの再構築が大きな課題となります（→P208）。それまでの生き方を軌道修正しなくてはならないのですから、本人にとっては大きな負担となります。しかし、うまく再構築できないと、その後さらに大きなアイデンティティ崩壊を招くことにもなりかねません。その1つが、空《から》の巣《す》症候群《しょうこうぐん》です（→P208）。

また、リストラや倒産、介護や育児によるストレス、人間関係のつまずきなどといった社会や環境の変化も重なることで、こころに大きな負担がかかります。エリク

自殺が多いのは40代男性

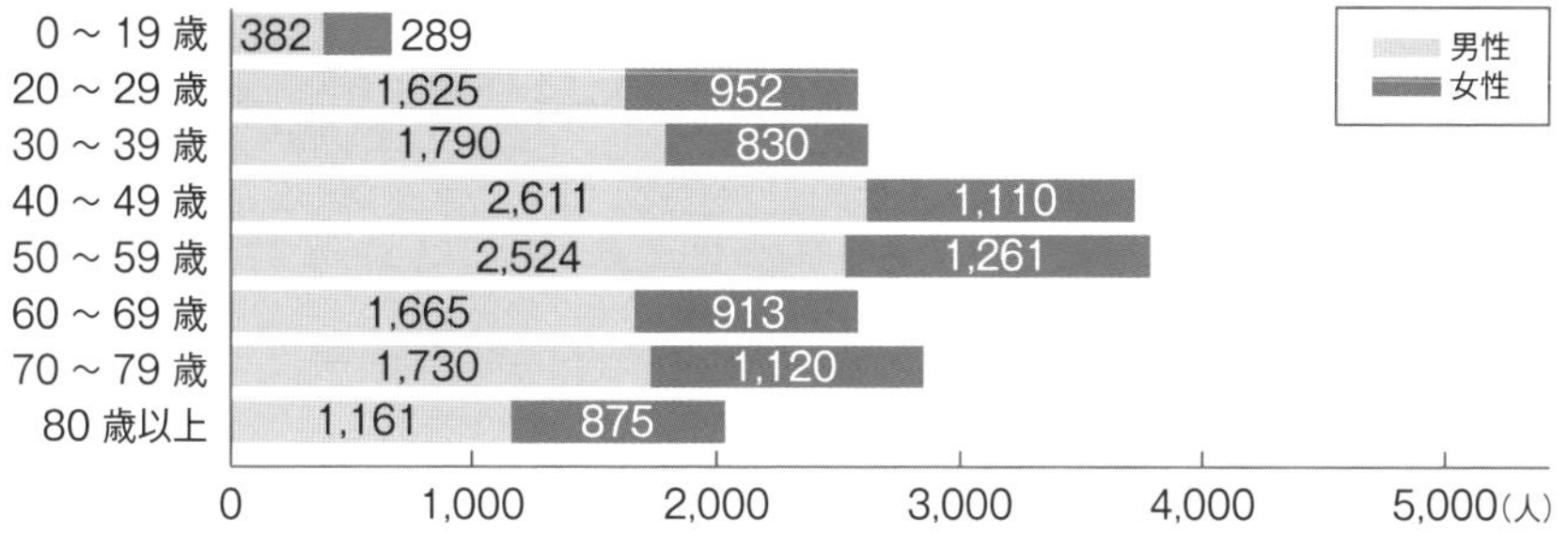

（警察庁・厚生労働省「令和3年中における自殺の状況」より）

ソンのいう「次世代の育成」という課題が、重荷になっていることもあります。

こころの病気から自殺につながることもある

こうしたさまざまな負担が重なることで、「うつ病」を引き起こすケースもあります。成人に多くみられる精神障害で、〝こころのかぜ〟ともいわれています。しかし、かぜのように簡単に治るものではなく、自殺につながりやすいことが大きな特徴です。

厚生労働省の調査（2021年）では、1年間の自殺者数は2万人を超えています。年代別でもっとも多いのが50〜59歳の中年期。圧倒的に男性のほうが多く、女性の2倍以上にも上っています。（↓上図）。また、30〜39歳の成人男性の死因は、自殺がトップとなっており非常に深刻な問題です。

中年期の男性は他人に悩みを打ち明けにくく、1人で抱え込んでしまい、自殺にまで追い込まれるのではないかと考えられます。

それを防ぐ方法の1つが専門家への相談です。話を聞いてもらうことで、こころの負担を減らすことができます。

精神科や心療内科のほか、カウンセラーがいる会社や民間のカウンセリング施設を利用するのもよいでしょう。保健所や精神保健福祉センターで相談できる地域もあります。

さらに地域での育児支援や退職後の生き方を考えるセカンドライフ講習など、中年期クライシスを乗り越えるためのさまざまなサポート体制が広がりつつあります。

老年期

加齢に伴う心身の変化を受け入れる

中年期以上にからだの衰えを感じるとき。老化によってこころにも変化は訪れる。それとどう向き合うかが課題になってくる。

健康に対する不安や悩みが増える

60代以上の**老年期**に入ると、いよいよ本格的な老いを感じるようになります。

内閣府の調査によると、健康状態を「よい」「まあよい」という人の割合は70代まではあまり変わらず、80歳以上では約5割となっています。一方、健康状態が「あまりよくない」「よくない」と意識している人は年とともに増える傾向があります（→P217上図）。また現在の悩み事として、「自分の健康のこと」を挙げた人はひとり暮らしの65歳以上だと58・9％にも上っています。老化は誰もが避けられないもの。老いを嘆くだけでなく、老いた自分と向き合い、前向きに生きることが大切ではないでしょうか。

生活の変化もこころに影響する

老年期には生活が大きく変化します。定年退職を迎えることで外出の頻度《ひんど》は急減し、家での生活が中心となります。収入が減って生活レベルが変わることもあるでしょう。また、人間関係も変化します。とくに家庭や地域社会と関わらず、仕事一筋で生きてきた場合、退職で人間関係を一気に失うこともあります。

こうした生活の変化はこころにも大きな影響を与えます。生きがいを失って、抑うつ状態になってしまう人も少なくありません。しかし、人生80年という現代では、〝退職＝人生の引退〟ではありません。第2の人生の始まりととらえ、新しい生活や活動に柔軟に適応していくことが大切です。

いくつまで働いていたい？

内閣府の調査（2020年度）によると、60歳以上では「65歳くらいまで働きたい」という人がもっとも多く、25.6%となっています。このうち収入のある仕事をしている人は「働けるうちはいつまでも」という人が36.7%ともっとも多くなり、9割近い人が70歳を超えても働きたいと考えています。

健康状態をよいと感じる傾向は減っていく

現在の健康状態をどう感じているか。

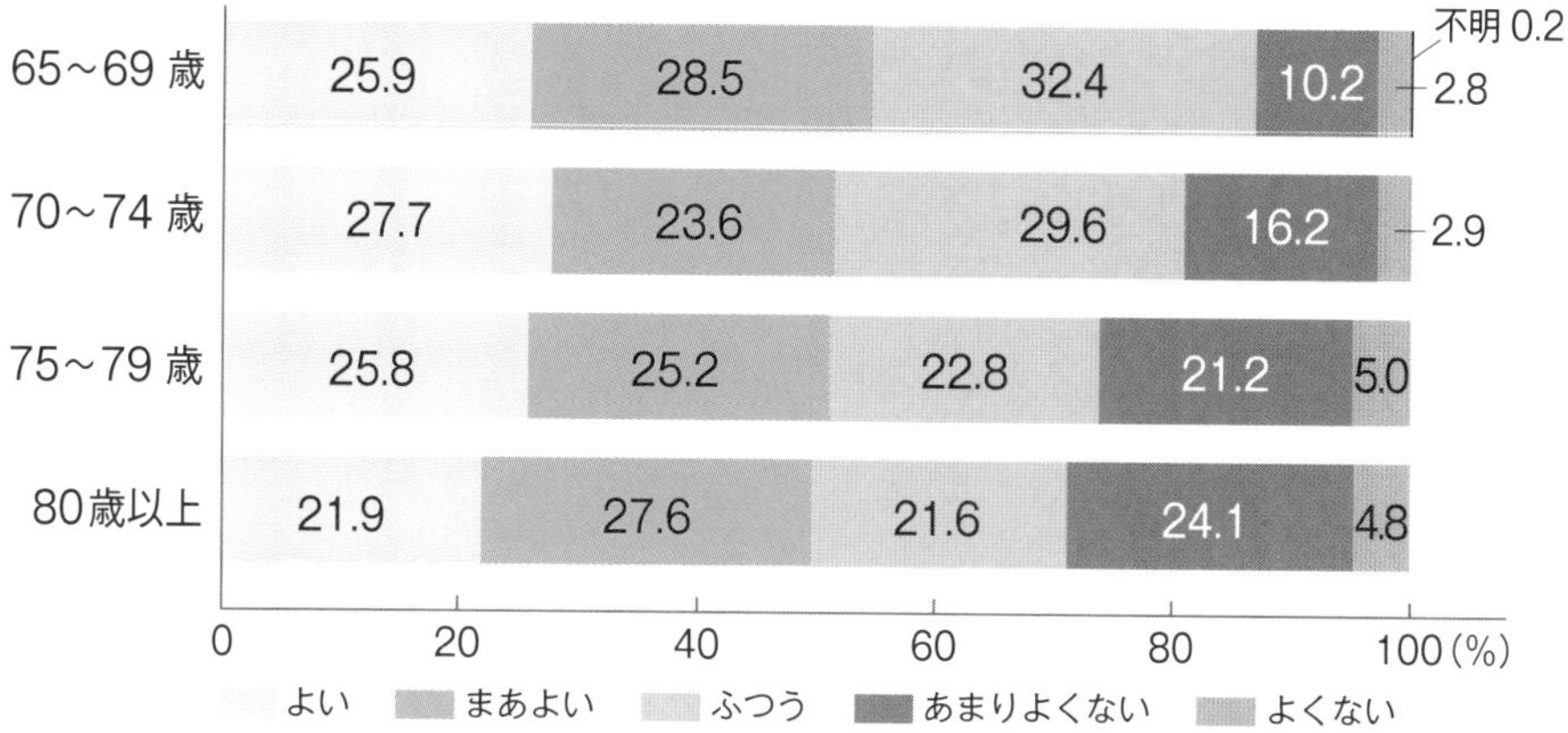

（内閣府 平成 29 年「高齢者の健康に関する意識調査」より）

退職後の生活は大きく変わる

仕事から離れると、人間関係やライフスタイルが変わっていく。

収入の減少

退職することで収入は減る。減った収入に適応して生活することは、老年期の課題の 1 つともいわれる。

職場の人とのつき合いが減る

職場を離れることで、仕事関係で生まれたつき合いはぐっと少なくなる。逆に増えるのは親戚や地域の人とのつき合い。

家族内での役割が変わる

家庭で過ごす時間が増え、夫婦の関わり方が変化。子どもの自立や孫の誕生などで、家族の中での役割が変化し、それに適応していく。

外出頻度《ひんど》の減少

内閣府の調査（2017 年度）では、健康状態がよいと「ほとんど毎日外出する」割合が 80% を超えるが、健康状態がよくないと 23% の人が「ほとんど外出しない」と答えている。

老年期をこころ豊かに過ごすために

退職や子どもの自立を迎えると、生きがいを感じる人が減るという。しかし、こころ豊かに過ごすためには生きがいは欠かせないものなのだ。

自分らしく過ごすために必要なもの

生きがいとは、その人にとっての人生の意味や目的のこと。ナチスの強制収容所で暮らした経験を持つ精神医学者フランクルは、過酷な収容所生活でも、生きる意味を持っている人は最後まで自分らしく生きていたと述べています。

生きがいは、その人が自分らしく生きるために必要なもの。しかし**老年期**は生きがいを失いやすく、ある調査によると、定年以降、生きがいを感じている人の割合が減っていくといいます。

仲間がいて積極的な人ほど生きがいがある

生きがいを感じるかどうかは、人間関係と深い関わりがあります。内閣府の調査によると、友だちや仲間がたくさんいる人ほど、日常生活に満足しているといいます（↓下図）。老年期は退職を迎えることで、人間関係が大きく変化しますが（↓P217下図）、生きがいを得るためには仕事以外の人間関係を広く築いて

友だち・仲間がいるほど日常生活に満足している

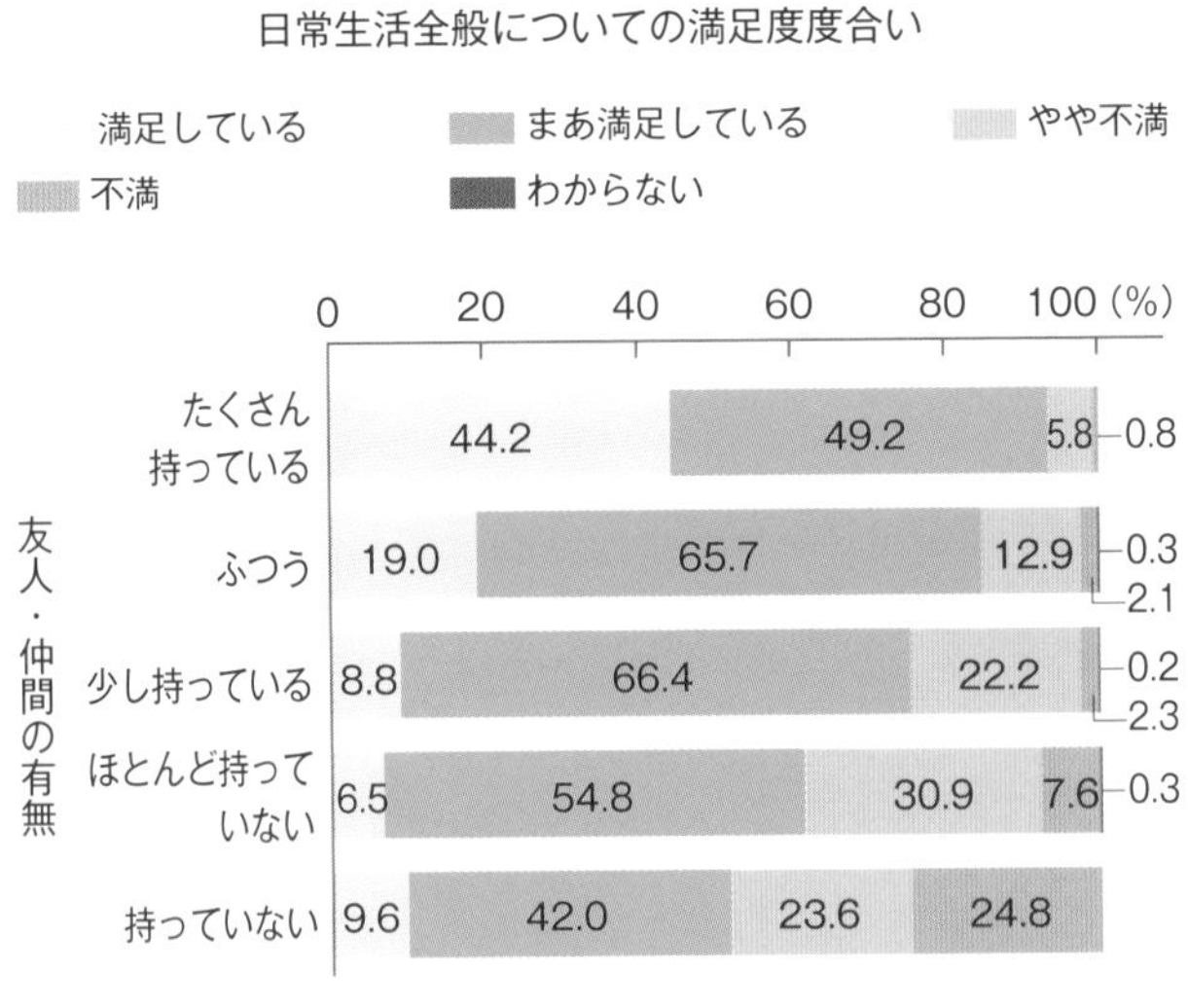

（内閣府「令和３年度高齢者の日常生活・地域社会への参加に関する調査結果」より）

いくことが大切だといえます。

また、「健康状態がよい」「自主的な活動に参加したことがある」という人も生きがいを感じる度合いが高いようです。できる限り健康を保ち、積極的な気持ちで過ごすことが生きがいの実感につながります。

老年期を迎えるまでの準備も大切

中年期までは、仕事や育児が生きがいという人も多いでしょう。老年期はどうでしょうか。高齢者がどんなときに生きがいを感じるかを調べたところ、「孫など家族との団らんのとき」がもっとも多く、次いで「おいしいものを食べているとき」「趣味やスポーツに熱中しているとき」となりました（→上図）。

また、カルチャーセンターや社会人大学で学んだり、サークル活動に参加して生きがいを見出す人もいます。知識や経験を生かして、パートタイムで働く、ボランティア活動に参加するという人もいます。

ただ、新たな生きがいは急には見つかるわけではありませんし、人間関係もすぐにつくれるわけではありません。老年期までに新たな生きがいを探したり、人間関係をつくっておくことが、こころ豊かに老年期を過ごすためのカギとなるのではないでしょうか。

生きがいを感じるとき

1 孫など家族との団らんのとき（55.3%）
2 おいしいものを食べているとき（54.8%）
3 趣味やスポーツに熱中しているとき（53.5%）
4 友人や知人と食事、雑談しているとき（52.6%）
5 テレビを見たり、ラジオを聞いているとき（43.2%）
6 旅行に行っているとき（39.8%）
7 夫婦団らんのとき（34.5%）
8 他人から感謝されたとき（31.7%）
9 仕事に打ち込んでいるとき（30.9%）
10 収入があったとき（24.8%）

（内閣府「令和３年度高齢者の日常生活・地域社会への参加に関する調査結果」より）

孫との関係を保つには同居よりも別居？

「孫が生きがい」という人も多く、同居を希望する人もいます。しかし、別居のほうが祖父母と孫の関係は良好だという報告もあります。同居すると、ある種の緊張感も生じますし、孫の父母との関係も難しいもの。ある程度の距離を置いたほうが、「いいおばあちゃん、おじいちゃん」でいられるのかもしれません。

孤独

表に出ようとする気持ちが大切

仕事からの引退や高齢を理由に社会とのつながりが希薄になると、孤独や孤立を深めてしまう。それを防ぐには、他者や社会とのつながりを持ちつづけることが不可欠である。

社会の中で活動的であること

老年期の幸福についてかつて発達心理学では「**離脱理論**」や「**活動理論**」という、相反する考え方が論じられてきました。これに対し、後年提唱されたのが「連続性（継続性）理論」です。長年培《つちか》ってきた経験や社会的な役割を生かす選択をすることで幸福度が高まり、社会の安定にもつながるという考え方です。

高齢期は健康状態や生活スタイル、経済的事情などの個人差が大きく一概にいえませんが、幸福感や満足感を高めるには自分がどう暮らしていきたいかがカギとなります。例えば、元気で働ける間は仕事を続けたい、趣味や習い事に熱中したい、ボランティアや社会活動に力を入れたいなど、自分なりの意味づけや生きがいを求めることが大切です。中でも重要なのが、仕事をするにしろ、趣味にしろ、誰かとつながることです。

高齢者は夫婦2人だけ、またはひとり暮らしの割合が大きく、孤立を招きやすいのが

65歳以上の人がいる世帯の割合

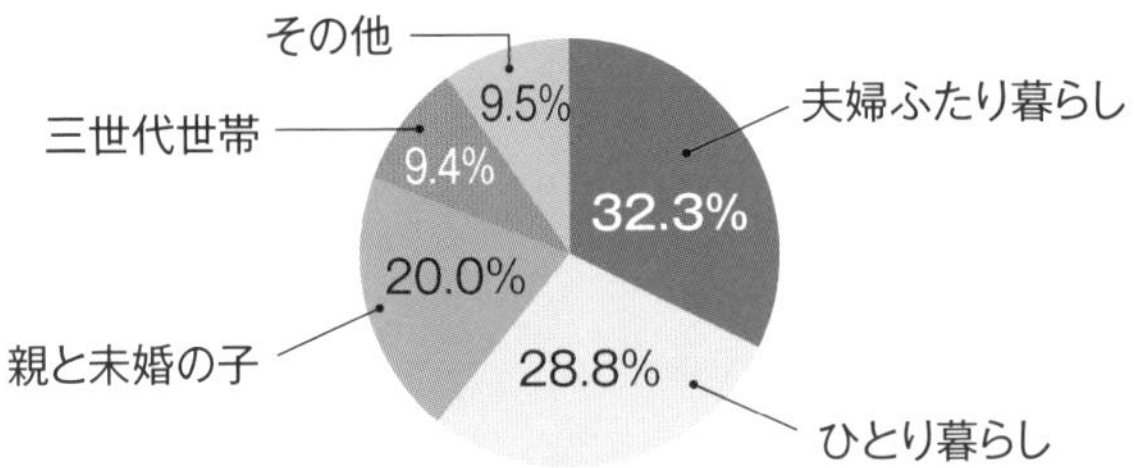

（厚生労働省2019年「国民生活基礎調査」より）

キーワード

離脱理論
カミング、ヘンリーらが提唱した考え方。引退による世代交代や人間関係の減少は必然的で望ましいものであり、老年期にはもっと個人的な価値や目標のために費やすことが望ましい。

活動理論
離脱理論に反し、ハヴィガーストやアルブレヒトらが提唱。成人期の職業や生活で得たものを手放さず、引退後も継承することが老年期の満足度や幸福感を高める。

現状です。それがきっかけで抑うつ状態に陥《おちい》ると健康を損ねたり、貧困や孤独死などに発展したりします。他者とのつながりは、それを防ぐのに役立ちます。

「見守る」「支え合う」がポイント

近年は核家族化が進み、隣近所とのつき合いも減少しています。プライバシーの重視や、他人の世話になりたくないといったように支援に対する遠慮や重荷感などもあって放置されやすく、孤立を深めてしまう傾向があります。

とくに都市部では経済的に自立し、ある程度の健康状態が維持されていれば、コミュニティがさほど重要とされません。

対策としては、新しい形でのコミュニティの形成や、地域のネットワークを見直す必要があります。町内会や自治会という従来の枠組み以外にも、見守り活動や老人クラブなどへの参加を積極的に呼びかけることも1つの方法です。

地域によっては高齢者施設と保育所を同じ施設内に併設し、異なる年齢層の組み合わせでコミュニティを築く試みが行われています。また、高齢者とそれを見守る側という図式だけでなく、高齢者同士の横のつながりも重要です。

ひとりで住んでいても孤独とは限らない

高齢者には、子やその家族と同居している人もいます。そのため、孤独でもなく、孤立もしていないと思われがちですが、同居家族と折り合いが悪かったり、遠慮があったりして孤独を感じ、孤立している人は多いようです。

逆に、ひとり暮らしの人が孤独だとは限らないし、仮に孤独を感じていたとしても孤立しているとは限りません。どんな状態に置かれているかは、一人ひとり異なります。

高齢者同士つながることも

高齢者とそれを見守る側という枠組みはもちろん必要ですが、高齢者同士でつながることには別の重要な意味があります。

同年代の、同じ立場同士のつながりは、「自分と似たような人がいるんだ」とか、「ひとりじゃない」などと気づくきっかけになり、仲間意識や助け合いのこころがめばえて孤立を防ぐ手助けになります。

かたくなにつき合いを拒む人もいますが、ときには強引なくらいに声をかけることがあってもよいのです。

老人クラブに出てこなくなった人をみんなで訪ねてみるというお節介もときには必要。

軽度認知障害

軽度認知障害のうちに食い止める

本格的に認知症が進む前に現れるのが、「軽度認知障害」である。この段階で早期に介入すれば、認知症に至るのを防ぐことができる。

認知症になる前に対処する

日本では65歳以上の認知症患者が約600万人と推計されています。しかも、2025年には5人に1人が認知症になるといわれています。

認知症は本人だけでなく、介護にかかわる家族も苦痛や困難を強いられることがあるため、発症を予防し、進行を遅らせることが望ましいです。

認知症の多くは突然発症するわけではなく、10～20年かけて徐々に脳の神経細胞が変性して進行します。その前段階として現れるのが、**軽度認知障害（MCI）**です。

軽度認知障害では**物忘れ**などの軽い記憶障害があるものの、一般的な認知機能や生活能力は保たれています。しかし、放置すれば徐々に進行して、認知症に進んでしまいます。そのため、軽度認知障害のうちに積極的に予防・改善に努め、発症を抑えるという考え方が一般的になっています。認知症の発症を遅らせることができれば、介護や治療の負担軽減につながります。また、認知症の進行が抑えられることで、少しでも負担のない状態で寿命をまっとうすることも可能になります。

自分ができることは自分でする

軽度認知障害の進行を抑えるには、運動や食事の改善が必要です。からだを動かすことは脳への血流を促《うなが》します。また、足腰が弱まると生活の質が低下するため、その予防にも運動は効果があります。

食事では、脳血管を老化させる動脈硬化を防ぐために栄

キーワード

軽度認知障害
一般的な認知機能や日常生活能力は保たれており、まだ認知症ではないが、記憶などの低下がみられる状態。必ずしも認知症に進むとは限らないが、多くは数年でアルツハイマー型、レビー小体型、脳血管型など、いずれかの認知症に進行する。

物忘れ
加齢による物忘れでは、物忘れを自覚しており、何かヒントやきっかけがあれば思い出せる。日常生活への支障もない。一方、認知症による物忘れは自覚がなく、体験や出来事そのものを忘れ、思い出せ

急に認知症になるわけではない

健常 → 軽度認知障害（MCI） → 認知症

5年以内に約半数が認知症に

特徴

- 年齢や教育レベルの影響のみで説明できない記憶障害が存在する。
- 本人または家族による物忘れの訴えがある。
- 全般な認知機能は正常範囲である。
- 日常生活動作は自立している。
- 認知症ではない。

ごはん、
お豆腐のみそ汁、
ほうれん草の
おひたし…
と、なんだっけ？

ここで食い止める必要がある！

- からだを動かして血流をよくする
- きちんと食事をとる
- 脳に刺激を与える

養バランスに留意し、過度の飲酒や喫煙を避けます。

何より重要なのが、自立して生活すること。身の周りのことは自分でやり、頭を使うことを面倒がらず、書類仕事や役所、銀行などの手続きは手伝ってもらいながらでもよいので、人任せにせず自分でやることが大切です。

ない。判断力も低下し、日常生活に支障をきたす。

災害時は、家族とともに福祉避難所の利用を

地震や台風などによる災害で被災し、当面、避難所で生活しなければならないとき、認知症のある人は通常の避難所での生活が困難です。

こうした特別な配慮が必要な人を対象としているのが「福祉避難所」です。認知症や要介護状態にある人、身体障害者や妊婦らが対象で、地域の社会福祉施設やデイサービスセンターなどに設けられ、家族も付き添えます。

いざというときあわてないように、地域の福祉避難所の情報を調べておきましょう。

認知症

早期発見が症状の進行を遅くする

高齢になると、物忘れをしやすくなる。これは老化の1つだ。しかし、極度の物忘れは「認知症」という病気の可能性がある。

脳の細胞が壊れることで起こる

自分の名前を忘れたり、子どもと孫を間違えたりする——老年期の代表的な精神疾患の1つが**認知症**です。

認知症とは、さまざまな原因によって神経細胞が死んだり、働きが低下したりして障害が起こり、日常生活に支障をきたす状態をさします。

原因によって、**アルツハイマー型認知症**、**脳《のう》血《けつ》管《かん》性《せい》認知症**などのタイプに分けられます。

症状を知って変化に気づこう

認知症は早めに発見することで、進行を抑えることができることもあります。早期に発見するには、症状を理解しておくことが大切です。

認知症の症状はさまざまですが（→P225図）、中心となるのが「記憶障害」、いわゆる〝物忘れ〟です。

「会った人の名前が出てこない」などは、年相応の物忘れでとくに心配はいりません。しかし、「人と会ったこと自体を忘れる」ような場合や、忘れたことを他人に指摘されても思い出せないような場合は、認知症が疑われます。

認知症の人との関わり方

身近な人が認知症になったら、どう接すればいいのでしょうか。

もっとも大切なのは、本人の不安な気持ちを理解すること。認知症の本人には自覚がないと思われがちですが、それは誤解です。通常、最初に症状に気づくのは本人で、「指

キーワード

アルツハイマー型認知症
年をとるにつれて神経細胞が死滅し、脳全体が萎縮する「アルツハイマー病」が原因となるもの。なぜ神経細胞が死滅するのかはっきりした原因はまだわかっていない。数年から数十年かけて非常にゆっくり進行する。

脳《のう》血《けつ》管《かん》性《せい》認知症
脳の血管が詰まる「脳梗塞《のうこうそく》」や脳血管が破れて出血する「脳出血」などによって、記憶や認知をつかさどる脳の部位が障害されることが原因となるもの。脳梗塞や脳出血の発作を繰り返すたびに、認知症の症状も進行していく。

摘されても思い出せない」ことが続くと大きな不安を感じます。思い出せる過去がない、これまでの世界から切り離されてしまう恐ろしい感覚は、本人にしかわからないものです。

病院へ行くのをかたくなに拒まれるなど、本人の態度に困ることがあるかもしれませんが、その裏側に隠れている不安や悲しみをくみ取ってあげることが大切です。

また、いっしょに生活する場を、その人が過ごしやすいように整えることも必要です。困っているときに、さりげなく自然にサポートしていく態度が望まれます。

見当識《けんとうしき》 自己の時間的・空間的・社会的な位置を正しく認識する能力。見当識が障害されると、現在の自分がどこにいて、どのような状況で、何をしているのかが、わからなくなる。

認知症の主な症状

症状の現れ方には進行度やその人によって差がある。

記憶障害
新しいことを記憶したり、少し前に聞いたことも思い出せなくなったりする。進行すると覚えていたことを忘れるようになる。

見当識《けんとうしき》障害
時間や曜日、季節の感覚や、今いる場所などがわからなくなる。進行すると他者との関係がわからなくなる。

実行機能の低下
計画を立てたり、予想外のことに対応したりすることが難しくなる。

意欲の低下
今までできたことができなくなり、気分が落ち込んだり、無気力になったりする。

こころの変化
判断力などの低下により不安や怒りなど感情をストレートに表現するようになる。

判断力の低下
考えることに時間がかかり、一度に処理できる情報量が減ったりする。

食事や運動で予防する

近年、認知症の原因や治療などについて、さまざまな研究が進んでいます。

その１つがアルツハイマー型認知症の予防法。アルツハイマー型認知症の発症に生活習慣が関わっていることがわかり、生活習慣の改善が予防につながるのではないかと考えられています。まず食事では「エネルギー量を控えめにする、肉より魚を多くとる、野菜や果物を多くとる」ことを心がけます。また、適度な運動や趣味を続けることや、社会的活動への参加も大切だと報告されています。

なお、脳血管性《のうけっかんせい》認知症では、原因となる脳梗塞《のうこうそく》や脳出血などの再発を防ぐことが一番の予防となります。

死の受容

人は死をどう受け止めるのだろう

誰でも、生涯の終わりに死を迎える。
死に対する恐怖はどのように克服されるものなのだろうか。

死を意識するのは中年期以降

人は誰でもいつかは死を迎えます。頭ではわかっていても、若いうちはなかなかピンとこないものです。

それが**中年期**以降になると、同世代の友人や親など、親しい人が病気になったり亡くなったりすることが増え、死は次第に身近なものになってきます。「自分はあとどのくらい生きられるのだろうか」と、「死」の側から人生をとらえるようになるといいます。

実際に自分の死に直面したときに、わたしたちはどのように受け入れるのでしょうか。アメリカのキューブラー・ロスという研究者は、臨死患者とのカウンセリングから、死を受容するまでのこころのプロセスを5つの段階に分けています（→P227上図）。

人生を振り返り死を受け入れる

老年期に入ると、死はいよいよ身近になります。

55～100歳の男女93人を対象に、死に関する面接調査を行った日本の研究では、65歳以上で死の恐怖を訴えたのは68人中わずか5人だったとか。その5人は持病を患っていたため、健康な高齢者は死を恐れない傾向があるともいえるでしょう。

エリクソンによれば、高齢者の心理的な問題は「自我の統合性」を獲得できるかどうかだといいます。自我の統合性とは、人生のよい面も悪い面も含めて見つめ直し、一度限りの自分の人生に意義を見出すことです。

自我の統合性を獲得するた

尊厳死と安楽死を考える

尊厳死は延命治療をせずに自然に最期を迎えること。安楽死は本人の希望のもとに寿命を短くすることで、日本では認められていません。病に苦しみ、安楽死を望む声も。認めている国もあることから、日本でも議論が続いています。

めに有効な方法が「**ライフレビュー**（回想法）」です。高齢者が自らの人生を振り返り、他者に語ることで、人生に新たな意義を見出すことができます。また、やがて訪れる死への恐怖も弱まっていくといいます。「おじいちゃんは古い話ばかりする」とよくいわれますが、これは決して現在に関心がないわけでも、若い頃の思い出にひたっているわけでもありません。

自分の人生を振り返り、意義を見出すという大きな意味を持っているのです。

死を受け入れるプロセス

否定
「そんなに重い病気のはずがない!」
病気であることにショックを受け、それを否定しようとする。

↓

怒り
「どうしてわたしだけがこんなことに!」
病気になった自分や、周囲、神などに怒りをぶつける。

↓

取引
「もう少し、生きられたなら……」
何かにすがったり祈ったりすることで、延命や死の代償として何かを望む。

↓

抑うつ
「もうすぐ死ぬなんて悲しい」
口数が減ったり、気分が落ち込んだりするようになる。

↓

受容
「いい人生だったな」
運命を受け入れ、終わりを静かに迎えようとする。

５つのプロセスが順番に訪れるとは限らず、現れ方も個人差があるとされる。

人生を振り返ることでこころが穏やかに

ライフレビューの効果

●人生に意義を見出す
よいことも、葛藤や悩みなど悪いことも振り返り、自分の人生を見つめることで、人生の意義や価値を見出すことができる。

●こころが落ち着く
意義が見出せることで不安や抑うつ感を取り除くことができる。

●自分を肯定的に受け止める
「ここまでがんばってこられた」などと自分自身を認めて受け止めることができる。

●生活が活性化する
対人関係が豊かになり、楽しみを見出して生活が活性化する。

●訪れる死への恐怖が弱まる
死への不安が弱まり、死を迎えるための準備ができる。

な

は

ま

や

ら

※さくいんはP230から始まります

さくいん

あ

か

●参考文献

『やさしくわかる発達心理学』林洋一 監修（ナツメ社）
『面白くてよくわかる! 発達心理学』林洋一 著（アスペクト）
『発達心理学 15 講』高橋一公・中川佳子 編著（北大路書房）
『生涯発達心理学——認知・対人関係・自己から読み解く』鈴木忠・飯牟礼悦子・滝口のぞみ 著（有斐閣アルマ）
『ひと目でわかる発達　誕生から高齢期までの生涯発達心理学』渡辺弥生・西野泰代 編著（福村出版）
『エピソードでつかむ　生涯発達心理学』岡本祐子・深瀬裕子 編著（ミネルヴァ書房）
『わかりやすい教育心理学』榎本博明 著（サイエンス社）
『わかりやすい発達心理学』榎本博明 著（サイエンス社）
『誠信　心理学辞典　新版』下山晴彦 編集代表（誠信書房）
『宿命を超えて、自己を超えて』V.E. フランクル 著　山田邦男・松田美佳 訳（春秋社）
『シリーズ・人間と性格　第 2 巻』詫摩武俊ほか 編集（ブレーン出版）
『おかあさん、大好き!』繁多進 著（三笠書房）
『大人のアスペルガー症候群』佐々木正美・梅永雄二 監修（講談社）
『家族心理学への招待』柏木恵子・大野祥子・平山順子 著（ミネルヴァ書房）
『きょうだい順でわかる人柄の本』依田明 編（同文書院）
『きょうだいの研究』依田明 著（大日本図書）
『現代青年の心理学』岡田努 著（世界思想社）
『子どもとことば』岡本夏木 著（岩波新書）
『子どもの心の発達がわかる本』小西行郎 監修（講談社）
『子どものためのストレス・マネジメント教育』竹中晃二 編著（北大路書房）
『子どもの発達障害と情緒障害』杉山登志郎 監修（講談社）
『図解雑学　発達心理学』山下富美代 編著（ナツメ社）
『そだちの科学 13 号』（日本評論社）
『父親のやるべきこと 10 則』繁多進 著（サンマーク出版）
『手にとるように心理学がわかる本』渋谷昌三・小野寺敦子 著（かんき出版）
『乳幼児発達心理学』繁多進 編著（福村出版）
『発達心理学キーワード』内田伸子 編集（有斐閣）
『発達心理学辞典』（ミネルヴァ書房）
『発達心理学入門［新版］』久世妙子ほか 著（有斐閣）
『発達心理学への招待』柏木恵子・古澤頼雄・宮下孝広 著（ミネルヴァ書房）
『パラサイト社会のゆくえ』山田昌弘 著（ちくま新書）
『ビジネスマンの心の病気がわかる本』山本晴義 監修（講談社）
『不登校・ひきこもりの心がわかる本』磯部潮 監修（講談社）
『ポケット図解　発達心理学がよ~くわかる本』橋本浩 著（秀和システム）
『ようこそ! 青年心理学』宮下一博 監修（ナカニシヤ出版）
『よくわかる青年心理学』白井利明 編集（ミネルヴァ書房）
『よくわかる発達障害』小野次朗・藤田継道・上野一彦 編集（ミネルヴァ書房）
『よくわかる発達心理学』無藤隆・岡本祐子・大坪治彦 編集（ミネルヴァ書房）
『よくわかる臨床発達心理学』麻生武・浜田寿美男 編集（ミネルヴァ書房）
『離婚を乗り越える−離婚家庭への支援をめざして−』小田切紀子 著（ブレーン出版）

厚生労働省ホームページ
内閣府ホームページ
文部科学省ホームページ
ベネッセ教育総合研究所ホームページ

監修者

林洋一（はやし・よういち）

神奈川県出身。横浜国立大学教育学部卒業後、東京都立大学大学院人文科学研究科博士課程心理学専攻満期退学。公認心理師。東京都立大学人文学部助手、白百合女子大学文学部教授、東京福祉大学社会福祉学研究科教授、報徳会宇都宮病院附属准看護学校校長、いわき明星大学人文学部教授を経て、北陸大学国際コミュニケーション学部教授。主な著書に『面白くてよくわかる！発達心理学』（アスペクト）など。

○編集協力　オフィス201（小形みちよ）
　　　　　　寺本彩、重信真奈美
○デザイン　工藤亜矢子（OKAPPA DESIGN）
○イラスト　ナシエ
○校　　正　遠藤三葉
○編集担当　ナツメ出版企画（柳沢裕子）

ナツメ社Webサイト
https://www.natsume.co.jp
書籍の最新情報（正誤情報を含む）はナツメ社Webサイトをご覧ください。

本書に関するお問い合わせは、書名・発行日・該当ページを明記の上、下記のいずれかの方法にてお送りください。電話でのお問い合わせはお受けしておりません。
・ナツメ社webサイトの問い合わせフォーム
https://www.natsume.co.jp/contact
・FAX（03-3291-1305）
・郵送（下記、ナツメ出版企画株式会社宛て）
なお、回答までに日にちをいただく場合があります。正誤のお問い合わせ以外の書籍内容に関する解説・個別の相談は行っておりません。あらかじめご了承ください。

最新図解《さいしんずかい》　よくわかる発達心理学《はったつしんりがく》

2023年 1月 2日　初版発行
2024年 11月 1日　第3刷発行

監修者　林洋一《はやしよういち》
発行者　田村正隆

発行所　株式会社ナツメ社
　　　　東京都千代田区神田神保町1-52ナツメ社ビル1F（〒101-0051）
　　　　電話　03(3291)1257(代表)　FAX　03(3291)5761
　　　　振替　00130-1-58661

制　作　ナツメ出版企画株式会社
　　　　東京都千代田区神田神保町1-52ナツメ社ビル3F（〒101-0051）
　　　　電話　03(3295)3921(代表)

印刷所　ラン印刷社

ISBN978-4-8163-7303-9　Printed in Japan

＜定価はカバーに表示してあります＞
＜落丁・乱丁本はお取り替えします＞